古典文獻研究輯刊

三一編

潘美月・杜潔祥 主編

第 8 冊

王陽明《居夷集》文學研究

鍾翌晨、趙永剛 著

國家圖書館出版品預行編目資料

王陽明《居夷集》文學研究／鍾翌晨、趙永剛 著 -- 初版 --
新北市：花木蘭文化事業有限公司，2020〔民 109〕
目 4+208 面；19×26 公分
（古典文獻研究輯刊 三一編；第 8 冊）
ISBN 978-986-518-148-2（精裝）
1.（明）王守仁 2.學術思想 3.文學評論
011.08   109010388

ISBN-978-986-518-148-2

古典文獻研究輯刊
三一編　第 八 冊   ISBN：978-986-518-148-2

王陽明《居夷集》文學研究

作　　者　鍾翌晨、趙永剛
主　　編　潘美月、杜潔祥
總 編 輯　杜潔祥
副總編輯　楊嘉樂
編　　輯　許郁翎、張雅淋　美術編輯　陳逸婷
出　　版　花木蘭文化事業有限公司
發 行 人　高小娟
聯絡地址　235 新北市中和區中安街七二號十三樓
　　　　　電話：02-2923-1455 ／傳真：02-2923-1452
網　　址　http://www.huamulan.tw 信箱 hml810518@gmail.com
印　　刷　普羅文化出版廣告事業
初　　版　2020 年 9 月
全書字數　175846 字
定　　價　三一編 9 冊（精裝）台幣 26,000 元

王陽明《居夷集》文學研究

鍾翌晨、趙永剛 著

作者簡介

　　鍾翌晨，河南永城人。2016 年畢業於華南師範大學文學院，獲文學學士學位。2019 年畢業於貴州大學文學與傳媒學院，獲文學碩士學位。現為深圳市寶安區石岩公學語文教師。

　　趙永剛，山東鄒城人。2011 年畢業於南京大學文學院，獲文學博士學位。現為貴州大學文學與傳媒學院副教授，中文系主任、中國古代文學專業碩士生導師、中國古典文獻學專業碩士生導師。學術兼職有：中華詩教學會理事、貴州省紅樓夢研究學會副會長、貴州省儒學研究會常務理事。出版學術專著：《清代文學文獻學論稿》《杭世駿年譜》《王陽明年譜輯存》《中國古代文學傳習錄》。

提　　要

　　本書以《居夷集》為中心而展開，通過探討《居夷集》的成書過程及緣由，分析《居夷集》詩文中，陽明的精神世界與儒者風範，論述陽明文學創作對經學文本的融攝，揭示陽明作為一代大儒，於居夷處困中的化解之法與超越之境，以互證、論述、分析等方法，挖掘陽明文學思想深度，力圖展現陽明詩文創作風貌，以期對王陽明文學的獨立價值有較為明晰之衡定。本書對《居夷集》之外的王陽明作品亦有較為深入之剖析，運用文本細讀之法，以史證詩，詩史互證，發掘出《紀夢》詩與內閣首輔楊廷和複雜而微妙之關係。以龍場悟道為契機，梳理出王陽明生命價值體系之建構，並以此闡發王陽明蘊含於詩歌中之生命意識。推源溯流之法為吾國文學批評之舊傳統，本此傳統，以王陽明良知學與知識論為中心，論述其對《紅樓夢》創作之影響。王陽明是有明一代集「立德、立言、立功」三不朽之完人，於事功、思想、教育、文學等領域均有卓越之建樹。王陽明在事功上的成就及哲學上的造詣，名彪史冊，論者雲集，文學成就則被邊緣與掩覆。目前學界對王陽明文學之整體研究，遠不及對其哲學與事功之研究。故此本書之撰述，於王陽明文學成就之展露，頗有助益之功。

目

次

緒　論

　　王陽明（1472～1529），名守仁，字伯安，號陽明，浙江餘姚人。死後追封新建侯，諡文成。王陽明一生集「三不朽」之功，後世人稱其為「完人」〔註1〕。「終明之世，文臣用兵制勝者，未有如守仁者也」〔註2〕是對陽明一生的總結和高度的評價。他平定寧濠叛亂，以軍功封伯。作為心學的集大成者，其後世弟子將其學說發揚光大，成為風靡天下的陽明學派。惜陽明軍功及哲學上的成就掩蓋了其作為文學家的成就。陽明之父王華為成化十七年（1481）狀元，陽明幼承庭訓受到詩書薰陶，加之陽明早期出入於辭章之學，與前七子交往密切，熱衷於詩文創作，曾於弘治六年（1492）結詩社於龍泉山寺，積累了深厚的文學素養。王陽明一生創作詩文有數十卷〔註3〕，其中以其謫居龍場前後所創作的詩文成就較為出彩。目前學術界對王陽明的文學研究遠不及對其心學思想上的研究，但近年來掀起的「陽明熱」，使得文學家王陽明得到了更多的關注，相關的研究著作日甄豐富，碩博學士論文也逐年俱增。然總體來看，提及陽明謫黔時期，學術界的焦點仍聚集在「龍場悟道」這一哲學思想巨變，以及陽明在黔教化諸生，傳播儒家思想，對黔地產

〔註1〕　（清）彭士望《恥躬堂詩文鈔》，清咸豐二年刻本。卷二《與陳昌允書》：「陽明先生曠代完人，在濂溪、明道伯仲之列。」
〔註2〕　（清）張廷玉等修《明史》，中華書局 1974 年版，第 5170 頁。
〔註3〕　（明）王守仁撰，吳光、錢明等編校：《王陽明全集》之中收錄的有卷十九（詩）、卷二十（詩）、卷二十一（書）、卷二十二（序）、卷二十三（記）、卷二十四（說雜著）、卷二十五（墓誌銘 墓表 墓碑 傳 碑刻 贊箴 祭文）、卷二十六、卷二十七（書）、卷二十八（雜著）、卷二十九（序），以及束景南編《王陽明佚文輯考編年》中收錄的詩文數百篇。

生的深遠的影響上，對王陽明居黔詩文的文學創作顯然忽略。《居夷集》是陽明謫黔詩文的單行本，目前學術界尚未有以《居夷集》作為對象的文學研究，《居夷集》仍有可待挖掘的獨特價值。

《居夷集》作為王陽明最早的詩文結集，是陽明文學家身份的第一次明確宣告。《居夷集》凡二卷，附卷一卷。卷一收錄了 22 篇散文，卷二收錄了 111 首居夷詩，附卷即卷三則是 14 首獄中詩，《咎言》以及 55 首赴謫詩。相較於王陽明心學領域卷帙浩繁的研究成果，學者們對王陽明貶謫時期的研究多著重於「龍場悟道」這一哲學思想上的轉變，而陽明居夷時期詩文的專門研究卻寥若晨星，諸家專著專書、期刊論文只是偶有述及並未詳加論證。赴貶居夷前後三載，是陽明人生中首次重創，對陽明的人生取向及思想轉變產生直接影響。而創作於此時的詩文是陽明心境和思想的映像。餘姚知府丘養浩集結《居夷集》，以單行本於嘉靖三年（1524）付之棗梨，此時陽明於家中丁父憂。可合理推測，丘養浩刻《居夷集》，應是得到陽明應允；《居夷集》面世後，陽明應曾寓目。陽明居夷時期的詩文未受到應有之重視，這便是筆者為文之起源。

《明史》記載：「正德元年（1506）冬，劉瑾逮南京給事中御史戴銑等二十餘人，守仁抗章救，瑾怒，廷杖四十，謫貴州龍場驛丞。」〔註4〕陽明在獄中旬月後被釋放，啟程赴謫龍場。他從京城出發，輾轉浙、閩，途徑沅、湘，於正德三年（1508）春抵達龍場〔註5〕。沿途及居夷凡四載，他創作了大量的詩文，《居夷集》所收錄的便是王陽明赴黔途中、謫居龍場以及離開黔地三個時期，凡四年的詩文作品。這些作品集中反映了王陽明貶謫時期的心路歷程，不僅記錄了王陽明在貴州時的生平、交遊、事功，也可探尋王陽明「龍場悟道」思想飛躍的前後變化。就其詩文題材內容而言，陽明涉及面較為廣泛，包括謫居時思親念友的流露，詠史懷古的敘寫，處困居夷的慨歎，縱情山水的愉悅，隱逸心態的展示等諸多方面。散文包含師友答問、記事說理、酬唱贈序等，涉及自然、社會、歷史、人文等各個方面，較為真實地反映了明朝貴州地區的自然面貌和人文風俗，豐富了史料的記載，具有較高的歷史文化價值。王陽明的

〔註4〕（清）張廷玉等修《明史》，第 5160 頁。關於陽明上疏之事，臺灣學者楊正顯的博士論文之中詳細分析了陽明參與此次事件的兩大原因，直接原因是為救妹婿牧相，其為南京聯名上疏科道官之一。其二上疏之人多為陽明同年、親戚、社友等關係，不得不然。

〔註5〕（明）王守仁撰，吳光、錢明等編校《王陽明全集》，上海古籍出版社 2011年版，第 1557 頁。

詩文創作是其內心情感世界的真實折射，亦是其文學思想內涵、個性藝術風格的彰顯。

　　借用沃勒斯坦的「中心──邊緣」〔註6〕理論，因王陽明功高德盛，學界研究大多集中在其不世功勳和心學思想領域，故而陽明心學思想及軍功研究佔據了中心地位，而作為文學家的王陽明的研究則瀕於邊緣地位。因此，學術界反而疏忽了陽明是考取功名的文士出身。王陽明具有高深的文學造詣和不凡的文學才華，四庫館臣認可陽明文學成就，「不獨事功可稱，其文章自足傳世也。」〔註7〕文學研究，應採取全面的、綜合的視角判定一個人，這樣才能有助於接近歷史本來面目，陽明其人也才更加有血有肉、全面立體。

一、學術史回顧

　　王陽明作為有明以降影響力最為廣泛的理學家，其「心學」思想極大豐富了儒家思想的體系建構。因此，學術界對陽明心學思想上的成就關注較多，取得的研究成果可謂汗牛充棟，以陽明思想為主題期刊也陸續面世〔註8〕，然而對文士出身的王陽明的文學創作上的研究則顯得較為薄弱，多數陽明文學研究也都是為印證其思想的變化發展提供佐證。近年來，隨著學術界對陽明研究地不斷拓展與加深，對王陽明文學家身份及其文學成就的關注度在逐步提升，研究陽明文學的論著亦如雨後春筍。回顧明清時人對王陽明的評價和研究，則並非只專注於陽明心學思想成就，對陽明的文采詩情亦有公允的評斷。

　　明清時人評價王陽明以其心學之影響與文學之才情並重，其中不乏高度評價王陽明詩文者。清初詩壇執牛耳者王士禎贊陽明曰：「王文成公為明第一流人物，立德、立功、立言皆踞絕頂。」〔註9〕縮結有明一代詩歌發展之作的《列朝詩集》，收錄了陽明詩共47首，其中16首均是於居夷處困時所作，且

〔註6〕（美）伊曼紐爾·沃勒斯坦著，郭方等譯《現代世界體系》，社會科學文獻出版社2013年版。

〔註7〕傅璇琮主編《續修四庫全書總目提要·集部》，上海古籍出版社2014年版，第278頁。

〔註8〕紀念陽明「龍場悟道」490週年的論文集《王學之思》，貴州民族出版社1999年版。吳光主編《陽明學研究》，上海古籍出版社2000年版。2004年由貴州大學中國文化書院創刊《陽明學刊》。2010年第418期《鵝湖月刊》開闢《王陽明專題》版面。

〔註9〕（清）王士禎《池北偶談》，中華書局2005年版，第201頁。

認為陽明居夷以後的詩文行墨之間有股俊爽之氣。〔註 10〕《明詩選》李雯評價陽明詩：「才情振拔，頗擅風雅」。〔註 11〕也不乏評價陽明詩文與道德並舉，如李贄：「如空同先生與陽明先生，同世同生，一為道德，一為文章，千萬世後，兩先生精光俱在。」〔註 12〕

對王陽明詩文風格特點主要著眼於「秀」和「逸」。如顧起倫曰：「王新建伯安，博學通達，詩非所優，亦有幽逸思致。余讀其陽明先生集，疏義侃侃，詞切理約，自是經國大手。」〔註 13〕朱彝尊《明詩綜》卷三二下所引穆文熙之語曰：「王公功業學術振耀千古，固不必論其詩，而詩亦秀拔不可掩，其殆兼舉哉！……王詩如披雲對月，清輝自流。」〔註 14〕紀昀在《四庫全書總目》中亦不吝讚美：「守仁勳業氣節，卓然見諸施行，而為文博大昌達，詩亦秀逸有致。不獨事功可稱，其文章自足傳世也。」〔註 15〕

除卻高度的讚揚，也有對陽明詩文批評的聲音。明代後七子領袖王世貞《書王文成集後》：「伯安之為詩，少年有意求工，而為才所使，不能深造，而衷於法；晚年盡舉而歸之道，而尚為少年意象所牽，率不能渾融而出於自然。其自負若兩得，而吾以為幾於兩墮也。」〔註 16〕王世貞僅就陽明早年「刻意為辭章」之詩歌與晚年近乎於傳道的理學詩加以評價，未曾注意到陽明於居夷時期詩風之轉變。

這些評價或關乎文、或關乎詩，可知陽明的文學成就不容小覷，也不應掩藏、以至失落於其心學思想及勳業事功名氣之後，學界應給予足夠的關注與重視。

圍繞著王陽明文學研究的成果主要體現在四個方面，首先是文獻版本的追溯與詩文輯佚的考索。文獻是文學研究的基礎，追溯一個文本的最早版本，最接近作者作品的原貌。尋求善本，以及作品的版本源流就顯得格外重要。除此之外，「上窮碧落下黃泉」盡可能細緻地收集王陽明的散佚文獻，亦是佐助陽明文學研究的一項重中之重的工作。陽明著作的版本最早可追溯到正德十三

〔註 10〕（清）錢謙益《列朝詩集小傳》，上海古籍出版社 2008 年版，第 380 頁。
〔註 11〕（清）陳田輯《明詩紀事》丁籤卷十三，清陳氏聽詩齋刻本。
〔註 12〕（明）李贄《李溫陵集》，明刻本。
〔註 13〕（清）陶元藻《全浙詩話》，清嘉慶元年怡雲閣刻本。
〔註 14〕（清）朱彝尊《明詩綜》，中華書局 2007 年版，第 225 頁。
〔註 15〕傅璇琮主編《續修四庫全書總目提要·集部》，上海古籍出版社 2014 年版，第 278 頁。
〔註 16〕（明）王世貞《讀書後》，清文淵閣四庫全書本。

年（1518）八月，陽明門人薛侃、陸澄所刻哲學著作《傳習錄》於虔。嘉靖三年（1524），餘姚知府丘養浩刊刻陽明首本詩文集《居夷集》。嘉靖六年（1527）四月，鄒守益刻《陽明文錄》於廣德州。陽明逝後，錢德洪等人搜輯陽明遺稿，陸續出版了《陽明先生文錄》二十四卷、《文錄續編》六卷、《陽明先生年譜》七卷。陽明之子王正億輯《陽明先生家乘》三卷。隆慶六年（1572），謝廷和彙編陽明文稿為《王文成公全書》，首刻於浙江，世稱謝氏隆慶本。後世翻刻多以謝氏本為底本。通行本為吳光、錢明、董平、姚延福編校的《王陽明全集》（上海古籍出版社 1992 年版）。後又增補為《王陽明全集（新編本）》（浙江古籍出版社 2010 年版），此本收錄文獻較為詳實，然白璧微瑕，其中亦有些許未加考辯的偽作。此外還有王曉昕、趙平略校注《王文成公全書》（中華書局 2015 年版）。

在陽明詩文輯佚方面，近年來可謂是收穫頗豐。葉樹望《新發現的陽明佚文六件》（《文獻》1989 年第 6 期）從地方史志中輯錄了祭文、像贊各二篇，序文、家書各一篇。錢明《王陽明散佚詩彙編及考釋》（《浙江學刊》2002 年第 6 期）收集到陽明散佚詩五十餘首。方旭東《〈王陽明法書集〉所存之王陽明佚詩文》（《中國文哲研究通訊》2003 年第 2 期）輯錄了《王陽明法書集》中所見的佚詩七首，翻譯水野實、永富青地《在九大本〈文錄〉中的王守仁佚詩文》中收錄的佚文一則、佚詩三則。楊正顯《王陽明詩文輯佚與考釋》（《中國文哲研究通訊》2010 年第 1 期）輯佚陽明詩文 69 則；其《王陽明詩文拾遺》（《古今論衡》2011 年第 22 期）補充了陽明佚詩及文 46 則，其中佚詩 14 首。錢明、張如安《〈王陽明全集〉未見詩文散曲補考》（《陽明學刊》2011 年第 5 輯）補充了 32 種 39 首（篇）詩文、散曲，張如安搜集點校了 27 種 31 首（篇）。

還有輯佚彙編陽明文稿的著作：吳光、錢明、董平、姚延福編校的《王陽明全集（新編本）》（浙江古籍出版社 2010 年版）在文獻收集方面的成就巨大，其缺點是疏於考辨，收錄了諸多偽作。束景南《王陽明佚文輯考編年》（上海古籍出版社 2015 年版）依據周詳的考據進行陽明散佚詩文編年，雖也有失實之處，然瑕不掩瑜。任文利《王陽明輯佚文字辨偽》（《中國哲學史》2013 年第 3 期）在辨偽陽明佚詩文方面作了努力。

其次是陽明文學與思想關係的研究。臺灣學者林麗娟的《吾心自有光明月——王陽明詩探究》（高雄覆文圖書出版社 1998 年版）該書將陽明詩歌分為謫居詩、江西詩和晚年詩三部分，並總結陽明詩中所呈現的思想即「心即理」、

「知行合一」、「致良知」。探討了陽明詩歌的成就,將陽明詩與同時代的詩家之比較,闡發陽明詩作的影響與後世評價。大陸學者華新建《王陽明詩歌研究》(安徽人民出版社 2008 年版)一書對王陽明詩歌進行了整體研究,論述了王陽明不同時期所作詩歌的思想內容和藝術特色,對於我們認知陽明詩歌的思想價值和美學價值有很大幫助。華新建《王陽明散文研究》(安徽人民出版社 2012 年版)一書緊扣王陽明的人生軌跡與其所處的特定歷史環境,選擇其留存於世的富有代表性的散文作品進行分析研究,旨在揭示陽明散文與其心學創設之間的互動規律。

崔完植《王陽明詩研究》(臺灣師範大學 1984 年)從時代背景、學術動向、文學趨勢考察王陽明的文學活動及其文學觀,細緻論述了陽明詩歌的內涵,別出新格地以陽明詩歌的色彩運用探討其藝術風格。楊正顯《一心運時務:正德時期(1506~21)的王陽明》(國立清華大學 2008 年)旨在理清正德時期王陽明的思想變化,以考證為手段,發掘現實環境對陽明思想所造成的影響,以透顯出陽明思想的精神。碩士學位論文有:廖鳳琳《王陽明詩與其思想》(臺灣文化大學 1978 年),其書以王陽明詩歌為線索,探其學說思想本旨,尤其申辯陽明之學與釋道二氏之關係,認為陽明為學有宗統之醇儒,而善於妙用二家之學。曾朝陽《王陽明散文研究》(湘潭大學 2008 年)認為陽明心學思想對其文學觀有著深刻的影響,點出陽明散文總體特點是理性和感性的融合。李月傑《王陽明詩歌研究》(廈門大學 2008 年)重點論述了陽明的詩學觀:重視創作主體的修養、詩教觀、「真意」說。探究陽明詩歌創作、詩學思想對中晚明作家及文學革新思潮的深遠影響。梁琳《王守仁詩文研究》(西北師範大學 2009 年)從文學的角度對陽明詩歌和散文進行深入的分析,在探求陽明散文的藝術成就及歷史地位上做了較大的努力。朱海峰《王陽明詩歌研究》(湖南大學 2010 年)更細緻地研究了陽明詩歌的體例、意象特點及藝術淵源,重點闡發王陽明詩歌理論及其詩學主張。武劍《王陽明詩歌論》(蘇州大學 2010 年)通過分析陽明思想的動態,詩歌風格的變化,以及陽明心學思想對明代性靈詩學的影響,研究陽明在明代詩歌史上的地位。滕羽鑫《王陽明詩歌的意境新說》(雲南大學 2010 年)著重從陽明詩歌的意境說展望其詩歌美學價值。

研究王陽明文學的論文,多數還是從思想與文學關係著手,僅舉要者而述:左東嶺《良知說與王陽明的詩學觀念》(《文學遺產》2010 年第 4 期)強調王陽明詩歌帶有濃厚的心學色彩,分別從陽明的詩歌創作、詩歌功能論述了

陽明的詩學觀。這種詩學觀念，改變了詩壇的整體格局和審美風貌。武道房《道學與王陽明詩歌的心路歷程》（《安徽師範大學學報（人文社會科學版）》2010年第 1 期）認為陽明詩歌隨其在學術上的三變亦有三變，三個階段的詩歌，既有道學之玄奧，兼具詩家之本色。梅新林、申明秀《論陽明詩歌的心學意蘊》（《南京師範大學文學院學報》2010 年第 2 期）認為陽明詩歌是其心學思想的載體，可謂是思想與文學的完美結合。左東嶺《龍場悟道與王陽明詩歌體貌的轉變》（《文學評論》2013 年第 2 期）一文認為龍場悟道對陽明詩學轉折具有不可忽視的價值，並呼籲決不能忽視陽明詩歌創作成就在明代詩歌史上的巨大作用與價值。秦泗岩《王陽明成聖賢之路及其詩歌風格轉變》（《文藝評論》2015年第 9 期）一文認為陽明的成聖賢之路就是建立完善心學理論之路。劉再華《王陽明文學論略》（《求索》1997 年第 6 期）認為陽明的詩文創作深深地打印刻著理學家的烙記，但其散文的藝術成就高於詩歌成就。朱曉鵬《論王陽明中後期詩文中的隱逸情結及其特點》（《中國文化研究》2011 年第 4 期）認為陽明終其一生都在進與退、仕與隱之間矛盾，反映了其亦儒亦道的思想，體現了一種儒道互補的圓融的人生境界。楊洋《論王陽明的中和詩學觀》（《中國文化研究》2012 年第 4 期）一文認為陽明詩學觀念深受其哲學思想影響，要求心性中和，同時重視真性情的抒發。陳振宇《論王陽明獄中詩所呈現之心境》（《新竹教育大學人文社會學報》2013 年第 1 期）一文以陽明獄中所作十四首詩為研究文本，探求陽明在獄中的心境轉變，以及尚未領悟心學之前的陽明，對自我的價值反省與其對困境的超越性思考，還原一個還未成為思想史上「聖人」的陽明形象。趙平略《王陽明的文學思想與創作》（《貴陽學院學報（社會科學版）》2013 年第 3 期）一文論述在明代文壇上，陽明詩歌及散文都具有較高地位。

再次是陽明貶謫文學研究。江澤沁《王陽明貴州時期文學研究》（湘潭大學 2016 年）以王陽明貴州時期的詩文創作為研究對象，研討其貶謫行跡、心路歷程、創作特色。張清河《王陽明的龍場田園詩》（《貴陽師專學報（社會科學版）》1996 年第 3 期）一文認為龍場期間的田園詩是瞭解王陽明謫居生活與心境的絕佳文獻。張清河《王陽明「無所依傍」的散文》（《貴州教育學院學報（社會科學版）》1998 年第 2 期）選取陽明於龍場時期所作《答毛憲副》《與安宣慰》《象祠記》《瘞旅文》分析鑑賞，以此窺探王陽明作為散文家在明代散文史中的獨特地位。李友學《從在黔散文成就看王陽明在明文學史的地位》（《貴

州文史叢刊》2006 年第 4 期）強調陽明在黔時期創作的散文，無論其思想性還是藝術性，都堪稱精品，認定應重新恢復王陽明在明文學史上的地位。劉再華、朱海峰《王陽明貶龍場期間詩文的精神境界》（《中國文化研究》2012 年第 2 期）將陽明貶居期間詩文精神境界分為體驗、證悟、超越三個層面，認為這些詩文記錄了陽明陽明哲學思想轉變的心路歷程。另外，朱五義《王陽明在黔詩文注釋》（貴州教育出版社 1996 年版）一書輯錄並注釋了陽明在貴州的詩作 129 首，文 26 篇，對研究王陽明思想發展及在黔活動情況，提供了有益的參考。張清河《王陽明謫貶詩文漫話》（西南交通大學出版社 2015 年版）以漫談隨筆的形式介紹了陽明貶謫時期的詩文，《王陽明詩歌選譯》《王陽明散文選譯》（西南交通大學出版社 2008 年版）對詩文進行了現代文翻譯，對陽明詩文的傳播具有普及之功。

這些論著較為全面概述了陽明文學的研究，涉及陽明的詩歌、散文、詩學觀、詩歌意象等諸多方面，拙文擬將以陽明單行本《居夷集》再細緻深入地探討，希冀能夠取得一些新進展。從文學創作的角度來看，這段居夷處困的蹇厄時期，卻是陽明文學創作大放異彩的時期，創作於此時的詩文融入了陽明切膚的人生體驗，思想深刻、立意不凡且題材豐富，能夠折射出陽明謫居龍場的人生體驗，以及「龍場悟道」後對人生的超越。筆者基於此探尋王陽明的情感經歷和心境呈現，勾勒王陽明詩文風貌以探究其文學成就，更加深入瞭解文學家身份的王陽明，以期引起學術界對陽明文學成就的關注，重新審視王陽明在文學史之地位。

二、王陽明家學淵源

在一個尊重家學傳統的古代社會之中，先輩們的行為和成就對後世子孫有著深遠影響。王陽明之所以取得如此成就，除去他天賦異稟之資質和勤學不輟之努力這些個人主觀的因素外，家學詩書習禮之陶鑄，所營造氤氳氛圍的外部因素亦不可忽視。

據王陽明高足錢德洪所撰先師《陽明先生年譜》〔註 17〕可知，陽明先祖可追溯至王融次子、晉光祿大夫王覽。王覽以孝聞，《晉書‧王覽傳》稱讚其人「少篤至行，服仁履義」〔註 18〕，這一高潔品行成為王氏子孫終身奉行的

〔註 17〕筆者注：後文出現，均簡稱為《年譜》。
〔註 18〕（唐）房玄齡等撰《晉書》，中華書局 1974 年版，第 645 頁。

至高準則。至曾孫王羲之，徙居山陰。﹝註19﹞對於此說，諸煥燦詳考了王陽明的世系，明確了王陽明所屬「姚江秘圖山派王氏」乃出自晉王羲之伯父的烏衣大房世系，而非錢德洪《年譜》所謂「祖於右將軍羲之」。﹝註20﹞本文所謂王陽明之家學淵源，僅就於《陽明先生世德紀》所載，始六世族王綱至父親王華之範圍作探討。

《周易・坤卦》：「積善之家必有餘慶，積不善之家必有餘殃。」﹝註21﹞陽明於《易直先生墓誌》中亦言「自吾祖竹軒府君以上，凡積德累仁者數世，而始發於吾父龍山先生。」﹝註22﹞可謂是「積德累仁」之家，這種良好氛圍的營造，對王陽明耳濡目染的影響，不可不謂深遠。陽明《書泉翁壁》：「我祖死國事，肇禋在增城」﹝註23﹞紀念的便是其六世族王綱。綱，字性常，又字德常，以文學名，有文武長才，事親至孝，嘗與終南道士學筮法。﹝註24﹞洪武四年，因劉基舉薦，以文學徵至京師，拜兵部郎中。後擢廣東參議，靖撫潮民，返程途中遇盜寇，不肯屈節辱命而遇害。這顆忠臣之心的種子便留在家族的基因之中了。陽明《祭六世祖廣東參議性常府君文》﹝註25﹞一文極言先祖忠孝之義對後世子孫的陶染作用。王綱之子彥達，因目睹父親殘忍遇害，痛父以忠死，躬耕養母，貧衣惡食，終身不仕。彥達常懷隱士之風，教子不以仕進為望，但求毋廢先業。這個「先業」，當是以高尚的道德輔之以文化底蘊，以完成家族振興

﹝註19﹞ 筆者注：錢明於《陽明學的形成與發展》一書中，其第一章王陽明的世家及後裔，依錢德洪之說，詳細臚列王門一派的族系衍展。華建新《姚江秘圖山王氏家族研究》追根溯源，據本派譜牒《姚江開元王氏宗譜》《達溪虹橋王氏宗譜》《四明山上菁李家塔王氏宗譜》佐證「姚江秘圖山王氏家族其宗出於太原，由於宗族分析、遷徙等原因，接脈琅琊王氏一系，中繼「三槐堂」一系，近接上虞達溪一系。」

﹝註20﹞ 諸煥燦《王陽明世系考索》，《浙江萬里學院學報》2001年，第4期。

﹝註21﹞（宋）朱熹撰《周易本義》，中華書局2009年版，第47頁。

﹝註22﹞（明）王守仁撰，吳光、錢明等編校《王陽明全集》，第1022頁。

﹝註23﹞（明）王守仁撰，吳光、錢明等編校《王陽明全集》，第880頁。

﹝註24﹞ 張壹民《王性常先生傳》記載，終南道士曾為王綱卜筮：「公後當有名世者矣。」見《王陽明全集》，第1525頁。這成為陽明家族的一個預言，激勵著後世族人為實現這個預言，完成家族振興而努力。

﹝註25﹞「恭惟我祖晦跡長遯，迫而出仕，務盡其忠，豈曰有身沒之祀？父死於忠，子殫其孝，各安其心，白刃不見，又知有一祀之榮乎？顧表揚忠孝，樹之風聲，實良有司修舉國典，以宣流王化之盛美，我祖之烈，因以復彰。見人心之不泯，我子孫亦藉是獲申其愾鬱，永有無窮之休焉。及茲廟成，而末孫某適獲來烝，事若有不偶然者。我祖之道，其殆自茲而昌乎！」見《王陽明全集》，第1064頁。

的期待。王彥達之子王與準，字公度，精通《禮》《易》之學。從王綱終南學卜筮之法的術數易學，到了王與準精研《易》的理論易學，顯然這個家族具有源遠流長的易學傳統，這一傳統對王陽明也有深遠影響。經過三世的文學與德學的薰陶〔註26〕，與準之子王杰，字世傑，自幼便立為聖賢之志，讀書偏重於儒學，復歸到儒家的正途之上，學術修為也日趨正統化，使這個家族的志向由隱儒向顯儒轉變。在這個家族志向的轉變期，王杰身上依舊保留「讓賢之德」，隱約透露出一種曾點氣象，這種氣象亦是一脈相承，為陽明所繼承與發揚。這種變化到陽明祖父王倫身上，體現出一種傳統文人高韜風範。王倫，字天敘，生性愛竹，情趣高雅，飽覽經史，吟哦詩書，胸次灑落，文人化氣息更為濃厚。從王綱到王倫，這個家族的文人化的氣息越來越濃重，積攢的文化修養也愈加深厚，那麼王華中狀元似乎在情理之中了。王華，字德輝，號實庵，又號海日翁。王華的出生籠罩著一層神秘氣息〔註27〕，出生時祥瑞的夢境兆示著王華應有著不凡的人生經歷，承擔復興家族的使命。這或許是後人附會，或許是家族預言對後人召喚的渴望。幼年的王華確實警敏聰慧，擁有一目十行、過目不忘的本領。而且他潔身自好，勤奮讀書。〔註28〕天生的資質聰穎加上後天的勤勉專一，成化十七年（1481），王華狀元及第，授予翰林院修撰。流傳了幾代的家族預言應驗於王華身上，讓整個家族為之振奮。王華於仕途並無過多建樹，但秉承著一介忠心，始終剛正不阿〔註29〕；待人接物上，也始終仁人之心，寬宏大量。〔註30〕王華躬親孝悌、直諒謙遜、忠君愛民的品格對王陽明都起到言傳身教、耳濡目染的作用，這對陽明耿介品性的養成都有最為直接的影響。

〔註26〕戚瀾（字文瀾，餘姚人）《槐里先生傳》「曾祖綱性常與其弟秉常、敬常俱以文學顯名國初，而性常以廣東參議死於苗之難。秘湖漁隱彥達、父遁石翁與準，皆以德學為世隱儒。先生自為童子，即有志聖賢之學。年十四，盡通《四書》《五經》及宋諸大儒之說。」見《王陽明全集》，第1528頁。

〔註27〕陸深（字子淵，松江人）《海日先生行狀》記載，正統丙寅九月甲午，先生生。先夕，孟淑人夢其姑趙抱一童子緋衣玉帶授之曰：「新婦平日事吾孝，今孫婦事汝亦孝。吾與若祖丐於上帝，以此孫畀汝，子孫世世榮華無替。」故先生生而以今名，先生之長兄半岩先生以榮名，夢故也。 見《王陽明全集》，第1545頁。

〔註28〕陸深《海日先生行狀》記載，王華六歲時，拾金不昧。為童子讀書時，不為觀春而虛廢光陰。就讀私塾時，不阿諛縣官，為師生歎為非凡。

〔註29〕王華曾任孝宗的日講官，「勸上勤聖學，戒逸豫，親仁賢，遠邪佞」。劉瑾炙手可熱時，不願阿附。寧濠之變時，處事不亂，穩定地方。

〔註30〕同年之友誣王華，王華不願辯白，以維護舊友的聲譽。其人寬容至此，令人欽佩。

　　縮結可觀，這個家族所一以貫之的「孝悌忠信」之道，始終潤浸著後世子孫。自王綱短暫入仕後，以下四代均未入仕。先祖雖未在仕途上取得建樹，但道德追求與詩禮傳家的家族信條，卻根植於王氏後代子孫的心中。先祖們的預言使得後人充滿希冀，心性良善累世為德，積累福報以待家族蟄伏後的雄飛。至王杰復歸儒家的正途之上，教導子孫讀書為學，積極入仕，這個家族所積累的既有高尚的道德，也有深厚的文化底蘊，待王華高中狀元一飛衝天而驚人，待王陽明立德立功而顯赫於天下。

三、王陽明生平略述

　　王陽明（1472～1529），名守仁，字伯安，號陽明，浙江餘姚人。王陽明生於成化八年（1472），其誕生與幼年成長都伴隨著濃厚的神秘主義色彩，雖有後人附會之嫌不可盡信，亦足見他的天賦異稟〔註31〕。隨著父親王華高中狀元，王陽明寓居京師接受到良好的教育，他眼界開闊，閱歷廣博，興趣尤為廣泛。〔註32〕弘治十二年（1498）登進士第〔註33〕，觀政工部，督造威寧伯墳墓，得贈威寧伯寶劍。後又於刑部、兵部任主事一職。因疾致仕歸越，築室陽明洞，悟得仙釋之非，遂又出世。弘治十七年（1503），陽明受山東巡察御史陸偁聘，主考山東鄉試。弘治十八年（1504）於京師與湛甘泉一見定交，共倡明聖學為事，這是陽明曲折探索後的復歸正學的標誌。然天未遂人願，正德元年（1506），王陽明因直言上疏，見罪於宦官劉瑾，貶謫貴州龍場驛，此次罹禍是王陽明前半生順達人生的第一次重挫。困難讓他堅韌，於哲學史上有「龍

〔註31〕錢德洪《年譜》記載，陽明誕生時，祖母岑氏夢神人送兒。因祖父取名雲，道破天機，五歲不能言。改名守仁，始能言。而這種神秘色彩或許不足以使我們信服，但於當時足令人詫異敬畏，無形之中增強了父母乃至整個家族對於這個孩子的期盼與憐愛，而這種力量也會使得這個孩童存有一種「與生俱來」的信念，故陽明教人為學，首要在「立志」，由此亦可見一斑。

〔註32〕王陽明在成長過程中曾「五溺三變」（王宗義語），十二歲立志為聖賢，十五歲時暢遊居庸關，十七歲鐵柱宮論道，十八歲廣信拜謁婁一諒，二十一歲寓官署格竹失敗，二十六修武備學兵法，二十七談養生遺世入山。

〔註33〕《弘治十二年進士登科錄》（上海圖書館藏）：「王守仁，貫浙江紹興府餘姚縣民籍，國子生，治《禮記》，字伯安，行年二十八，九月三十日生。曾祖傑，國子生。祖天敍，贈右春坊右諭德。父華，右春坊右諭德。母鄭氏，贈宜人。繼母趙氏，封宜人。具慶下，弟守義、守禮、守智、守信、守恭、守謙。娶諸氏。浙江鄉試第七十名，會試第二名。」見永富青地《王守仁著作の文獻學研究》，汲古書院 2007 年版，圖版第 25 頁。

場悟道」的思想成就，本文研究的對象《居夷集》詩文均是作於此時。正德五年（1510），陽明擢升廬陵知縣，政績頗豐，為民所敬。同年遷南京刑部主事，後又歷吏部主事、南京鴻臚寺卿等。政事上的勤勉而得以官職上的節節高升，與此同時，王陽明講學亦聲名鵲起而門人廣進〔註34〕。正德九年（1514），陽明督馬政，至滁州。從遊紛紛，陽明日與門人遨遊山水，風沂舞雩尋春，龍潭夜坐論道。為政與為學雙重的重擔，加之祖母岑氏年高的顧慮，陽明多次請辭，均未獲得應允。正德十一年（1516），因尚書王瓊舉薦，陽明升都察院左僉都御史，巡撫南、贛、汀、漳。陽明不負眾望，先後大破桶岡、橫水諸賊寇，征三浰，平定大帽、浰頭。不僅撫諭賊巢，還為當地群眾疏通鹽法，疏處商稅，奏設縣治，設立社學鄉約，安邦定民之績，功若丘山。陽明於軍旅倥傯之際，亦不忘傳道授業解惑。〔註35〕王陽明於軍功上的顯赫聲名，招致小人的讒嫉，攻訐其學說為「異端」的聲音不絕如縷。正德十四年（1519）六月，王陽明奉敕勘處福建叛軍，途聞寧濠謀逆，陽明用兵神速，僅月餘就平定叛亂；生擒寧濠，立下不世戰功，且以軍功封新建伯。赫赫軍功帶給陽明舉家榮耀，隨之而來的便是政敵的攻訐指謫和佞人的誣衊陷害〔註36〕。陽明身陷政治權力爭鬥的漩渦之中，稍有不慎就會連累家族危存。王陽明多次疏謝上嘉，並言明欲致仕歸越之願，都未獲得允諾。宸濠、忠、泰之變，成就了陽明思想上的飛躍，此後他愈加砥礪心性，揭示「致良知」之教。

武宗與世宗接位的間隙，陽明稍得喘息，乞歸省親。嘉靖元年（1522）二月，陽明父龍山公王華卒，陽明於家中丁憂。至嘉靖四年（1525）服闋，凡三年時間，陽明雖遠離廟堂，卻仍逃不過其學說被指責為「異端」邪說的

〔註34〕錢德洪《年譜》記載，正德五年（1510），先生入京，黃宗賢舘來拜謁，遂定終日共學。正德六年（1511），與王輿庵、徐成之論晦庵、象山之學。二月，僚友方獻夫受學。正德七年（1512），穆孔暉、顧應祥、鄭一初、方獻科、王道、梁谷、萬潮、陳鼎、唐鵬、路迎、孫瑚、魏廷霖、蕭鳴鳳、林達、陳洸及黃綰、應良、朱節、蔡宗兗、徐愛同受業。（見《同志考》）《王陽明全集》，第1357～1362頁。

〔註35〕正德十三年（1518）七月，刻古本《大學》《朱子晚年定論》。八月，門人薛侃刻《傳習錄》。九月，修濂溪書院。

〔註36〕陽明因軍功而遭嫉，留人口實：一知廬陵時，雅敬養正，遂與定交。（詳見《明武宗實錄》卷一百三十七，正德十一年（1516）五月十七日）後養正附宸濠叛亂，陽明平定之。養正母死，陽明令葬之且為文祭奠。二宸濠招攬名士，陽明曾遣弟子冀元亨與之論學。三武宗自封威武大將軍南巡，陽明未遵旨意釋濠獻俘。

攻擊〔註37〕。陽明似乎於「動心忍性」處養得「增益其所不能」，他並未就世宗尊親父引起的「大禮議」發表意見，也不回應那些謗議流言，而是與南大吉、董澐諸門人析學論說，著書傳道〔註38〕。正德四年（1509）六月，禮部尚書席書特薦陽明起詔，因輔臣忌憚而未果，陽明又閒居三年。凡六年時間，陽明避禍隱學於野，遭忌猜疑的唇槍舌劍仍不絕於耳。這段時期是王陽明「致良知」之說的闡發與傳播期，其思想愈發凝練，也愈發自信，陽明重要的思想闡發及與友論學書信，多作於此。至嘉靖六年（1527），上命陽明兼都察院左都御史，起征思、田。陽明疏辭，不允，乃於九月八日強扶病體啟程。赴任前夕，陽明與弟子闡發「四句教」宗旨，史稱「天泉證道」。陽明至梧州開府，並數月間靖思、田亂，立社學教化，撫民眾還農。因勞心費神，病勢日下，於班師途中病逝於南安青龍鋪。門人周積問遺言，陽明微哂曰：「此心光明，亦復何言？」

　　陽明逝後，其眾門人弟子於各地建立祠堂、講舍，祭祀先生。隆慶元年（1567），大學士申時行等倡言，「氣節文章功業如守仁，不可謂禪。」追封陽明為新建侯，諡文成〔註39〕。終明一代，陽明後學發揚師說，陽明心學成為最具影響的學派。

　　學術界關於王陽明的生平研究已較為充沛，陽明高足錢德洪為先師所撰《年譜》，留下一筆最為重要的原始文獻。然其中不免有為尊者諱的錯訛六處，我們可以輔之以明李贄《陽明先生年譜》，清毛奇齡《王文成傳本》，余重耀《陽明先生傳纂》，陳來《〈年譜〉箋證》，束景南《王陽明年譜長編》，這些前輩學者為我們瞭解和研究陽明先生生平，提供了豐富厚實的文獻基礎。

〔註37〕嘉靖二年（1523），南宮策士以心學為問，陰以闢先生。門人徐珊不答而出，歐陽德、王臣、魏良弼直發師旨不諱，亦在取列。

〔註38〕嘉靖三年（1524）十月，南大吉續刻《傳習錄》。同時，《居夷集》也於此年面世。

〔註39〕《明穆宗實錄》卷七，隆慶元年（1567）四月二十九日記載，「甲寅，詔追贈故新建伯南京兵部尚書王守仁為新建侯，諡文成。」

第一章 《居夷集》成書過程及版本流衍考論

文獻是文學研究的基礎，理清《居夷集》的纂集刊刻及版本流衍，對我們理解王陽明的文學作品有著積極的促進作用。本章節通過還原歷史背景，結合《居夷集》序跋，客觀角度探知《居夷集》刊刻緣由。橫縱對比探尋《居夷集》詩文流入《王陽明先生文錄》，最終定型於《王文成公全書》的過程之中的異同。通過校勘《居夷集》可以更好地完善《王文成公全書》，《居夷集》作為現存最早的陽明文學詩文集也顯示出其獨特的文獻價值。

第一節 《居夷集》的纂集刊刻

一、「嘉靖三年」的王陽明與《居夷集》刊刻緣起

王陽明為何於嘉靖三年（1524）刊刻《居夷集》？嘉靖三年（1524）這個時間點有何特殊？或者說已過十餘年再出版這本《居夷集》是否有特殊意義？答案顯然是肯定的。王陽明於正德元年（1506）上疏抗章而下獄，後被貶為貴州龍場驛驛丞。正德三年（1508）春，陽明至龍場，在黔凡兩年。而《居夷集》之刊刻，則於王陽明離開龍場後，又過十四年。嘉靖三年（1524）刊刻的《居夷集》具有重要意義，因為它不僅僅只是一本文學作品的流傳，更是陽明心境的一種折射，這樣就要追溯到十餘年後的嘉靖朝，一探究竟。

正德十六年（1521）三月十四日，武宗暴病死於豹房。因武宗無後，按明代「兄終弟及」的祖訓，孝宗親弟興獻王之子朱厚熜，即武宗堂弟，成為皇

位繼承人的首選。明世宗以地方藩王入主皇位時才十五歲，時內閣首輔楊廷和把控朝政。因於尊稱父母稱號所引起的「大禮議」，使得皇帝與群臣之間的關係劍拔弩張，皇權交接時的動盪不安，使得朝野上下人心惶惶。嘉靖三年（1524）七月十四日，世宗將反對「大禮議」的百名官員投入大牢，均給予不同程度的懲戒，或廷杖或流放，以顯示其不可動搖的皇權威嚴。至此，紛擾三年聲勢浩大的「大禮議」，以皇帝的勝利而告終。

正德十四年（1519）的王陽明剛剛完成了扶大廈之將傾，解民之於倒懸的不世功勳，平定了寧王宸濠的忤逆叛亂，卻因此招致諸多臣子們的猜忌與攻訐。加之閹宦忠、泰等人構陷，陽明始終處於權力爭鬥的風口浪尖之上。《年譜》：「六月十六日，奉世宗敕旨，以『爾昔能剿平亂賊，安靜地方，朝廷新政之初，特茲召用。敕至，爾可馳驛來京，毋或稽遲。』……輔臣阻之，潛諷科道建言，以為『朝廷新政，武宗國喪，資費浩繁，不宜行宴賞之事。』」陽明乃上疏乞省，歸餘姚。〔註1〕可見，世宗初政時是想重用陽明的，但因輔臣的忌憚和阻撓而作罷。陽明只得退求歸省，以期遠離是非。龍山公王華又於嘉靖元年（1522）去世，陽明於家中丁父憂三年，不問朝政，開門授徒。雖在山林，廟堂之上的流言卻未曾遠離陽明，平定寧濠之禍而導致的一系列爭鬥將王陽明置於政治最高權力的中心漩渦之中，不可不謂兇險。王陽明後來也曾追憶道：「自經宸濠、忠、泰之變，益信良知真足以忘患難，出生死。」〔註2〕初入仕途的打擊，即被貶龍場，是陽明人生中的第一次災難。平定寧王之亂後而被捲入權力的漩渦之中，則成為陽明人生中的第二次災難，而這次災難不同於個人遭貶，而是稍有失慎，便會抄家滅族的滅頂之災。天降大任，磨人心志，陽明砥礪而悟得，「某於此良知之說，從百死千難中得來，不得已與人一口說盡。」〔註3〕百死千難所指，即是正德十四年（1519）時陽明因不月而生擒宸濠，立下不世功勳，由此而引發的陽明人生之中的第二次災難。

黃綰《陽明先生行狀》：「（嘉靖）元年，丁父海日翁憂。……服闋，輔臣忌公才高望重，六載不召。」〔註4〕嘉靖三年（1524），陽明服闋，仍因忌憚而被拒之於魏闕之外。加之，陽明倡導「致良知」之聖學骨血真傳，而被攻擊

〔註1〕（明）王守仁撰，吳光、錢明等編校《王陽明全集》，第1414～1415頁。
〔註2〕（明）王守仁撰，吳光、錢明等編校《王陽明全集》，第1411頁。
〔註3〕（明）王守仁撰，吳光、錢明等編校《王陽明全集》，第1412頁。
〔註4〕（明）王守仁撰，吳光、錢明等編校《王陽明全集》，第1575頁。

為學術「異端」。這種內外交困的情景之下，陽明未免不會想起人生相同之境遇。由此推想《居夷集》的編撰原因有二：一是陽明出於展示自我心境的一種主動授意。陽明以此集以示自警與明志，用這種方式化解與君主及同僚之間的矛盾，展示自我內心的真實意願，並不居功自傲，但以道學行世。以居夷之事以示不忘橫遭罹禍之難，愈發篤志於患難之中磨礪心性。二是陽明思想之定型，總結自我的欲求使然。居夷三載不可不謂是陽明人生中重要的時刻，回顧與總結「知行合一」轉為「致良知」之說，《居夷集》作為文學總集亦有著集成開新之效。概而言之，《居夷集》的編撰出於政治與思想上的雙重需求，徐珊、韓柱等弟子應是在陽明的主動授意下編校《居夷集》的，而且《居夷集》面世後陽明應曾寓目。

　　與《居夷集》另外密切相關的三人，分別是校《居夷集》者，陽明弟子徐珊、韓柱，主持和出資之人餘姚縣令丘養浩。徐珊，字汝珮，號三溪，餘姚人。與韓柱兩人為同鄉、同年、同師。〔註5〕系統闡述儒家人物的學術思想史的專著，明末清初理學家孫奇逢《理學宗傳》卷二十一記載：「徐珊，人師陽明之學。舉鄉試，癸未南宮以心學為問，陰以辟陽明。珊讀策問，歎曰：『吾烏能昧吾知以幸時好。』即不答而出……陽明沒後，珊為辰州同知，請於當道建祠以祀先生，鄒守益、羅洪先俱有記。」〔註6〕針對徐珊罷考事件，陽明曾致《書徐汝佩卷》一信勸誡〔註7〕。徐珊身為陽明弟子，篤信陽明之學〔註8〕，且與陽明後學中堅弟子具有交遊。錢德洪《答論年譜書》記曰：「徐珊嘗為師刻《居夷集》，蓋在癸未年。」〔註9〕癸未年，即嘉靖二年（1523）。徐珊曾於

〔註5〕 關於韓柱的記載甚少，《紹興府志・選舉志》：「正德十四年（1519），徐珊，雲鳳子。餘姚韓柱，廉之子經魁。」又《雍正浙江通志》卷一百三十七：「嘉靖元年（1522）壬午科，韓柱，餘姚人，福建僉事。」見（清）嵇曾筠《雍正浙江通志》，清文淵閣四庫全書本。

〔註6〕 （清）孫奇逢《理學宗傳》，清康熙六年刻本。

〔註7〕 （明）王守仁撰，吳光、錢明等編校《王陽明全集》，第1016頁。李祖陶評此信曰：「汝佩此事，未免客氣。故先生用此以陶鑄之妙在讚歎託之他人，悔悟歸之汝佩，而自己口中竟不添出一字，高絕韻絕，真令人想味於意言之表。」

〔註8〕 徐珊為辰州通判時，為紀念陽明，發揚陽明學說而建立虎溪精舍，《光緒湖南通志》卷七十：「虎溪書院，在府城西。虎溪山，舊名白雲軒。明正德中，王守仁謫貴州，經此與郡人唐愈賢講學。嘉靖中，通判徐珊建虎溪精舍，內有修道堂。」見（清）曾國荃《光緒湖南通志》，清光緒十一年刻本。

〔註9〕 （明）王守仁撰，吳光、錢明等編校《王陽明全集》，第1523頁。

嘉靖二年（1523）二月赴南宮試，故參與《居夷集》校對，應是在赴試返回之後。徐珊於正德十六年（1521）拜於陽明門下，不及三年而甚篤陽明之說，亦可想見陽明品格，且化人之深也。

　　丘養浩，字以義，號集齋，福建晉江人。正德十六年（1521）進士，初第，授餘姚令，至嘉靖四年（1525）擢升浙江道監察御史〔註 10〕，其為官正直，為民所敬。〔註 11〕陽明時以軍功封新建伯，作為餘姚縣知府的丘養浩應有道賀與拜訪。丘養浩作為後生，欽佩陽明為人且請教政務於陽明。〔註 12〕如果這些還只可證明兩人的交往僅僅是官場上的普通應酬。那麼嘉靖二年（1523），丘養浩於龍泉山南麓建忠烈祠紀念孫燧一事〔註 13〕，不可不謂兩人交往密切的一例佐證。陽明與孫燧不僅有同鄉之情，更有同舉同官之誼，且同遭寧濠之難，孫燧死難，陽明素為敬重。〔註 14〕丘養浩此舉，陽明定是知曉且為之讚賞。且丘養浩在《居夷集》序中稱自己為「溫陵後學」，亦飽含以陽明為師的尊敬之義。

　　《居夷集》中保留了參校三人的序跋，可從側面客觀的角度探知《居夷集》刊刻緣由。丘養浩給予了自己的看法，他在《居夷集》序中寫道：

　　　　《居夷集》者，陽明先生被逮責貴陽時所著也。溫陵後學丘養
　　　　浩刻以傳諸同志。或曰：「先生之學，專以孔孟為師，明白簡易，一
　　　　洗世儒派分枝節之繁，微言大訓，天下之學士宗之，而獨刻此焉何

〔註 10〕《明世宗實錄》卷五十一：「嘉靖四年（1525）五月十四日，知縣丘養浩……為試監察御史。養浩浙江道。」

〔註 11〕《萬曆紹興府志》卷三十八記載：「丘養浩才識開敏點脣，莫能為奸，視義勇發，蹇蹇不移，旌善良，抑豪橫，民皆知所勸誡。時姚賦役多奸欺，養浩洞見弊源，乃定為橫總冊，鳌正之最稱均平。擢監察御史去，民思之至今。祀名宦。」見（明）張元忭《萬曆紹興府志》，明萬曆刻本。

〔註 12〕《萬曆紹興府志》卷二十四：「嘉靖二年（1523）四月……宗設黨追逐素卿過餘姚，知縣丘養浩率民兵禦之，……問計於王新建守仁，新建曰：『若得殺手數百，可盡擒之，今無一卒，圖擒難矣，但可自固守耳。』」（明）張元忭《萬曆紹興府志》，明萬曆刻本。

〔註 13〕孫燧，字德成，餘姚人。正德十四年（1519），因不從寧王宸濠謀反而被殺。《雍正浙江通志》卷二百二十一記載：「忠烈祠，在龍泉山南麓，祀贈禮部尚書孫燧，嘉靖二年（1523），知縣丘養浩建。」見（清）嵇曾筠撰《雍正浙江通志》，清文淵閣四庫全書本。

〔註 14〕《王陽明全集》卷二十五有悼念孫燧文《祭孫中丞文》，文末曰：「守仁於公，既親且友，同舉於鄉，同官於部，今又同遭是難，豈偶然哉！」第 1054頁。

居？」則解之曰：「先生之資，明睿澄澈，於天下實理，固已實見而
實體之，而養熟道凝，則於貴陽時獨得為多。冥會遠趨，收眾涓以
折諸生，任道有餘力，而行道有餘功。固皆居夷者之為之也。古聖
人歷試諸難，造物者將降大任之意無然乎哉？養浩生也後，學不知
本政不足以率化，先生輒合而教之。歲月如逍，典刑在望，愧無能
為新主簿之可教，而又無能為為元城之錄也。引以言同校集者。韓
子柱遷佐，徐子珊汝佩，皆先生門人。嘉靖甲申夏孟朔丘養浩以義
書。」〔註15〕

序文首句便點明《居夷集》中詩文為正德元年後陽明貶居貴陽所作，三載居夷
磨煉了陽明的心性，這本無可厚非，然丘氏言「養熟道凝，則於貴陽時，獨得
為多」，錢明曾為文辨析，丘氏於嘉靖三年（1524）就對陽明思想形成發展過
程作出全面客觀的定位，顯然是不可能的。〔註16〕但不可否認的是「龍場悟
道」確實使得王陽明思想達到了一個質變的飛躍，是陽明思想發展的重要轉捩
點。繼而「任道有餘力，行道有餘功」，直指「知行合一」之說，是陽明從千
磨百難之中得來。丘養浩認為王陽明於黔悟道，乃是陽明學問功業之始生，這
亦是陽明居夷處困時歷試諸難之所天助。要而言之，丘養浩編制《居夷集》，
一為感謝陽明之教「養浩生也後學，不知本政不足以率化，先生輒合而教之。」
一為傳承陽明之學，「歲月如逍，典刑在望，愧無能為新主簿之可教，而又無
能為為元城之錄也。」發明時時保持居夷處困之動心忍性的心態，雖於磨難之
中，亦是另外一種形式的財富。

　　《居夷集》末尾附有參與校勘的兩位陽明弟子的跋文，其中韓柱文曰：
　　　　夫文以載道也。陽明夫子之文，由道心而達也。故求之躍如也，
　　究之奧如也，體之擴如也，愛之美也，傳之愛也。此《居夷集》所
　　由刻也。刻惟茲者，見一班也。學之者求全之志，烏乎已也！門人
　　韓柱百拜識。
韓柱以為「文以載道」，即陽明之文是其道心之體現，而刊刻《居夷集》則是
為了因文而明道，天下之人能從《居夷集》中管窺陽明先生之道心，二者互為
發明，相互成全。

〔註15〕（明）王守仁《居夷集》，嘉靖三年（1524）刻本，序。
〔註16〕錢明《王陽明與貴州新論》，《貴陽學院學報（社會科學版）》2009 年，第 2
　　　　期。

徐珊跋文認同並進一步發闡了韓柱的說法，徐珊文曰：

> 《居夷集》刻成，或以為陽明夫子之教，致知而已，諸文字之
> 集不傳可也。珊謂天有四時，春秋冬夏，風雨霜露，無非教也。地
> 載神氣，風霆流形，庶物露生，無非教也。夫子居夷三載，素位以
> 行，不願乎外。蓋無入而不自得焉。其所為文，雖應酬寄興之作，
> 而自得之心，溢之言外。故其文閎以肆，純以雅，婉曲而暢，無所
> 怨尤者。此夫子之知，發而為文也。故曰篤其實而藝則傳。賢者得
> 以學，而至之是為教，則是集也，無非教也。不傳可乎？如求之言
> 語文字之間，以師其繩度，是則荒矣，不傳可也。集凡二卷。附集
> 一卷，則夫子逮獄時及諸在途之作。並刻之，亦以見無入不自得焉
> 耳。門人徐珊頓首拜書。

徐珊反駁了時人對陽明「夫子之教」、「致知而已」的片面誤解。「諸文字之集
不傳可也」一句頗可玩味，「文字之集」當指《居夷集》，實則是用否定句式表
示對陽明「諸文字之集」應當傳世的肯定：除了於《居夷集》中得到思想性的
見解之外，還能於陽明詩文之中得到藝術性的審美。徐珊贊陽明「其文閎以肆，
純以雅，婉曲而暢，無所怨尤者。」徐珊認為陽明的詩文均是發自真心肺腑的
情感之見，故「篤其實而藝則傳」，後世之賢者當學而知之，陽明文章「無非
教也」，讀其書而知其人，知其為人則知其光輝偉大的人格，足以為人師表，
垂範天下。陽明居夷時期的詩文，不能簡單地認為是唱和應酬的文字工具，更
是陽明任道行道的直觀表現。故研習陽明學說，不可不重視其謫居夷地時的學
術文章，但又不可只於言語文字之間師其法度。韓柱與徐珊則以發明陽明學說
而教人，目的是印證陽明學說的實踐性。

第二節　《居夷集》的版本考論

黃綰《陽明先生存稿序》：「（陽明文稿）僅足存者，唯《文錄》《傳習錄》
《居夷集》而已。」〔註17〕可知即使《陽明文錄》出現後，《居夷集》也被
保存下來了，這是有意或無意為之，我們不得而知，但這本被完整保存下來
的《居夷集》所具備的特殊意義，不容忽視。就筆者目力所及，《居夷集》
有且僅有一個版本，即丘養浩於嘉靖三年（1524）所刻的版本，現存於國家

〔註17〕嘉靖十二年（1533）《陽明先生文錄》卷首。

圖書館。〔註18〕縱向對比以探尋《居夷集》詩文流入《王陽明先生文錄》，最終定型於《王文成公全書》的過程之中的異同，筆者擬將以嘉靖三年本（1524）《居夷集》（後文稱「嘉靖本」），嘉靖六年（1527）鄒守益刻本《王陽明先生文錄》（後文稱「文錄本」），隆慶六年（1572）謝廷傑本《王文成公全書》（後文稱「全書本」）作對比，辨析三者版本異同。

一、《居夷集》《文錄》本、《全書》本三者版本之比較

（一）嘉靖本《居夷集》

嘉靖本《居夷集》為一函一冊，三卷共一冊，前有丘養浩序文，後有韓柱、徐珊跋文。半頁十行，每行二十字，白口，上下單邊，左右雙邊，每頁有頁碼。

〔註18〕 筆者注：上海圖書館及臺灣故宮博物院也有藏本，筆者未見全貌，只見兩本數張影印圖片。

（二）嘉靖六年鄒守益刻《文錄》本

五卷四冊，前有黃綰、鄒守益序文，後無跋文。半頁十行，每行二十字，目錄部分為抄寫，黑口單魚尾，上下單邊，左右雙邊。正文部分為刻版，白口單魚尾，上下單邊，左右雙邊，每頁有頁碼。

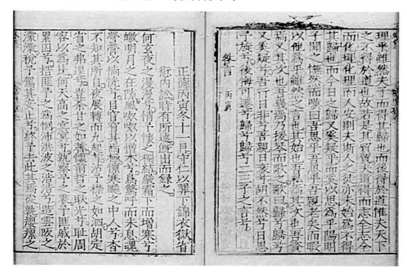

（三）隆慶六年謝廷傑刻《全書》本

三十八卷共二十二冊，前有皇帝制誥，謝廷傑序，徐階序，無跋文。半頁九行，每行十九字，黑口，上下雙邊，左右雙邊，單黑魚尾，每頁有頁碼。

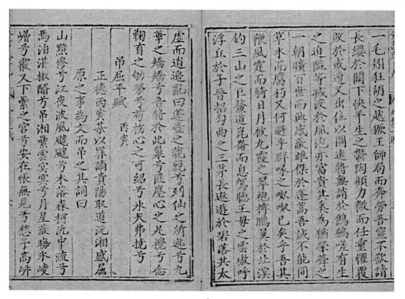

二、三者版本內容之差異

陽明歿後，其弟子錢德洪、鄒守益、歐陽德、王幾等人網羅先師遺稿，陸續彙編了《陽明先生文錄》（正錄、別錄、外集）二十四卷、《文錄續編》六卷，《陽明先生年譜》七卷，已初步具備《全書》規模。隆慶六年（1572），謝廷傑彙編陽明文稿，刻為《王文成公全書》。《居夷集》中的詩文匯集到《全書》之中，被更好地保存下來，因此《居夷集》也就失去了單獨刊刻的必要。然對比嘉靖本《居夷集》與《文錄》本以及《全書》本三者版本之間依然存在細微差異。

（一）散文篇目的不同排列

篇目	《居夷集》	《文錄》	《全書》
《弔屈平賦》	卷一	外集 卷一	卷十九 外集一
《何陋軒記》	卷一	外集 卷七	卷二十三 外集五
《君子亭記》	卷一	外集 卷七	卷二十三 外集五
《遠俗亭記》	卷一	外集 卷七	卷二十三 外集五
《氣候圖序》	卷一	外集 卷六	卷二十二 外集四
《送憲副毛公致仕歸桐江書院序》	卷一	外集 卷六	卷二十二 外集四
《龍場生問答》	卷一	外集 卷八	卷二十四 外集六
《象廟記》	卷一	外集 卷七	卷二十三 外集五
《恩壽雙全詩後序》	卷一	外集 卷六	卷二十二 外集四
《臥馬冢記》	卷一	外集 卷七	卷二十三 外集五
《賓陽堂記》	卷一	外集 卷七	卷二十三 外集五
《重修月潭寺建公館記》	卷一	外集 卷七	卷二十三 外集五
《瘞旅文》	卷一	外集 卷九	卷二十五 外集七
《玩易窩記》	卷一	外集 卷七	卷二十三 外集五
《重刊文章軌範序》	卷一	外集 卷六	卷二十二 外集四
《五經臆說序》	卷一	外集 卷六	卷二十二 外集四
《答友人》	卷一	外集 卷五（在《安宣慰三書》之後）	卷二十一 外集三
《答毛憲副書》	卷一	外集 卷五	卷二十一 外集三
《答安宣慰書》	卷一	外集 卷五	卷二十一 外集三

《又答安宣慰書》	卷一	外集 卷五	卷二十一 外集三
《又答安宣慰書》	卷一	外集 卷五	卷二十一 外集三
《論元年春王正月》	卷一	外集 卷八	卷二十四 外集六
《咎言》	卷三	外集 卷一	卷十九 外集

　　由上表可知，《居夷集》中的 22 篇文章分散到《文錄》中，打破了時間上的先後排序，而是以文體作為區分，《全書》則承襲了《文錄》中的次序。故只需對比《居夷集》與《文錄》，便可知《居夷集》與《全書》的區別差異。錢氏《年譜》記載：「守益錄先生文字請刻。先生自標年月，命德洪類次，且遺書曰：『所錄以年月為次，不復分別體類，蓋專以講學明道為事，不在文辭體制間也。』」〔註 19〕可知，陽明最初刊行《文錄》是以年月為次，但因陽明為文風格迥異，題材多樣，故僅以時間為次，則顯得雜亂無章。故稍加區分文體，再作類次，則顯得更為工整。《居夷集》中的文章亦並未嚴格按照時間次序排列，《文錄》中按照文體「記」「序」「書信」各有不同，《全書》按照《文錄》格式收錄，也使得《全書》更為有序。

（二）詩歌的次序與收錄情況

　　《居夷集》中卷二所收 111 首詩歌，《文錄》《全書》之中名為居夷詩。《文錄》與《全書》均遺漏了一首詩，這首詩被保存在《居夷集》之中。《文錄》《全書》中的《始得東洞遂改為陽明小洞天三首》題目下的三首詩，本來詩名應為《移居陽明小洞天三首》。《始得東洞遂改為陽明小洞天》題下只有一首詩，即漏刻的佚詩。而《居夷集》附卷，即卷三所收 68 首詩歌，是《文錄》《全書》中獄中詩和赴謫詩的合併。然有趣的是，《居夷集》中並未收赴謫詩中的《憶別》《泛海》《武夷次壁間韻》三首詩。此處稍作延展，關於陽明「泛海」一事歷來為人詫異，真假難辨。錢氏《年譜》記載，王陽明為躲避劉瑾迫害而託言投江避難，附商船，遇颶風，眠虎穴，見故人，這一系列的奇遇使得陽明身上籠罩著神秘主義色彩。而湛若水則一語中的地指出陽明「此佯狂避世也」。〔註 20〕據湛若水所撰《陽明先生墓誌銘》，此事應為陽明為避世而虛造。而湛甘泉與陽明為學誌同，相交甚深，故聽聞此事，便知陽明用心。陽明處世雖因時權變，然不會欺騙道義之友，故告知甘泉實情。而湛甘泉於陽明死後為其作一明晰，

〔註 19〕（明）王守仁撰，吳光、錢明等編校《王陽明全集》，第 1440 頁。
〔註 20〕（明）王守仁撰，吳光、錢明等編校《王陽明全集》，第 1540 頁。

也可見二人相知。與陽明交好的黃綰也認為陽明「泛海」一事實偽非真，所作《陽明先生行狀》中也未曾提及此事。因此，可合理推測陽明「泛海」一事為假，佯狂避世為真。故《居夷集》不收此三詩，或是陽明的授意，或是編撰者知曉此事真假而表明態度。但可以確信此三首詩確為陽明之作，原因有三：一則《年譜》中引錄《泛海》一詩。〔註21〕二則湛若水撰陽明墓誌銘中有「佯狂欲浮海，說夢癡人前」之句，是對陽明之詩的回應。三是《憶別》一詩中卻有「移家便住煙霞壑，綠水青山長對吟」之句，確實有佯狂避世之歎。

三、《居夷集》命名之深意

《居夷集》的刊刻是王陽明文學家身份的第一次確認。嘉靖三年（1524）已是陽明桑榆之年，此時出版的《居夷集》卻是最早的一部王陽明詩文集。此時的陽明倡導「致良知」，其心學體系亦日臻完善，早已不再常提「龍場悟道」的「知行合一」之說，然《居夷集》的刊刻頗可玩味。

首先，《居夷集》中所收一卷文一卷詩，均是陽明謫居黔地時作無疑。故「居夷」所指向地域上的概念，夷地即指西南邊陲的貶謫之地。

其次，《居夷集》的命名仍有值得深入探討的價值。「居夷」二字絕不僅僅是其字面意思，指貶謫黔地。「居夷」二字典出《論語》：「子欲居九夷，或曰：『陋，如之何？』子曰：『君子居之，何陋之有？』」陽明在《居夷集》中亦反覆使用此典，如《何陋軒記》：「昔孔子欲居九夷，人以為陋。孔子曰：『君子居之，何陋之有？』……人之及吾軒者，若觀於通都焉，而予亦忘予之居夷也。因名之曰『何陋』，以信孔子之言。」《七盤》：「投簪實有居夷志，垂白難承菽水歡。」《移居陽明小洞天》：「夷居信何陋，恬淡意方在。」《送張憲長左遷滇南大參次韻》：「交遊若問居夷事，為說山泉頗自堪。」這就使得「居夷」又多了一層文化意蘊。

再次，從《居夷集》所收錄的內容來看，附一卷詩則是《王文成公全書》中的《獄中詩》《赴謫詩》和《咎言》一文，這就使得「居夷」的意蘊又擴充了一層，即暗含的一層政治概念。陽明因抗疏救章忤逆劉瑾而身陷縲絏，繼而被貶謫為龍場驛丞，這是王陽明遭貶的前因，赴謫及居夷三載即這次政治事件的後果。實際上，陽明正德三年（1506）春才到達貴州龍場，正德四年（1507）七月即升盧陵知縣，且陽明《與辰中諸生》亦說：「謫居兩年，無可

〔註21〕　（明）王守仁撰，吳光、錢明等編校《王陽明全集》，第757頁。

與語者。」〔註 22〕可知陽明在黔地的時間不足兩年。而陽明之詩文之中反覆使用「居夷三載」的概念,實際上是指陽明政治生涯之中的第一次重創,即正德元年(1506)冬下獄,到正德四年(1507)擺脫貶謫之罰,約三年的時間。故《居夷集》的命名,具有複雜性和多異性,其不僅是文字表面上所直指的地域範圍,更是一個由居夷、行夷到化夷的一個文化概念,還有一個深藏於前兩者之後的一個政治暗喻。

第三節　《居夷集》的文獻價值

　　大體掌握《居夷集》之成書過程,也使我們得以瞭解此書獨特的思想價值與文學價值。上述提及由於《文錄》《全書》的陸續完善,單行本的《居夷集》似乎失去了單獨存在的意義,目前也並未發現《居夷集》有再刻的版本。通過《居夷集》校勘記可更好地完善《全書》,大體上來講有以下三方面的功勞:校正脫衍、校出舛誤、補遺之功。

　　第一,校正脫衍。如隆慶本《瘞旅文》:「維正德四年秋月三日」,脫「七」字,就使得文章寫作時間不明,依照嘉靖本《居夷集》則可知「維正德四年秋七月三日」,便能準確得知陽明寫作《瘞旅文》的具體月日。再如組詩《袁州府宜春臺四絕》第三首和第四首詩後有陽明注釋出「右三先生祠」、「右孚惠廟」,便可從側面瞭解一些史實和古蹟遺址等。

　　第二,校出舛訛。如《重修月潭寺建公館記》:「興隆之南有岩曰月潭。」「興隆」二字隆慶本作「隆興」,當據乙。按:當為「興隆」,後文中均為「興隆」,且有詩《興隆衛書壁》互證。興隆衛,在今黃平縣。《恩壽雙慶詩後序》:「弘乃德,遠乃猷。」「猷」,隆慶本作「猶」,當依嘉靖本《居夷集》作「猷」,指長遠的打算、遠大的謀略。《尚書·康誥》:「顧乃德,遠乃猷。」〔註 23〕《論元年春王正月》:「元祀十有二月。」祀,隆慶本作紀。按:當為「元祀」。《尚書·伊訓》:「惟元祀,十有二月,乙丑。」陸德明釋文:「祀,年也。夏曰歲,商曰祀,周曰年。」再如詩歌《寄劉侍御次韻》,隆慶本題目為《贈劉侍御二首》,題下只有詩一首。明刊本《陽明先生詩錄》與嘉靖本同,嘉靖本正文處缺少詩題。目次處詩題為《寄劉侍御次韻》應依嘉靖本,此為一首詩。

〔註 22〕　(明)王守仁撰,吳光、錢明等編校《王陽明全集》,第 162 頁。

〔註 23〕　(清)孫星衍撰,陳抗、盛冬鈴點校:《尚書今古文注疏》,中華書局 1986 年版,第 371 頁。

　　第三，補遺之功。《居夷集》作為最早出版的陽明詩文集，其中卷二所錄111 首詩，比隆慶本《全書》中所收居夷詩，多出一首，具有補遺之功。對比《居夷集》和隆慶本《王文成公全書》可知，《始得東洞遂改為陽明小洞天》應為漏刻，其詩題下三首詩應為《移居陽明小洞天》題下的三首。《始得東洞遂改為陽明小洞天》其詩為：

> 群峭會龍場，戟雉四環集。遍覬有遺觀，遠覽頗未給。
>
> 尋溪涉深林，陟巘下層隑。東峰叢石秀，獨往凌日夕。
>
> 崖穹洞蘿偃，苔骨徑路澀。月照石門開，風飄客衣入。
>
> 仰窺嵌竇玄，俯聆暗泉急。惬意戀清夜，會景忘旅邑。
>
> 熠熠岩鶂翻，淒淒草蟲泣。點詠懷沂朋，孔歎阻陳楫。
>
> 躊躇且歸休，毋使霜露及。

　　《居夷集》有其獨特的文獻價值，這一點毋庸置疑。但其中也有錯訛不足之處，應當值得我們注意，如《弔屈平賦》：「四山無人兮駭孤鼠。」孤，隆慶本作狐。按：當為狐。狐鼠，指城狐社鼠，比喻小人、壞人。《文選‧沈約〈奏彈王源〉》：「雖埋輪之志，無屈權右，而狐鼠微物，亦蠹大猷。」李善注引《晏子春秋》：「景公問晏子曰：治國亦有常乎？對曰：讒佞之人，隱在君側，猶社鼠不薰也，去此乃治矣。」《臥馬冢記》：「中凝外完，丙缺門若。」丙，隆慶本作內。按：字形相近而誤，與前句之「中」相對，當依隆慶本，作「內」。《贈黃太守澍》：「山泉足遊憩，麋鹿能友于。」于，隆慶本作予。按：當為「予」，指自己與麋鹿為友。典出《孟子‧盡心上》：「舜之居深山之中，與木石居，與鹿豕遊，其所以異於深山之野人者幾希。」〔註24〕

〔註24〕（宋）朱熹《四書章句集注》，中華書局 2012 年版，第 360 頁。

第二章　《居夷集》詩歌中的精神世界

　　本章以《居夷集》中 179 首詩歌為研究對象，用詩史互證及文本細讀的方法，旨在探尋陽明詩歌之中所蘊含的思想內容，以期探求王陽明的精神世界。聖賢之志的確立與篤定，還未來得及施展，便遭遇人生之中第一次重大打擊，王陽明的心境也隨著人生的浮沉起落而一再轉變。初遭打擊入獄時的惆悵低沉，擔心禍及家人時的憂心忡忡，赴謫避難時的樂觀豁達，克服絕域殊方艱苦環境的堅韌不拔，以及居夷化夷悟道後的睿智從容。這些心境一一入詩，凝練成優美的詩句，構成了王陽明的深刻的精神世界，亦是王陽明從文人之詩轉向哲人之詩的重要契機。

　　細讀王陽明獄中詩、赴謫詩、居夷詩，其心境也因貶謫而發生著明顯變化，但這種轉變並非涇渭分明，而是曲折反覆的，這也側面顯應出王陽明思想的複雜性。面對權勢炙手可熱的閹黨〔註1〕劉瑾的迫害，王陽明獄中詩中充滿憂患意識，這是他作為臣子對朝綱不振的無聲質問；他心慕屈原，以求尋得與古人精神上的契合，為自己心靈尋求慰藉。他擔心禍及家人，又抱著歸隱山林的志向以求萬全，「予有歸隱之圖，方將與三子就雲霞，依泉石，追濂洛之遺風，求孔顏之真趣，灑然而樂，超然而遊，忽焉而忘吾之老也。」〔註2〕（《別三子序》）陽明在離京赴謫前告別友人的序言中便言明自己的心意。這種思想的轉變是陽明從獄中出來之後，對時局權衡考量後的判斷。陽明所言歸隱並非隱山林，絕人跡，而是藏拙自適，隱於野，隱於學，轉向對充實自我內心的關

〔註1〕《明史》立《閹黨傳》，閹以黨名，始於劉瑾時。見孟森《明史講義》，嶽麓書社 2010 年版，第 181 頁。
〔註2〕（明）王守仁撰，吳光、錢明等編校《王陽明全集》，第 253 頁。

注。窮究聖人遺風，探尋樂道之徑。於自然之中，發現「不知老之將至」的超然物外的樂趣。所以於赴謫途中，他觀山涉水，一方面轉移自己內心的憤懣抑鬱，一方面於自然之中尋求萬物一體的化物生機。這個階段的王陽明的詩歌之中，多以感慨身世、表達自我為訴求，故稱其為文人之詩。

第一節　憂患意識與怨惻之情

自《詩經》中的「變風」「變雅」至「蓋自怨生」的《離騷》，都貫穿著一種憂患意識的悲情。身為人臣，心懷憂患意識是一種政治責任；對於儒者來說，更是一種道德責任。時局不明，見棄於君，慨於時事，便會愁思鬱結，憤懣無告，進而生發出一種怨惻之情。王陽明身份是多重的，他既有敦厚儒者的忠君明道以天下為己任的擔當，也有遁世埋名，近似屈騷浪漫主義色彩的隱趣，這些特點在王陽明獄中詩文中均有體現。

一、丁卯之禍後的身份轉換

《明武宗實錄》卷二十：「正德元年丁卯（1506）十二月二十一日，降兵部主事王守仁為貴州龍場驛驛丞，時南京科道戴銑（字寶之，婺源人）等以諫忤旨，方命錦衣衛官校拏解，未至，守仁具奏救之，下鎮撫司考訊獄具。命於午門前杖三十，仍降遠方雜職。」〔註3〕因仗義直言而慘遭入獄，杜維明的闡釋昇華了陽明這一行為的高度「向劉瑾的開戰不僅是攻擊他的人格本身，而且是攻擊他的人格所代表的一個持久而強大的傳統」，這樣的傳統不是明代所獨有的，而是中國文人士子骨子裏的一種以天下為己任的政治理想和政治情懷，所以容不得太監竊柄，蒙蔽聖心，為亂朝綱。「所以，對儒家來說，攻擊劉瑾不僅成為一種政治責任，而且成為一種道德使命。」〔註4〕這次政治事件以宦官的勝利告終，導致的後果便是參涉其中的士大夫官員們都受到了懲戒，或貶或罰，甚至被列為《奸黨錄》。而王陽明因這次丁卯之禍，身份上由兵部主事

〔註3〕中央研究院歷史語言研究所編《明武宗實錄》1964年版，第588頁。至於陽明為何抗章直言，楊正顯給出了直接間接兩大原因：直接原因是陽明的妹婿（按：當為姑丈。）牧相參與其中；間接原因是陽明的同年中多人參與其中，且與謝遷一派交情不菲。楊正顯《一心運時務：正德時期（1506～21）的王陽明》，臺灣國立清華大學2008年博士論文，第32頁。

〔註4〕杜維明《青年王陽明1472～1509：行動中的儒家思想》，生活‧讀書‧新知三聯書店2013年版，第115頁。

轉變為階下之囚，後被流放龍場。所幸的是，這次政治失意使得陽明轉而向自我內心進行追索。福兮禍兮，相倚相生。錢德洪《年譜》中，對陽明下獄後的狀態和心境上的描寫著墨不多，從史實的角度我們只能瞭解這件事情的前因後果。但陽明於此時所作的大量詩歌，或暗諷時局，或涵詠自我，就成為我們瞭解身份轉換後的王陽明，其心境上的痛苦、憂愁和鬱悶。

陽明投獄後的常態，便是在徹夜難眠的煎熬中輾轉，《不寐》：

> 天寒歲云暮，冰雪關河迴。幽室魍魎生，不寐知夜永。
>
> 驚風起林木，驟若波浪洶。我心良匪石，詎為戚欣動。
>
> 滔滔眼前事，逝者去相踵。崖窮猶可陟，水深猶可泳。
>
> 焉知非日月，胡為亂予衷？深谷自逶迤，煙霞日悠永。
>
> 匡時在賢達，歸哉盍耕壟！

陽明下獄時是正德元年（1506）的隆冬，季節的嚴寒與陌生的環境都使得他身心備受摧殘。輾轉難眠的他眼見影魅層層，耳聽寒風怒號，視聽感官的描寫都顯示出詩人處於極度高壓的狀態，而變得十分敏感。他窮經追聖，想要尋求與古時人的精神共鳴，緩解身心的壓力。

詩人連續四次化用《詩經》，隱喻地表達自我的「言志」與對政治的「美刺」。「我心良匪石」化用自《詩經·邶風·柏舟》：「我心匪石，不可轉也。」言石可轉而我心不可轉，是對忠臣賢士的一種支持，也是對自己因言獲罪的行為感到無愧於心。「崖窮猶可陟，水深猶可泳。」前句化用《詩經·周南·卷耳》：「陟彼高岡，我馬玄黃。」朱熹《詩集傳》：「此亦后妃所自作，可以見其貞靜專一之至矣。豈當文王朝會征伐之時，羑里拘幽之日而作歟？」[註5]「貞靜專一」四字，可謂是陽明此刻心曲的外現了，言其志，表其忠，託古人之言，顯得這種情感更為隱慎和克制。後句化用自《詩經·周南·漢廣》：「漢之廣矣，不可泳思。」可從兩個層面來解讀此時陽明的心理，其一身處監牢之中猶如處在深水之中，但自己篤定堅持仍可以度過這一劫難，這是對自我的一種安慰與期盼。其二自己所追求的政治清明猶如漢之遊女，可望而不可企及，但內心仍然充滿希冀，這是對政局的一種美好嚮往。而這種嚮往與現實的南轅北轍，使得陽明的心緒變得十分複雜。《詩經·秦風·小戎》：「言念君子，溫其如玉。在其板屋，亂我心曲。」《詩》意本指思婦思夫，而陽

〔註5〕（宋）朱熹《詩集傳》，中華書局 2017 年版，第 6 頁。

明借指自己深陷政治與自我的兩難境地,心煩意亂,不知如何化解。竟陵派代表人物鍾惺(字伯敬,號退谷,湖廣竟陵人)所選評陽明詩作的《王文成文選》一書,其卷六讚「焉知非日月,胡為亂予衷」曰:「二語解來亦淺,但覺其感歎甚深,使人也惻。」〔註6〕

　　陽明下獄的悲劇源於現實政治的昏亂,也源於自身對現實的期盼過於美好,這是一種超越自我的家國心懷,故使人感歎悱惻,感同身受。「兼濟天下」的宏偉志向實現不了,便只有「獨善其身」的歸去,一首詩用平靜的文字淋漓地展現了陽明起伏跌宕的心境。他對自己提出了「歸耕壟」的解決辦法,但身在深牢大獄,這種歸田之願也顯得微乎渺茫。況且「匡時」之志又須得憑藉賢達之士的努力,這也曲微地表達出陽明內心的桎梏難以排遣。所幸的是,陽明並非沉浸在這種身份轉換的失落之中,他積極尋求擺脫負面情緒的干擾,並努力踐行。陽明在詩中記錄了自己通過讀《易》和與人講學的辦法轉換自我心境,積極排遣內心的焦慮。

二、讀《易》、講學以遣懷

　　初入獄牢的陽明肯定難以適應隆冬季節冰冷陰濕的監獄環境,加之難以預料的橫禍飛來對自己乃至整個家族所造成的後果。「兀坐經旬成木石,忽驚歲暮還思鄉」掛牽家人的情感也時時流露在詩中。這種憂心如焚的煎熬,陽明通過讀《易》來排遣,其有詩《讀易》記錄了這一心曲:

> 囚居亦何事?省愆懼安飽。瞑坐玩羲易,洗心見微奧。
>
> 乃知先天翁,畫畫有至教。包蒙戒為寇,童牿事宜早。
>
> 蹇蹇匪為節,虩虩未違道。遯四獲我心,蠱上庸自保。
>
> 俯仰天地間,觸目俱浩浩。簞瓢有餘樂,此意良匪矯。
>
> 幽哉陽明麓,可以忘吾老。

相傳伏羲始作八卦,僅留卦畫,後經周文王加以推演,卦爻結合,遂成大觀。司馬遷《史記》自述心曲道「文王拘而演《周易》」,自文王幽居羑里,潛心究《易》,於困頓之時,讀《易》究《易》,成為一種士子文人排憂解難的遣懷方式。囚居枯牢,瞑坐玩易,使他沉靜下來,心靈上一片如洗,洞見宇宙的精微奧妙。陽明選取六卦《蒙》《大畜》《蹇》《震》《遯》《蠱》入詩來折射自己內心的思想。杜維明綰結陽明用「蒙」卦傳達「似乎隱含地表達了一個意思:雖

〔註6〕 (明)鍾惺《王文成公文選》,明崇禎六年刻本。

然他無故受到過重的處罰，但最好是承受這種苦難，而不是採取激烈的行動對抗它。」〔註7〕王陽明在朝堂之上因言獲罪入獄，面對這樣突如其來的無妄之災，不應該奮起反擊，而應該韜光養晦，進而蓄勢待發。陽明在自我反省之中認識到因自己的冒失，累及家族友人陷入困境之中。他雖不為自己身處囹圄而恐懼，卻為被牽連的親人友人感到憂心忡忡。陽明從讀《易》中悟得化解自身乃至家族危機的方法，在面對閹黨勢力過於強大時，明哲保身才是第一要義。所以此詩中有強烈的歸隱之欲，然這種歸隱不是隱居山林，遠離塵世，修仙煉道的隱居，而是遠離政治迫害，保全家族保全自身，願學顏回簞瓢陋巷，自得其樂，追尋宇宙化機和內心的淡然平靜的儒者之隱。

　　除卻於讀《易》中追尋內心的平和與寧靜，陽明同獄中的志同道合的友人講學論道，也是他排遣內心積鬱的一種方式，《別友獄中》是陽明脫離牢獄之困時，對獄中友人的勸誡：

　　　　居常念朋舊，簿領成闊絕。嗟我二三友，胡然此簪盍。
　　　　累累囹圄間，講誦未能輟。桎梏敢忘罪，至道良足悅。
　　　　所恨精誠眇，尚口徒自蹶。天王本明聖，旋已但中熱。
　　　　行藏未可期，明當與君別。願言無詭隨，努力從前哲。

昔有孔子在野絕糧弦誦不衰，陽明效比孔子於獄中講學不輟，頗得聖人遺風。與友人講學論道之中得到的愉悅與快樂，使得王陽明忘卻身處獄中的艱險。陽明逐漸釋懷了心中的鬱結，故曰「天王本明聖，旋已但中熱」。中熱，即熱中。此語出自《孟子·萬章上》：「仕則慕君，不得於君則熱中。」〔註8〕他更願意相信正德皇帝本聖明。而自己不得見用於時，便向內修己以安人。「願言無詭隨，努力從前哲」，是陽明遭此一災後，對自己的總結，也是對友人的勸誡。「詭隨」一語出自《詩經·大雅·民勞》：「無縱詭隨，以謹無良。」朱熹注：「詭隨，不顧是非而妄隨人也。」〔註9〕即將離開監獄之時，陽明勉勵友人慎言謹行，不要顛倒黑白，是非不明地攻擊他人，而要潛心於學，希聖成賢之志不可廢。

　　以陽明初入獄時的《不寐》，到離開牢獄的《別友獄中》作一對比，便可以看出陽明在監獄之中的心境轉變的過程，是從心懷難言的苦楚到久居無怨的釋懷。王陽明被投獄中，是其政治身涯的一個挫折，但這個挫折反而使王陽明

〔註7〕杜維明《青年王陽明1472～1509：行動中的儒家思想》，第121頁。
〔註8〕（宋）朱熹《四書章句集注》，第308頁。
〔註9〕（宋）朱熹《詩集傳》，第305頁。

逃離了勞形的案牘,於罹難囚居之中窮究《易》的奧秘,得到了心靈上的超越。陽明居獄中彌月﹝註 10﹞,這種心境轉換如此之迅速,貫穿其自始至終的是詩人內心對時局的清醒認知與對自我心靈的化解,反映在詩中則呈現出一種憂患意識。

三、憂患意識之心境呈現

　　陽明弟子施邦曜,字爾韜,號四明,浙江餘姚人,輯評《陽明先生集要》一書。將陽明下獄、赴謫和謫居黔地時的詩統稱為「憂患詩」。「憂患」不僅表現在陽明承受了廷杖的肉體上的折磨和精神上的羞辱,還表現在身為臣子對社稷江山的隱憂。由於觸怒佞臣所造成的高壓心理,王陽明形成對自我、乃至家國的憂患意識,在監獄這樣一個逼仄狹小的空間裏,流露出最自然和真實的情感狀態,有詩《屋罅月》:

> 幽室不知年,夜長晝苦短。但見屋罅月,清光自虧滿。
>
> 佳人晏清夜,繁絲激哀管。朱閣出浮雲,高歌正淒婉。
>
> 寧知幽室婦,中夜獨愁歎。良人事遊俠,經歲去不返。
>
> 來歸在何時,年華忽將晚。蕭條念宗祀,淚下長如霰。

陽明早年泛濫辭章之學,與前七子的李夢陽、何景明交好,詩文創作有擬古傾向。從詩歌形式上來看,《屋罅月》一詩模仿樂府五言古詩的痕跡頗重,如「夜長晝苦短」化用自《古詩十九首·生年不滿百》:「晝短苦夜長。」古詩強調亂世中及時行樂的思想。陽明感受到的「夜長」,一則是詩人察覺到隆冬之際晝短夜長的自然現象;二則乃是心理上的煎熬所帶來的時間的停滯感。自比為「幽室婦」,將君主喻為「事遊俠」的良人,曲折地吐露出在政治上遭受打擊的怨憤,頗有曹植《七哀詩》的曲折委婉。長夜漫漫,度日如年都是詩人主觀心理上的一種直觀感受,他由屋罅之中透過的月光而引發慨歎,月有盈虧天時,人亦有滿損之運。他將自己比擬成為一個幽居的思婦,將君主比喻成為經年事遊俠的良人,想像良人此時繁絲管竹,高歌陳唱,不聞幽婦的愁容獨歎。陽明委婉表達了自己對遊樂無度的君主的憂心,鍾惺評此詩最後兩句「蕭條念宗祀,淚下長如霰」為:「社稷臣語。」﹝註 11﹞陽明對武宗的遊俠之癖放蕩無度的憂慮,是社稷之臣基於君主不明而導致宗廟難以延續、百姓受苦受難的擔憂。

﹝註10﹞陳來考證:「(陽明)十一月上疏,下詔獄,十二月謫龍場驛丞」。見《有無之境——王陽明的哲學精神》,北京大學出版社 2013 年版,第 316 頁。

﹝註11﹞（明）鍾惺《王文成公文選》卷六,明崇禎六年刻本。

施邦曜評此詩：「感慨忠愛，得三百篇之神。」〔註12〕很顯然，施邦曜不是從詩歌體制上來評價此詩的，而是從詩歌文字所蘊含的深意挖掘這首詩的精髓。如果說「幽室」「朱閣」「思婦」「良人」等意象是詩歌的外在表現的話，究其內在的情感當是源於陽明內心深處的憂患意識。陽明詩得其神而非重其形。三百篇之神，指的就是這種根植於中華民族血液之中的憂患意識。蔣寅《中國詩學的思路與實踐》有一章「《詩經》的憂患意識與民族性格」，概述「憂患意識」能激發個人的強大生命力：

> 這種從廣闊的人生體驗和深遠的歷史回顧中激發的浩大深沉
> 的憂患意識，是主體對生命阻力的反應，從另一方面說也是主體生
> 命力量的表現。人在體驗憂患時，也就是在理智地把握世界和確立
> 自我，憂患意識並沒有沉沒在無可奈何的憂傷之中，相反導向了人
> 格理想的積極追求，由對自己行為負責的使命感促生了自覺的道德
> 實踐。〔註13〕

王陽明此時正遭受生命的巨大阻力，然而這種阻力並未擊垮他，反而激發並開啟了他人生的另一面。而此詩所表達的憂患，並非著眼於個人的牢獄之災，而是他敏銳察覺到喪亂而進行的曲折規勸，為追求免患而進行的深層思考。詩歌中的濃烈而沉重的憂患意識就是《詩經》復現的主題。〔註14〕陽明此時也有一組擬《詩》之作：

> 有室如簧，周之崇墉。室如穴處，無秋無冬。（其一）
>
> 耿彼屋漏，天光入之。瞻彼日月，何嗟及之。（其二）
>
> 倏晦倏明，淒其以風。倏雨倏雪，當晝而蒙。（其三）
>
> 夜何其矣，靡星靡粲。豈無白日，寤寐永歎。（其四）
>
> 心之憂矣，匪家匪室。或其啟矣，殞予匪恤。（其五）
>
> 氳氳其埃，日之光矣。淵淵其鼓，明既昌矣。（其六）
>
> 朝既式矣，日既夕矣。悠悠我思，曷其極矣！（其七）

《有室七章》是陽明模擬《詩經》之作。七章小詩節奏明快，短小精悍，各自獨立，又互相發明。其一，有室，指的便是幽拘之所，陽明將其喻為一個簧。

〔註12〕（明）王守仁著，（明）施邦曜輯評《陽明先生集要》，中華書局2008年版，第978頁。

〔註13〕蔣寅《中國詩學的思路與實踐》，廣西師範大學出版社2001年版，第100～101頁。

〔註14〕蔣寅《中國詩學的思路與實踐》，第91頁。

簴，即懸掛鐘磬的立柱，十分形象地描述了監獄的逼仄，及陽明處於其中的狹迫感。崇墉，崇國的城牆。其典出自《詩經·大雅·皇矣》：「帝謂文王：『詢爾仇方，同爾兄弟。以爾鉤援，與爾臨衝，以伐崇墉。」《史記·殷本紀》則更詳細地記述此事：「……西伯昌聞之，竊歎。崇侯虎知之，以告紂，紂囚西伯羑里。西伯之臣求美女奇物善馬以獻紂，紂乃赦西伯。西伯出而獻洛西之地，以請除炮烙之刑，紂乃許之。賜弓矢斧鉞使得征伐，為西伯。」〔註15〕周文王時崇國的君主為崇侯虎，其挑唆紂王囚禁周文王。而劉瑾素為「八虎」之首〔註16〕，陽明用此典乃將劉瑾比作崇侯虎，暗示自己被拘的原由正如文王般，受到小人言語挑唆而致。「無秋無冬」一句是對時間靜止的描寫，置身於陰暗濕冷如洞穴般的監獄之中，季節的變化都無從感受到。時間停滯與陰濕環境的二者重合，可以想見王陽明的所處其中而感受到的衝擊與壓迫。

其二至其四三首詩，是王陽明當下的生存狀態的直觀描寫。「嗟及」「永歎」並非患一己之身之存亡，而是憂於社稷江山之安危。「瞻彼日月」直接引用《詩經·邶風·雄雉》：「瞻彼日月，悠悠我思。」日月更迭，陽明尚寄希望於武宗天光朗照，察其始末，還其清白。「夜何其矣」出自《詩經·小雅·庭燎》：「夜如何其？夜未央，庭燎之光。君子至止，鸞聲將將。」陽明用此典意在諷諫正德皇帝效法周宣王，勤於政事。陽明承襲《詩經》美刺的文學傳統，隱而不發，發而中和，其詩哀而不怨，實則均是陽明憂患意識的外在體現。而這種憂患意識可謂是貫穿陽明的一生，陽明早年學兵法，晚年安邦定國，軍旅倥傯卻講學不輟，以期教化人心以安天下，都可視為這種憂患意識的擴充和實踐。

第二節　絕域風光與江山之助

上一節分析了獄中陽明的心境轉化與情感流變，那是限制人身自由的局促境地中的被動選擇。陽明從獄中出來之後，出於對家族安危的考慮，他決意接受懲戒，赴謫龍場。他不得已離開京師，「去國心已恫，別子意彌惻」與友人汪抑之的告別詩中充滿了感傷，這種傷感是源於不能共倡明聖學而感到的無

〔註15〕（漢）司馬遷《史記》，第一冊，中華書局1959年版，第106頁。

〔註16〕《明史·劉瑾傳》：「劉瑾，與平人。本談氏子，依中官劉姓者以進，冒其姓。孝宗時，坐法當死，得免。已，得侍武宗東宮。武宗即位，掌鐘鼓司，與馬永成、高鳳、羅祥、魏彬、邱聚、谷大用、張永竝以舊恩得幸，人號『八虎』，而尤瑾狡狠。」

限失落。「重看骨肉情何限，況復斯文約舊深」也是因自己身體多病且要與親人分離的憂心與難捨。「起窺庭月光，山空遊罔象」更是對前去未來的迷茫與不確定性。這種複雜的情感始終縈繞在詩人心頭，流露在詩人的詩文之中。但王陽明並未沉浸在這些悲傷之中，他此前未曾遠離過中原，赴謫一路西行，景物日益變遷，「境多奇絕非吾土」「遠客日憐風土異」不同於中原的地貌與風俗，都映在他眼中，蘊積在他內心。他的性格及他所信仰的東西積極地調動著他，眼觀山水之異，內心則更為敏感地捕捉到外部景物異時異地之流轉，從而呈現出各種鮮明可感的物象變遷，喚起了陽明心中深沉而悠長的情感爆發。絕域風光之山川勝蹟、風雨晦暝無不可入詩，故而陽明此時之詩，不同於早年歸越的仙風道骨之飄逸，也異於後期江西的以詩為教之口訣，其獨特之處是由於受到了黔地異於中土的「江山之助」。

一、「江山之助」之闡發

　　「江山之助」是劉勰在《文心雕龍・物色篇》中提出的一個重要的文學命題：

> 若乃山林皋壤，實文思之奧府；略語則闕，詳說則繁。然屈平
> 所以能洞監風騷之情者，抑亦江山之助乎？文章之成，概取諸物色
> 而已。〔註17〕

此命題揭示出大自然實則詩人文思取材之寶庫，且自然景物通過美的感召作用於詩人的內心，詩人受到感召，情動於心，細心捕捉到自然之美，進而發於吟詠，形諸文字。即在對自然景物的摹狀之中寄託詩人的主觀情感。中國古典抒情詩注重意境之美，古代詩人尤其喜愛徜徉山水清音之中，所以受自然環境的影響尤其明顯。且儒家有以山水比德的傳統，子曰：「智者樂水，仁者樂山；知者動，仁者靜；知者樂，仁者壽。」〔註18〕張伯偉論述儒家的自然觀曾提及，「儒家認為，自然之所以為人們欣賞，並不僅在於自然本身的美，而主要是山水所蘊含的精神符合於人的某種美德。」〔註19〕儒家的比德，已經暗含山水對人性格形成的影響作用。陽明雅好山水，稱自己「平生山水已成癖」，而其躬歷山川，不僅得探幽尋樂的山水之趣，抒發鬱結於心的不懣之情，更能瞭解當地文化的積澱與變遷。

〔註17〕詹鍈《文心雕龍義證》，上海古籍出版社1989年版，第1759頁。
〔註18〕（宋）朱熹《四書章句集注》，第90頁。
〔註19〕張伯偉《禪與詩學》，浙江人民出版社1992年版，第157頁。

「登山臨水，俯仰古今」從中得到一種貫通古今，與古人心有合契的歷史意識和悲壯的使命感。吳承學在論述「風土感召與風格創作」時，提及「作家所處地域的轉換，往往意味著生活方式的轉換。在文學批評中，有許多這樣的評論：一些詩人由於身處異地，其詩風發生了變化。」又說「遊歷生活擴大了詩人的生活面，大自然的壯色可以改造詩風。中國古代詩歌史上此類例子很多，比如杜甫夔州詩、韓愈潮州詩、蘇軾惠州、儋州詩的詩風之變，都是『江山之助』的有名例子。」〔註20〕古人因安土重遷之思想，除非為官和遊學，否則是不肯輕易離開故土。然還有一種不得不去故國的情況，即陽明的境遇，遭受政治迫害後被貶謫殊方。上述所引之例證，如杜甫不見為用之流離，韓愈蘇軾之忤言而遭貶，這些都是詩家不幸而詩壇之幸。王陽明之赴謫居夷，一路西行「境多奇絕非吾土」「遠客日憐風土異」，所觀所感不同於中土的自然地理環境，人文風俗文化之迥異，更觸動他對自然界中鮮明可感的物象變遷的敏感捕捉，醞釀於心中雋永而悠長的情感爆發。絕域風光之山川勝蹟、風雨晦暝、人文風俗無不可入詩，故而陽明此時之詩，不同於早年歸越的仙風道骨之飄逸，也異於後期江西的以詩為教之口訣，其獨特之處是由於受到了黔地異於中土的「江山之助」，所以陽明之詩風在居夷前後發生了轉變，而這種轉變在赴謫居夷的過程之中發生著量變。

二、「絕域」的界定

首先，需要界定的一個概念是：何為絕域？從字面意思理解，絕域指邊遠之地，即異於陽明所熟悉的東土風情之地。如果從地理方位上做一個清晰的界定，顯然不可行，因為這只是一個泛指的概念。我們藉以《居夷詩》的收錄情況來進行劃分，第一首是組詩《去婦歎》五首，下有注釋說明詩人感慨楚人去舊婦而悲之，此詩應是陽明經過楚地時的有感而發。此處只說明是楚地，且「空谷多淒風，樹木何瀟森」（《去婦歎·其五》）已是不同於中土的景象。緊接著第二首便是《羅舊驛》，羅舊驛在明沅州府芷江縣東，即今天的湖南省芷江縣東北。再往西南方向走便到了黔地的平溪衛、清平衛等地，且途經兩處陽明具有詩存。因此，我們可以確定「絕域」這個地理範圍當自此始，指的是陽明赴謫、居黔期間的活動範圍。「絕域煙花憐我遠，今宵風月好誰談？」（《送張憲長左遷滇南大參次韻》）這是陽明在貴陽時，送別友人張貫的詩，陽明使

〔註20〕吳承學《中國古代文體學研究》，人民文學出版社2011年版，第209～210頁。

用「絕域煙花」來泛指黔地綺麗的春景，此亦可作一佐證。

絕域風光，不僅僅指外部環境下的自然風景，也包含著異域的人文風情。從地理上的區域劃分，距離中央統治中心區懸遠、經濟落後、文化習俗與中原漢民族文化明顯不同的邊疆地區，是一種超越了單純地理景觀與詩歌意象的精神文化符號，只是這個概念的第一層含義。

其次，居夷詩中最後一首詩是《再過濂溪祠用前韻》，詩中所言的濂溪祠位於江西萍鄉，此處已不屬於黔地，「絕域」的範圍還能覆蓋嗎？上文提及「居夷」文化和政治上的深層意蘊，此處「絕域」這個概念也應附於「居夷」之後，並非完全只是一個地理區域上的劃分，還有政治、文化上的深層含義。居夷詩也收錄了陽明升遷赴盧陵任途中的詩歌，換言之，自啟程離開龍場至到達盧陵上任，這次「貶謫結束」的行為才算完成，即政治上的風波所導致的懲戒後果已經結束。

再次，從文化角度可以這樣理解，因偏僻和落後未能接受到儒家文化影響的區域，在陽明看來均屬於「絕域」之地。所以陽明一路東行，沿途與諸生講學不輟，與友人往來論學書信不斷，亦是佐證。

三、江山之助，亦助江山

得江山之助，實非江山助詩人，而是詩人自助，借江山喚起了隱藏於內心的積鬱的情感。黔地不同於中土的自然地理環境，風俗、文化、語言等方面的人文環境也頗多迥異。啟程赴謫時陽明還時常心頭蒙上雲翳，以外逐流放的貶謫之臣的身份，陽明亦曾「去婦歎」表達曲折情懷，其中第一首和第五首如下：

> 委身奉箕帚，中道成棄捐。蒼蠅間白壁，君心亦何愆。
> 獨嗟貧家女，素質難為妍。命薄良自喟，敢忘君子賢？
> 春華不再豔，頹魄無重圓。新歡莫終恃，令儀慎周還。

> 空谷多淒風，樹木何蕭森。浣衣澗冰合，采苓山雪深。
> 離居寄巖穴，憂思託鳴琴。朝彈別鶴操，暮彈孤鴻吟。
> 彈苦思彌切，巇岏隔雲岑。君聰甚明哲，何因聞此音。

這種創作心理是以「棄婦之思，失戀情事」來結構詩章，充溢著一種棄婦難忘君恩的回首之情，表現詩人悲苦流連，踟躕難前的情思。其一，詩中顯露的言明自己見棄於君的原因是春華不再「素質難為妍」，鍾惺言此句「有自咎咎人

之意。」〔註21〕「自咎」是陽明對自己貫心刻髓的追問與警醒。「咎人」充滿哀怨與惆悵的怨懟之情，哀而不傷，這種隱忍不發的情感始終克制。其二，究其深層導致夫婦離德的原因，乃是讒人構陷。「蒼蠅間白壁」一句，化用《詩·小雅·青蠅》：「營營青蠅，止于棘。讒人罔極，交亂四國。營營青蠅，止于榛。讒人罔極，構我二人。」朱熹注：「詩人以王好聽讒言，故以青蠅飛聲比之，而戒王以勿聽也。」〔註22〕漢王充《論衡·商蟲》卷十六：「讒言傷善，青蠅污白，同一禍敗，詩以為興」〔註23〕。即使如此，棄婦只以「薄命」自謂，而不願遷怒怨懟於琅玕君子。

施邦曜言《去婦歎五首》：「此先生寓言也，忠愛不忘之意，可詠可思。所謂詩可以怨者，意與《羑里操》同。」〔註24〕《羑里操》是韓愈擬文王口氣所作，將組詩《去婦歎》與《羑里操》比肩，二者卻有異曲同工之妙，都反映臣子對君主的忠心，即使遭受不公平待遇，也應該反躬自省。這種內斂的逐臣心境，在創作詩歌時選取和描摹的物象都偏低沉、偏黯然。「空谷」本就給人一種空蕩孤寂之感，矗立著清幽陰冷的樹木，加之行旅的淒風苦雨，給人感官上的衝擊更為顯著。其實，空谷樹木、嶙峋山川本無情，但以逐臣之眼觀之，它們也變得戚苦迷離、幽暗難明起來，這是心境映像在物境上的主觀色彩。棄婦離家後離居寄穴，彌苦彌思，這種別離之境，隱含著作者心理上的「遭棄」之情，是無可置疑的。

四、黔地獨特景觀之描寫

黔地獨特的生態環境，不同於中土景觀之特點。主要表現在以下三個特徵：在地理方位上，貴州處於西南殊方，偏僻遐遠，少數民族聚集，迫於化外。獨特的氣候，植被繁茂，炎熱多瘴，水量充沛，多河流瀑布。地形地貌上，多山丘多岩洞，峰巒奇秀，賞觀性較強。《居夷集》中的詩歌不僅記錄了陽明一路輾轉變化的心境，也記錄了獨特的黔地景觀。貶謫詩人有著複雜的生命體驗，自然景觀、文化遺址、館驛關津都成為詩人情感的觸發點。從陽明詩歌中擷取出現頻率最高的三種意象「館驛」「蠻煙」「乳洞」，作一論述。

首先，陽明於詩中反覆言及「蠻煙」「瘴霧」，指炎熱氣候下於蠻荒山林

〔註21〕（明）鍾惺《王文成公文選》卷六，明崇禎六年刻本。

〔註22〕（宋）朱熹《詩集傳》，第251頁。

〔註23〕（漢）王充《論衡》，中華書局1978年版，第162頁。

〔註24〕（明）王守仁著，（明）施邦曜輯評《陽明先生集要》，第985頁。

之中所彌漫的瘴氣。對邊陲之地「瘴毒」之氣的不適應或者說恐懼，由來已久。
韓愈《贈別元十八協律六首》其四囑咐友人「藥物防瘴癘，書勸養形神」，又
如張籍《送南遷客》：「去去遠遷客，瘴中衰病身」，或是對友人身居蠻煙瘴霧
之中的囑咐，或是對友人身體健康的擔心，都顯示出在蠻煙瘴霧這種環境下生
存條件的惡劣。《年譜》中描寫龍場「居萬山叢棘中，蛇虺魍魎，蠱毒瘴癘。」
〔註25〕陽明自己形容所居住的環境「蓋瘴癘蠱毒之與處，魑魅魍魎之與遊，
日有三死焉」（《答毛憲副書》）。「遠客日憐風土異，空山惟見瘴雲浮」（《沅水
驛》）這是獨特的卡斯特地貌形成的山水煙雲之氣，給這種景觀製造出一種惝
恍迷離的柔麗之境。詩人看見霧靄濛濛，一種迷茫的感覺自心底油然而生，因
為這團團迷霧正如混沌的時局一般。又如陽明《平溪館次王文濟韻》一詩言及：
「蠻煙瘴霧承相往，翠壁丹崖好共論」，卻一掃對「蠻煙」「瘴霧」的恐懼，而
是將其視為與「翠壁丹崖」一樣自然美好的景觀，說明王陽明此時心境上的樂
觀。再如《贈黃太守澍》言及「蠻鄉雖瘴毒，逐客猶安居。」黃澍〔註26〕，
字文澤。此行赴任雲南姚安知府，途經黔地前來探望陽明。陽明向友人道賀《贈
黃太守澍》「遠行亦安適，符竹膺新除」，且寬慰友人自己的生活狀態「經濟非
復事，時還理殘書。山泉足遊憩，鹿糜能友予」也十分安適。

　　其次，館驛作為交通樞紐，又兼具客館的功能。陽明輾轉西行，途經館
驛也成為詩中獨特的一種景觀。陽明剛剛啟程赴謫，途經浙江常山之草萍驛，
〔註27〕遇到故人林俊，他安慰友人也勸慰自己一詩《草萍驛次林見素韻奉寄》：
「山行風雪瘦能當，會喜江花照野航。本與宦途成懶散，頗因詩景受閒忙。鄉
心草色春同遠，客鬢松梢晚更蒼。料得煙霞終有分，未須連夜夢溪堂。」陽明
於詩中回應了友人的關切，他堅韌地面對流謫途中的艱難，並從中尋到樂趣的
一面。但心中始終難以釋懷的是羈旅之思，羈旅的情懷總是藏於詩中。又如《夜
宿風宣館》：「山石崎嶇古轍痕，沙溪馬渡水猶渾。夕陽歸鳥投深麓，煙火行人
望遠村。天際浮雲生白髮，林間孤月坐黃昏。越南冀北俱千里，正恐春愁入夜
魂。」越南，指家鄉餘姚；冀北，指故國京城。陽明用此兩個地名，表達思鄉

〔註25〕（明）王守仁撰，吳光、錢明等編校《王陽明全集》，第1354頁。

〔註26〕《嘉慶大清一統志》：「黃澍，侯官人。正德中知姚安府，雪獄十三人，建棟
　　　　川書院以課士。」

〔註27〕《雍正浙江通志》卷八十九：「草萍驛，《常山縣志》：『在縣西四十里。元至
　　　　元二十五年置，元末廢。明洪武三年即舊址復建，三十二年燬，知縣仇經重
　　　　建。隆慶元年，巡按御史龐尚鵬奏革改為公館。」

憂國的情思。這種羈旅愁思的情感在陽明詩中俯拾皆是，「已聞南去艱舟楫，漫憶東歸沮杖藜」(《宿萍鄉武雲觀》)獨特的景觀吸引著陽明，也觸發了他內心的情感，從關注廟堂之憂轉而關注自我的內心。起因是對現實政治等感到失望，加之於山林之中尋求到情與理統一的理想，對自我的價值及生命本身的意義更多理性思考後的決定，追求主體精神的獨立於人格的完善。在由湘入黔的途中，陽明一連六首詩紀行，「客行日日萬峰頭，山水南來亦勝遊」引發了詩人「身在夜郎家萬里，五雲天北是神州」(《羅舊驛》)的鄉思之情。前首詩中還能看到陽明低落的思鄉愁緒，後首詩中陽明已經被絕域風光所吸引，且釋懷「卻幸此身如野鶴，人間隨地可淹留」(《沅水驛》)「年來夷險還忘卻，始信羊腸路亦平」(《鐘鼓洞》)心胸開闊，一掃陰霾，個人情感也逐漸由內斂而向外延展。

再次，黔地獨特的喀斯特地貌，沉積形成許多鍾乳石和岩洞。陽明雅好奇山異水的景觀，故多有登高遠望看山高水闊，情繫於中而發歎為詩。陽明於《重修月潭建公館記》贊貴州山水曰：「天下之山，萃於雲貴。連亙萬里，際天無極。」〔註28〕陽明弟子欒惠《悼陽明先生文》亦稱讚其師：「風月為朋，山水成癖；點瑟回琴，歌詠其側。」〔註29〕黔地多山，道路崎嶇，客行途中眼望著層層疊嶂，但好在山清水秀，暢遊其中亦可大飽眼福。《莊子·知北遊》：「山林與，皋壤與，使我欣欣然而樂與。」〔註30〕山林作為外在的自然景觀，開闊著詩人的眼界，同時也滌蕩著詩人的心胸，個人的煩惱在大自然面前顯得渺小起來。陽明《過天生橋》一詩就描寫了黔地獨特的山水之貌：

> 水光如練落長松，雲際天橋隱白虹。
>
> 遼鶴不來華表爛，仙人一去石橋空。
>
> 徒聞鵲駕橫秋夕，謾說秦鞭到海東。
>
> 移放長江還濟險，可憐虛卻萬山中。

詩歌中包括物境和情境，物境是由外在的地域景觀決定的，情境則是詩人獨特的個人觀感。陽明並非直接描摹天生橋的秀麗多姿，而是將其刻畫成一種獨特的物境糅合進個人情境之中。首先，從視覺上寫周遭山水景觀的秀致，用動態的筆觸描繪空間上的立體感，抬頭仰望發覺天生橋橫穿雲際，懸掛於兩山之間。

〔註28〕（明）王守仁撰，吳光、錢明等編校《王陽明全集》，第 978 頁。
〔註29〕（明）王守仁撰，吳光、錢明等編校《王陽明全集》，第 1591 頁。
〔註30〕（清）郭慶藩撰，王孝魚點校：《莊子集釋》，中華書局 2016 年版，第 766 頁。

「遼鶴」一句用丁令威學仙昇天，重來故鄉物事已非之典。〔註31〕突出天生橋成型時間久遠，慨歎於大自然的鬼斧神工。據傳說天生橋乃是仙人攢合兩山而成，仙人已去，徒留一座空橋。〔註32〕用民俗傳說又增添了天生橋的神秘性。物境的描寫已然完成。「秋夕鵲架」「海東秦鞭」二典，均是發生可能性較小的事情，詩人已經暗含身世之憂寄寓其中。

朱光潛論詩之意象時曾概述道，「意象是意志的外射或者對象化（objectification），有意象則人取得超然地位，憑高處俯視意志的掙扎，恍然澈悟這幅光怪陸離的形象可以悅目賞心。」〔註33〕「天生橋」作為一種客觀景象，在詩中則成為陽明獨特的化身。最後一句筆鋒陡轉，一個「虛」字，詩人慨歎天生橋於萬山之在毫無實用，但又無補天手能擔萬斤移放長江之上。這種形象化的議論實則是影射詩人投荒萬里，不得重用的惜才自惜之情。

躬歷山川，俯仰古今，加深了陽明對人生和歷史的體驗與感悟，這對於提高詩的格調，開拓和深化詩的意境，促進詩風的變化，作用是巨大的。當然，「江山」不完全地等同於「山林皋壤」，也暗指源於朝廷鬥爭所造成的不幸的命運。異時異地異風異俗帶給陽明一種陌生的震撼，進而引發了他的思鄉情思，故詩中有一種「時過境遷」的流離之感。詩人寫山寫水寫風景，這些風景之中也留下了詩人的影子，二者是互為成全的。山水本無情，是多情之人賦予了它們情感。或者說，情感也不是屬於自我的，更不是屬於山水的，而原本就隱藏於這宇宙之中，是詩人發現並記錄下來，吟詠成詩。陽明專注於內心，在山水田園之中尋覓詩意的人生，故有《村南》這樣清新亮麗的田園詩歌。怡樂山水之間，也有《白雲》這樣愜意悠閒的詩歌。陽明雖怡然自得於山水之樂，縈繞心頭的思鄉之情也時時顯露。但這種情感十分節制地表露，讀來只覺得動情，未成哀怨和呻吟。

從詩論之角度對王陽明詩學中的「江山之助」說可進行闡釋如下：因「江山之助」，逆境中的詩人得以在山水中滌蕩心靈通自然之氣，觸發詩興悟天人

〔註31〕「丁令威，本遼東人，學道於靈虛山。後化鶴歸遼，集城門華表柱。時有少年，舉弓欲射之。鶴乃飛，徘徊空中而言曰：『有鳥有鳥丁令威，去家千年今始歸。城郭如故人民非，何不學仙冢纍纍。』遂高上衝天。今遼東諸丁云其先世有升仙者，但不知名字耳。」見（晉）陶潛《搜神後記》，中華書局1981年版，第1頁。

〔註32〕（明）李賢、彭時等《明一統志》：「天生橋，在安撫司北三十里，石壁千仞，環繞如城，水流其下，人行其上，坦平若橋。」

〔註33〕朱光潛《詩論》，江蘇文藝出版社2008年版，第59頁。

之道，並對詩作風格產生影響；而貶謫者常得山水之勝的微妙之處，故詩人的「絕人之才」，也使得山水以人為重，即山水之美亦因詩人妙筆絕才而得到發揚。創作方面，《居夷集》的編纂和及其中詩歌之創作，也可視為王陽明踐行「江山之助」的具體表現。「智者樂水，仁者樂山」既有著對安貧樂道的高尚人格的肯定，也滲透了人之道德情感的自然山水的禮讚。山川之助陽明，陽明亦助山川。自然景觀的秀麗加上人文景觀的渲染，使得黔地山水又多著一層文化意蘊，這個也是陽明詩文對黔地山川的幫助。

第三節　詩歌中的居夷與化夷之道

　　暢遊山水開闊了陽明的心胸與眼界，淨化了他的心境，但謫居龍場並非一件易事。《年譜》記載：「龍場在貴州西北萬山叢棘中，蛇虺魍魎，蠱毒瘴癘，與居夷人鴃舌難語，可通語者，皆中土亡命。」〔註 34〕地處偏遠、交通不暢而造成的文化語言上的差異，風俗觀念上的鴻溝，客觀上生存環境的惡劣，這一系列現實問題迫使陽明陷入窘困之境。居夷，首先要克服惡劣的生存環境，解決個人生存的頭等大事。其次，陽明要克服的是遠離故土的孤寂感及無人可語的孤獨感。在化解這些困難的過程中，龍場當地人們對王陽明提供了不少幫助，陽明的詩歌中也記錄了這些質樸的面孔。

一、想像之居夷與現實之居夷

　　《居夷集》命名的文化內含上述已詳論，陽明於詩中亦好用「居夷」之典，可見陽明身上有一種儒家君子的文化自信，這是一種以道為任的擔當精神。自孔夫子言「欲居九夷」，這種以夏化夷的道德責任便成為後世儒者所向往和追求的。《論語·子罕》記載：「子欲居九夷。或曰：『陋如之何？』子曰：『君子居之，何陋之有？』」〔註35〕這是孔子所描述的一張想像居夷的畫面，一個「陋」字其實隱含著一系列現實問題：居無所處，疾無所醫。而他處之泰然，毫無戚戚之態。陽明正如孔子所言「居夷」之境，雖謫謫，處憂患，而無謫臣窮戚之態。陽明面對一系列現實居夷的實際問題，素位而行，一一化解。

　　陽明初至龍場，面臨第一個生活問題是無處可居。陽明搭建了一所簡陋的茅屋，並且作詩記錄，《初至龍場無所止結草庵居之》：

〔註34〕　（明）王守仁撰，吳光、錢明等編校《王陽明全集》，第 1354 頁。
〔註35〕　（宋）朱熹《四書章句集注》，第 112 頁。

> 草庵不及肩，旅倦體方適。開棘自成籬，土階漫無級。
>
> 迎風亦蕭疏，漏雨易補緝。靈瀨響朝湍，深林凝暮色。
>
> 群獠環聚訊，語龐意頗質。鹿豕且同遊，茲類猶人屬。
>
> 污樽映瓦豆，盡醉不知夕。緬懷黃唐化，略稱茅茨跡。

這個茅屋不到肩膀的高度，荊棘作籬笆，積土作臺階，每當颶風下雨之時，這個居身之所不能起到擋風避雨的作用，可想這樣的居住條件是多麼的簡陋惡劣。但王陽明絲毫未將外在的惡劣環境放在心上，而是覺得這樣一個小草屋剛好可以安頓旅途疲倦，未曾流露出不滿的情緒。鍾惺點評此詩：「素位光景宛然」〔註36〕可謂是一語中的。「素位」一語出自《禮記・中庸》：「君子素其位而行，不願乎其外。素富貴行乎富貴，素貧賤行乎貧賤，素夷狄行乎夷狄，素患難行乎患難，君子無入而不自得焉。」鄭玄注：「不願乎其外，謂思不出其位也。自得謂所鄉，不失其道。」朱熹集注：「素猶見在也，言君子但因見在所居之位而為其所當為，無慕乎其外之心也。」〔註37〕陽明此時已經拋卻了內心中的抑鬱不得志，將自處之道類比於居深山，友鹿豕的大舜。孟子曰：「舜之居深山之中，與木石居，與鹿豕遊，其所以異於深山之野人者幾希。」陽明積極投入到新生活中，頗有黃唐之世的安逸。

居住在粗陋的草屋之中並非長久之計，陽明在遊覽東峰時意外發現一個叫東洞的洞穴，陽明為它改名為「陽明小洞天」，並移居到這個空曠的洞穴之中，前後作了四首詩來表達內心的愉悅之情。《始得東洞遂改為陽明小洞天》一詩詳細記敘了陽明偶然發現這個洞穴的經過。《移居陽明小洞天》三首則詳述了陽明移居小洞天後的心境：

> 夷居信何陋，恬淡意方在。豈不桑梓懷？素位聊無悔。（其一）
>
> 我輩日嬉偃，主人自愉樂。雖無榠戟榮，且遠塵囂玷。（其二）
>
> 豈無數尺褐，輕裘吾不溫。邈矣簞瓢子，此心期與論。（其三）

所以外在條件的艱苦是不能動搖陽明內心的恬淡愉悅的。「榠戟」和「塵囂」，指奢華的官場和紛擾的世俗。謫居生活是簡單清閒的，免去了官場上的烏煙瘴氣和世俗往來的紛擾喧囂。簞瓢子，指的是孔子的得意門生顏回，《論語・雍也》記載孔子曾稱讚他：「賢哉，回也！一簞食，一瓢飲，在陋巷，人不堪其憂，回也不改其樂。賢哉，回也！」陋巷不陋，因為顏回自得其樂，樂道而非

〔註36〕（明）鍾惺《王文成公文選》卷六，明崇禎六年刻本。

〔註37〕（宋）朱熹《四書章句集注》，第24頁。

樂貧。洞居不陋，因為陽明體悟到孔顏樂處，心與聖人相契合，亦是樂在其中。

　　隨之而來的便是生存問題，即飽腹之需與生命安全的威脅。後人對儒家有種誤解，這種誤解來自於一位隱者責備子路「四體不勤，五穀不分」不從事農業生產而跟隨老師四處遊學，彷彿從事農業生產就為儒家君子所不齒，這是對儒家思想最大的誤解之一。《論語‧子路》篇裏有這樣一則記載，樊遲請學稼。子曰：「吾不如老農。」請學為圃。曰：「吾不如老圃。」樊遲出。子曰：「小人哉，樊須也！上好禮，則民莫敢不敬；上好義，則民莫敢不服；上好信，則民莫敢不用情。夫如是，則四方之民襁負其子而至矣，焉用稼！」〔註38〕後世人從中讀出了孔子對稼穡之事的輕視，這種誤解延續到孟子的「勞心者治人，勞力者治於人。治於人者食人，治人者食於人」〔註39〕，好像儒者君子不事農桑，乃至鄙視務農之人已成確鑿無疑的定論了，這種論斷難免有失偏頗。孔子批評樊遲學稼，是責備樊遲立志短陋。孟子的言論是基於反駁陳相、許行自給自足的行為不可取，百工各司其職，百官各得其位，方能使社會和諧運轉。

　　陽明出身餘姚世家，家境殷實，貶謫之前也未曾從事農桑，但謫居龍場，需事事躬親，才能解決長久生活的問題。陽明主動向當地的居民請教治理農田的方法，並且仔細觀察當地人稼穡，「下田既宜稌，高田亦宜稷」地勢低窪的田地適合種植粳稻，地勢高的田地適合種植粟米。鍾惺《王文成公文選》卷六評此詩「一門經濟，學問在內。」〔註40〕從學習種田之中也得學問之道，「去草不厭頻，耘禾不厭密」從中悟得儒家的修養工夫，田地之中長草就如人心被物慾蒙蔽一般，將除草工夫比喻成格心之非的工夫。通過玩物理，識化機，知道稼穡的原理，進而培育農作物的工夫。《禮記‧中庸》：「能盡物之性，則可以贊天地之化育。可以贊天地之化育，則可以與天地參矣。」鄭玄注：「盡性者，謂順理之使不失其所也。贊，助也。育，生也。助天地之化生，謂聖人受命在王位致大平。」〔註41〕鍾惺：「化機參贊等語，不宜說出。」〔註42〕修養是內向成己個人的事情，不能用語言向他人言明自己心中悟得的道理。《謫居

〔註38〕（宋）朱熹《四書章句集注》，第143頁。
〔註39〕（宋）朱熹《四書章句集注》，第262頁。
〔註40〕（明）鍾惺《王文成公文選》，明崇禎六年刻本。
〔註41〕（漢）鄭玄注，（唐）孔穎達疏《禮記注疏》，第十三冊，中華書局1936年版，第37頁。
〔註42〕（明）鍾惺《王文成公文選》卷六，明崇禎六年刻本。

絕糧請學於農將田南山永言寄懷》：

> 謫居屢在陳，從者有慍見。山荒聊可田，錢鎛還易辦。
>
> 夷俗多火耕，仿習亦頗便。及茲春未深，數畝猶足佃。
>
> 豈徒實口腹？且以理荒宴。遺穗及鳥雀，貧寡發餘羨。
>
> 出耒在明晨，山寒易霜霰。

首句便言明陽明謫居饑貧無食物的困境。典出《論語·衛靈公》：「在陳絕糧，從者病，莫能興。子路慍見，曰：『君子亦窮乎？』子曰：『君子固窮，小人窮斯濫矣。』」朱熹注：「聖人當行而行，無所顧慮。處困而亨，無所怨悔。」〔註43〕陽明在龍場謫居頗有夫子自道的意味，僕人因絕糧而面有慍色，王陽明秉守君子固有窮時，當行則行，處困能亨，無所怨悔，躬身學農，毫無怨色。錢，似今之鐵鏟。鎛，是除草的一種短柄鋤。《詩·周頌·臣工》：「命我眾人，庤乃錢鎛。」陽明不僅向當地人請教種田之法，還要拿著農具親身耕作。鍾惺評「數畝猶足佃」曰：「是亦己政。」〔註44〕《論語·泰伯》：「不在其位，不謀其政」反之，在己位，就要謀己政。《孟子·告子上》：「飲食之人，則人賤之矣，為其養小以失大也。飲食之人，無有失也，則口腹豈適為尺寸之膚哉？」趙岐注：「飲食之人，人所以賤之者，為其養口腹而失道德耳。如使不失道德存仁義，以往不嫌於養口腹也。故曰：口腹豈但為肥長尺寸之膚邪？亦為懷道者也。章指言養其行，治其正，俱用智力，善惡相屬，是以君子居處思義，飲食思禮也。」〔註45〕謫居絕糧不得已從事農桑乃是生計所迫，並非為了旨甘肥美滿足自己的口腹之欲。杜甫《行官張望補稻畦水歸》：「遺穗及眾多，我倉戒滋漫。」仇兆鰲注：「及眾多將分惠於人，戒滋漫不專利於己。」〔註46〕而陽明將遺落的穀穗分給鳥雀，體現了陽明的惻隱之心，平等地對待每一個生命。謫居絕糧是在龍場些許時日之後才發生的事情，陽明赴謫而來應該隨身儲備食糧、攜帶財物，但因龍場地處偏遠，貨物流通不便，生活所需都得自給自足。整首詩的格調清新自然，質樸無文，猶如天成，是情之所發而形諸於詩，有陶潛田園之風。

　　陽明不僅要從事繁重的農業勞作，有時還需挖野菜果腹，還要親自汲水砍柴，補籬除草。這樣的生活雖略艱苦，但陽明樂在其中，並且從中獲得獨特

〔註43〕（宋）朱熹《四書章句集注》，第 162 頁。

〔註44〕（明）鍾惺《王文成公文選》卷六，明崇禎六年刻本。

〔註45〕（漢）趙岐注，（宋）孫奭疏《孟子注疏》，中華書局 1957 年版，第 486～487 頁。

〔註46〕（唐）杜甫著，（清）仇兆鰲注《杜詩詳注》，第 1655 頁。

的人生體悟。

> 朝採山上荊，暮採谷中栗。深谷多淒風，霜露沾衣濕。
>
> 採薪勿辭辛，昨來斷薪拾。晚歸陰壑底，抱甕還自汲。
>
> 薪水良獨勞，不愧食吾力！（其一）
>
> 倚擔青崖際，歷斧崖下石。持斧起環顧，長松百餘尺。
>
> 徘徊不忍揮，俯略澗邊棘。同行笑吾餒，爾斧安用歷？
>
> 快意豈不能？物材各有適。可以相天子，眾稚詎足識！（其二）

《年譜》記載因龍場的生活環境太過於艱苦，跟隨王陽明來的僕從都病了，陽明只得「自析薪取水作糜飼之」，與此詩互為對照，可知陽明照顧僕人一事確為事實。第一首詩就詳述了陽明於幽谷淒風之中，霜露濕衣之境，還要朝採荊、暮採栗的勞作。日暮歸家後，還要提水做飯，照顧兩個生病的隨從。「又恐其懷抑鬱，則與歌詩；又不悅，復調越曲，雜以詠笑，始能忘其為疾病夷狄患難也。」〔註47〕可以想像作為孤臣羈客的陽明，貶謫到萬里之外的邊陲之地，身心所受到的衝擊與傷害。但陽明樂天的性格，使他擁有強大的自我治癒能力。而且還顧及到身邊的每一個人，為他們的身心健康著想。還能於此境地苦中作樂「薪水良獨勞，不愧食吾力」，鍾惺贊其為「君子之言」，誠然是也。

如果第一首詩歌是陽明採薪的實錄，第二首便是陽明惜才自惜的心境顯現。他環顧四周的高樹喬木「徘徊不忍揮」，去撿拾山澗邊的荊棘，「無限愛惜人才之意。」〔註48〕由高大的喬木而聯想至自己，這種惜才之意實際上是惜己之意，恣意砍伐這些高樹喬木是不明智的做法，因為「物材各有適」，荊棘可以作燒火的木柴，喬木應當作國家的棟樑之才。但奈何這喬木生長在深山幽谷之中，正如詩人自己被貶謫至蠻貊之地，未被世人知曉罷了。這種自我意識的情感體現，在陽明居夷詩歌之中處處可見，如「移放長江還濟險，可憐虛卻萬山中」（《過天生橋》）「何當移植山林下，偃蹇從渠拂漢蒼」（《老檜》）陽明雖遠離朝闕，依然心繫廟堂之君。

二、明德親民的化夷之道

期冀成聖成賢的信念支撐著陽明克服了居夷的困難重重，外在艱苦的環境使得陽明內心更為堅韌。思想史上值得大書特書的一次轉變發生於此，即「龍

〔註47〕（明）王守仁撰，吳光、錢明等編校《王陽明全集》，第1354頁。

〔註48〕（明）鍾惺《王文成公文選》，明崇禎六年刻本。

場悟道」。《年譜》記載：「忽中夜大悟格物致知之旨，寤寐中若有人語之者，不覺呼躍，從者皆驚。始知聖人之道，吾性自足，向之求理於事物者誤也。」〔註49〕陽明精神上的昇華，讓他對自己有了更高的期許，一掃心中的鬱結，其詩歌之中也沒有了憂患時期的哀怨與悵惘，而是一種以道為任的責任感和一種噴薄待發的生命力的召喚。

　　子曰：「夷狄之有君，不如諸夏之亡也。」（《論語・八佾》）儒家主張「華夷之辨」，區分人群以禮儀，而不以種族，這種分辨本身並不帶有歧視的意味。子曰：「先進於禮樂，野人也；後進於禮樂，君子也。如用之，則吾從先進。」（《論語・先進》）以及陽明反覆言「居夷」，實際上包含一種夫子自道的意味，願學孔夫子以夏變夷，用先進文化改造落後文化，用禮樂教化夷人，化夷為夏。君子所過之地，居夷也當包含化夷之義，與當地人處好關係，以高尚的人格感化當地人，陽明因言禍遭貶，這樣的行為是為當時人所稱道的。陽明的品行人格，尤其是悟道後的灑落胸次，散發出的人格魅力使得「夷人日來親狎。」〔註50〕用智慧和寬容化解與當地百姓相處的矛盾，進而感化使民親附。

　　很快地解決了語言不通、習俗異類的障礙，陽明與當地居民親切地融為一體。這種融洽的相處使得陽明「身處蠻夷亦故山」，已經把這裡當做家鄉一般。在解決生存問題之後，陽明的生活頗為愜意，他不再煩擾於官場上的蠅營狗苟，而是享受單純平和的生活。其詩《西園》就記載了這一愜意心境：

　　　　方園不盈畝，蔬卉頗成列。分溪免甕灌，補籬防豕蹢。

　　　　蕪草稍焚薙，清雨夜來歇。濯濯新葉敷，熒熒夜花發。

　　　　放鋤息重陰，舊書漫披閱。倦枕竹下石，醒望松間月。

　　　　起來步閒謠，晚酌簷下設。盡醉即草鋪，忘與鄰翁別。

詩中描寫了陽明居夷時光中清閒愜意的生活。在當地人的幫助下，陽明有了一個小園圃，他在這個園子裏種蔬侍卉，疏引水道，加固籬笆，焚燒雜草，整個園子變得賞心悅目。茂盛新發的葉子片片鋪展開來，夜色之中依然能看到光鮮豔麗花姿。陽明徜徉其中，累了就停下勞作，翻書瀏覽。倦了便枕著竹子下的石頭小憩，醒來一抬頭便看到松林間的月亮。散步也哼著悠閒的小曲，來到隔壁村翁家裏小酌一杯，醉酒之後直接在草鋪上打盹。「肯與鄰翁相對飲，隔籬

〔註49〕（明）王守仁撰，吳光、錢明等編校《王陽明全集》，第1354頁。

〔註50〕（明）王守仁撰，吳光、錢明等編校《王陽明全集》，第1355頁。

呼取盡餘杯。」(《客至》)友人對飲,村翁互答,清貧生活中瑣碎的生活氣息,倍感溫馨。

　　悟道後的陽明默記《五經》之言證實自己的學說,因此著《五經臆說》〔註51〕。陽明的品行與學問,受到了當地人的尊重,大家為他新築了房屋,名為龍岡〔註52〕。諸生聞之,前來向陽明請教問學,陽明開辦龍岡書院,教化諸生。這是作為儒者肩負的重責,也是陽明回報當地人最好的方式。陽明為龍場諸生制定了《教條》〔註53〕,規勸諸生以「立志,勤學,改過,責善」為進學之道。有兩首詩記錄了這一事件,《諸生來》和《諸生夜坐》:

> 簡滯動罹咎,廢幽得幸免。夷居雖異俗,野樸意所眷。
> 思親獨疚心,疾憂庸自遣。門生頗群集,樽罍亦時展。
> 講習性所樂,記問復懷靦。林行或沿澗,洞遊還陟巘。
> 月榭坐鳴琴,雲窗臥披卷。澹泊生道真,曠達匪荒宴。
> 豈必鹿門棲,自得乃高踐。

> 謫居澹虛寂,眇然懷同遊。日入山氣夕,孤亭俯平疇。
> 草際見數騎,取徑如相求。漸近識顏面,隔樹停鳴騶。
> 投轡雁鶩進,攜榼各有羞。分席夜堂坐,絳蠟清樽浮。
> 鳴琴復散帙,壺矢交觥籌。夜弄溪上月,曉陟林間丘。
> 村翁或招飲,洞客偕探幽。講習有真樂,談笑無俗流。
> 緬懷風沂興,千載相為謀。

這兩首詩均提到了陽明居夷後的心境,都是淡然平和的。龍岡書院的建造,周遭慕名而來的士子漸漸聚集,陽明也因講學論道而釋懷了思親的疚心,疾病的困擾也減輕了不少。《易·兌》:「《象》曰:『麗澤,兌;君子以朋友講習。』」朱熹本義曰:「兩澤相麗,互相滋益,朋友講習,其象如此。」〔註54〕與諸生一起研討學習,樂莫盛焉。《禮記·學記》:「記問之學不足以為人師。」鄭玄注:「記問,謂豫誦雜難、難說,至講時為學者論之。此或時師不心解,或學

〔註51〕《五經臆說序》:「龍場居南夷萬山中,書卷不可攜,日坐石穴,默記舊所讀書而錄之。意有所得,輒為之訓釋。期有七月而《五經》之旨略遍,名之曰《臆說》。」(明)王守仁撰,吳光、錢明等編校《王陽明全集》,第966頁。

〔註52〕見陽明詩《龍岡新構》,下有注解:諸夷以予穴居頗陰濕,請構小廬。欣然趨事,不月而成。諸生聞之,亦皆來集,請名龍岡書院,其軒曰「何陋」。(明)王守仁撰,吳光、錢明等編校《王陽明全集》,第771頁。

〔註53〕(明)王守仁撰,吳光、錢明等編校:《王陽明全集》,第1073頁。

〔註54〕(宋)朱熹《周易本義》,第202頁。

者所未能問。」〔註55〕指記誦詩書以待問或資談助，此陽明自謙之語，陽明
不以師自居，而是以友相勉。兩首詩都談到陽明的教育方法，「林行或沿澗，
洞遊還陟巘。月榭坐鳴琴，雲窗臥披卷。」「鳴琴復散帙，壺矢交觥籌。夜弄
溪上月，曉陟林間丘。」陽明繼承孔子「沂水之風」，於綠水青山之中徜徉，
歌詠詩書，彈琴賞月，隨處點化，啟迪諸生。這種無求寡欲的生活使得陽明越
發接近聖人之道。

　　陽明在龍場的講學聲名漸起。時任貴州提學副使兼與陽明同鄉的毛科，
致書聘陽明到貴陽講學，陽明作詩《答毛拙庵見招書院》委婉謝絕〔註56〕。
正德四年（1509），接替毛科成為貴州提學副使的席書，字文同，號元山，四
川遂寧人。禮聘陽明主教貴陽文明書院，並且身率諸生，以師禮事之。雖然陽
明主教文明書院未多久，便升任廬陵知縣，但他的教育思想對貴陽諸生的影響
卻是深遠的。後陽明受巡按王鎧之邀，為刊刻《文章軌範》作序，倡言：「知
恭敬之實在於飾羔雉之前，則知堯舜其君之心，不在於習舉業之後矣；知灑掃
應對之可以進於聖人，則知舉業之可以達於伊傅周召矣。」這篇散文傳達了王
陽明的聖學觀與舉業觀，他不認可舉業文章害道，二者可以並行不悖。士君子
故應立志成聖賢，廓清心體，然後為學。他有一首詩《春日花間偶集示門生》：

> 閒來聊與二三子，單夾初成行暮春。
>
> 改課講題非我事，研幾悟道是何人？
>
> 階前細草雨還碧，簷下小桃晴更新。
>
> 坐起詠歌俱實學，毫釐須遣認教真。

風霆示教，意指天地無私，化生萬物，聖人則之，以之為教。此處風霆示教為
己之性，意指我既已泯然大化之中，與天地萬物為一體，自然就要回歸到萬物
化機之中尋求至教。陽明教學，不在於固定形式，而是隨處點化，登山臨水，
花間偶集，都是為學之處。「改課講題」指苦練八股文章為考取功名之教。「研
幾悟道」窮究精微之理及體悟天地之道。《易·繫辭上》：「夫易，聖人之所以
極深而研幾也。」朱熹本義曰：「研，猶審也；幾，微也。所以『極深』者，
至精也；所以『研幾』者，至變也。」〔註57〕不以舉業文章為教學的準繩，

〔註55〕（清）孫希旦《禮記集解》，中華書局 1989 年版，第 970 頁。

〔註56〕趙永剛《王陽明〈答毛拙庵見招書院〉箋釋》，《古典文學知識》2016 年，第
　　　　5 期。

〔註57〕（宋）朱熹《周易本義》，第 238 頁。

而是於大自然之中尋找萬物化機的真理。貫徹孔門「寓教於樂」的思想。「坐起」,《禮記‧儒行》:「儒有居處齊難,其坐起恭敬。」〔註58〕「詠歌」,《國語‧周語下》:「五曰夷則,所詠歌九則,平民無貳也。」〔註59〕陽明不教學子苦讀聖賢書,而是讓他們恭敬自己的內心,並於一言一行之處體悟天理。「實學」切實有用的學問。朱熹撰《中庸章句》題解引程子言,曰:「其書始言一理,中散為萬事,末復合為一理,放之則彌六合,卷之則退藏於密,其味無窮,皆實學也。」〔註60〕大化之中的細微事物都是需要認真學習和感悟的。這是陽明提出「知行合一」後,在教學上的實踐。

三、龍場居民及黔地風俗之描寫

龍場雖是化外之地,但當地居民仍保持著淳樸質素的優良品格,陽明謫居龍場時,受到當地人不少的幫助,陽明整體評價龍場之民謂「夷之民方若未琢之璞,未繩之木,雖粗糲頑梗,而椎斧尚有施也,安可以陋之?」(《何陋軒記》)將夷民喻為璞玉及原木。雖然外在粗糙,但內心純良質樸,陽明在詩歌中多次稱讚了龍場居民的熱情,並且積極融入當地的生活,有著「身處蠻夷亦故山」之感。《龍岡新構》詩序曰:「諸夷以予居頗陰濕,請構小廬。欣然趨事,不月而成。」龍場民因陽明所居簡陋陰濕,長期居住對身體損傷,而幫助陽明建造房屋,一連何陋軒、君子亭、龍岡書院,陽明具有詩文記述。從文字行間可以看出,陽明所謂「夷居雖異俗,野樸意所眷」(《諸生來》)所眷戀之處,即是龍場民極大的熱情與無私的幫助,陽明備受感動。而在日常生活起居的瑣事之中,陽明與龍場民的關係也是十分融洽的。他向龍場民問農、學習稼穡之事,質樸的民眾也都一一為陽明傳授種農之事無所隱瞞。陽明此刻的愜意生活,每每訪山問水,路遇鄰人,都會愉悅地向陽明問候,「春山卉服時相問,雪寨藍輿每獨遊」(《龍岡謾興五首》其一)。或陶醉於農家之樂的自由心境,「盡醉即草鋪,忘與鄰翁別」(《西園》)在友人來集後,鄰人也表示出極大的熱誠「村翁或招飲,洞客偕探幽」(《諸生夜坐》)這些散見於陽明詩中醇厚的龍場民的形象,也顯得分外可愛。

此外,陽明詩中也記載許多夷地風俗,如「夷俗多火耕,仿習亦頗便」

〔註58〕 (清)孫希旦《禮記集解》,第1400頁。
〔註59〕 (三國吳)韋昭《國語》,上海古籍出版社2015年版,第86頁。
〔註60〕 (宋)朱熹《四書章句集注》,第17頁。

種田時的刀耕火種；夷俗甚信神巫之術，身遇疾病無藥可醫時，總是禱告於巫醫。陽明有詩《卻巫》即記載了夷地之風俗，也表達自己不事巫事的態度：

> 臥病空山無藥石，相傳土俗事神巫。
>
> 吾行久矣將焉禱，眾議紛然反見迂。
>
> 積習片言容未解，輿情三月或應孚。
>
> 也知伯友能為厲，自笑孫喬非丈夫。

陽明早年因墜馬而留下肺疾〔註61〕，居夷期間不服水土而時時抱病，「移居正擬投醫肆」「漸貫省言因病齒」。尋醫問藥，似乎是常事。此詩作於正德三年（1508）貴州龍場，首句便言明陽明罹病卻無藥可醫，而龍場民有風俗，即禱告神巫以祛除病患。「吾行久矣將焉禱」一句是陽明化用《論語·述而》之典：「子疾病，子路請禱。子曰：『有諸？』子路對曰：『有之。誄曰禱爾於上下神祇。』子曰：『丘之禱久矣！』」表明自己不事鬼神之說，而龍場民議論紛紛反而顯得陽明迂腐。積習，長期形成的習慣，一般是不好的習慣。村民們一直以來信奉巫醫的習慣，是陽明無法用隻言片語解釋清楚的。龍場眾人多月的勸說告誡，也讓陽明感覺不應該辜負他們的好意。詩最後兩句用《左傳》：「鄭人相驚以伯有，曰伯有至矣，則皆走不知所往。……子大叔問其故，子產曰：『鬼有所歸，乃不為厲，吾為之歸也。』」〔註62〕春秋時鄭大夫良霄，字伯有。他主持國政時，和貴族駟帶發生爭執，被殺於羊肆，死後變為厲鬼。代稱受屈或含冤而死的人。孫僑即公孫僑，字子產。子產不畏厲鬼，與之撫背相談。而陽明則以夫子言：「未知生，焉知死」，對死亡及鬼神之事抱有敬而遠之的態度，也表明自我的立場，對神巫之事敬而遠之，因為疾病屬於自然生命的範疇，誠然自然生命的終結並非價值生命的結束。

　　陽明的學問品行使得他贏得了當地百姓的尊重與信任。悟道後思想上的飛躍，以及教化諸生的實踐，得到了自我的滿足與他人的讚譽。居夷的苦難磨煉了陽明的心性，促使著他尋求超越生死、超越自我的方法。悟道後的心境開闊，他向外細緻體察著大自然的化機，向內尋求自我的充實與滿足。講學書院播種文明火種，開化百姓。這一切都充溢著陽明內在精神世界的飽滿，進而激發他成為一代巨儒。

〔註61〕束景南《陽明佚文輯考編年》，上海古籍出版社 2015 年版，第 55～56 頁。

〔註62〕（晉）杜預《左傳》，上海古籍出版社 1997 年版，第 1309 頁。

第四節　曾點氣象與用舍行藏

　　王陽明十二歲時立下「讀書學聖賢」的志向，便已顯現出非同常人的遠大抱負。後游離於武備，慨然有經略四方之志，屢次進言獻策朝廷的行為，被父親王華斥為「狂」者。「五溺三變」的豐富經歷，可見陽明的天稟之資，亦可見陽明的性格中的進取精神。這種始終是外向的、擴充的、具有強大的生命力，貫穿王陽明的一生。又因時而異，緣事而變，在不同的人生階段而顯示出不同的精神取向。用舍行藏，是臣子的一種自我開解的心境和能力。出世還是入世，這個進退維谷的問題也一直困擾著陽明，早年間，他為追求道家養生之術而託病告官致仕，悟得二氏之非，又重歸儒學正道。以道為己任而倡明聖學未幾，橫遭瑾禍，又不得已中斷。人生的跌宕起伏，迫使他無力掌控一身之沉浮，只得尋求把控自我內心的平靜。

一、聖狂交融的曾點氣象

　　陽明的氣質與為孔子推許的曾點頗為相似，且陽明欣賞曾點氣象，為詩好用曾點言志章入典，「鏗然舍瑟春風裏，點也雖狂得我情」，陽明晚年沉浸於曾點氣象之中，欣賞曾點的灑落與優游，在精神上自適自怡，灑然無拘，無有鄉愿。而這種追求最初的萌芽之處，應在居夷之時。曾點言志典出《論語·先進》，孔子問學生們的志向為何。子路、冉求、公西華志在政治，唯有曾點在一旁鼓瑟，孔子問：「點，爾如何？」

　　　　鼓瑟希，鏗爾，舍瑟而作，對曰：「異乎三子者之撰。」子曰：
　　　「何傷乎？亦各言其志也。」曰：「莫春者，春服既成，冠者五六人，
　　　童子六七人，浴乎沂，風乎舞雩，詠而歸。」夫子喟然歎曰：「吾與
　　　點也。」〔註63〕

曾點描繪了一幅安樂祥和、自適愜意的遊春圖：風和日麗，與友人浴沂舞雩，興盡歌詠而歸。後人對此眾說紛紜，孟子認為孔子欣賞曾點為狂者之流，因為時局不能允許中道而行，故退而求其次，便是狂狷之士。〔註64〕或者我們可以理解為成聖的前提便是如有曾點般的狂者氣質，因為這種狂狷之氣，代表的是一種進取精神。「剛狷振礪之士，獨行違俗，為世所娼嫉，卒以傾廢踣墮，

〔註63〕（宋）朱熹《四書章句集注》，第130頁。
〔註64〕（宋）朱熹《四書章句集注》，第382頁。

又浼以非其罪者，可勝道哉。」〔註65〕

> 曰：「三子是有意必，有意必便偏著一邊，能此未必能彼；曾
> 點這意思卻無意必，便是『素其位而行，不願乎其外，素夷狄行乎
> 夷狄，素患難行乎患難，無入而不自得矣』。三子所謂『汝器也』，
> 曾點便有『不器』意。然三子之才各卓然成章，非若世之空言無實
> 者，故夫子皆許之。」〔註66〕

王陽明也曾析辨「狂聖」，如《傳習錄》：

> 聖人之所以為聖，只是其心純乎天理而無人慾之雜。猶精金之
> 所以為精，但以其成色足而無銅鉛之雜也。人到純乎天理方是聖，
> 金到足色方是精。

陽明認為聖者與狂者只有分量上的差別而無成色上的區分。詩歌之中也有傳
達這一理念《憶昔答喬白岩因寄儲柴墟三首》其一「聖狂天淵隔，失得分毫
釐」，陽明認為聖人與狂者的區別，只在毫釐之間。那麼這個毫釐之差在哪
裏？陽明於第二首給出了答案，「毫釐何所辨？惟在公與私」此二句陽明關
於聖狂之分的新認識，陽明認為聖人純是天理之公而無人慾之私，狂者與聖
人相異，天理之公之中有人慾私者也。《尚書・多方》：「惟聖罔念作狂，惟
狂克念作聖。」孔安國傳：「惟聖人無念於善，則為狂人。惟狂人能念於善，
則為聖人。」〔註67〕所以，這個進取的狂者精神，便是曾點氣象，便是僅次
於聖人的狂狷之士，且是成聖道路上的必由必經。聖狂交融，使陽明有別於
正統理學家所津津樂道之醇儒，聖人之境仍內含著心繫朝闕的取向，而狂者
氣象則引向山林的灑脫。

　　胡曉明曾論及原始儒家的道統與政統相分，導致思想史研究者認為儒家
人格「在面對這個世界時必然缺乏獨立自主的抗衡權」，「缺乏能力使內在的動
源掙脫傳統與習俗的束縛，以影響外在的行為」，而文學史研究者則將中國詩
人的超越精神完全歸於老莊釋氏的哲學，這兩種說法都是片面的。〔註68〕是
此非彼，是一種簡單武斷的二元對立思想，儒家強調的是中庸之美、中和之
道。本來二者便沒有嚴格的界限劃分你我，後人譏諷陽明心學近似禪學，實

〔註65〕（明）王守仁撰，吳光、錢明等編校《王陽明全集》，第1035頁。
〔註66〕（明）王守仁撰，吳光、錢明等編校《王陽明全集》，第59頁。
〔註67〕（漢）孔安國傳，（唐）孔穎達疏《尚書注疏》，第四冊，中華書局，第11頁。
〔註68〕胡曉明《從儒家思想論屈陶杜蘇的相通境界》，《安徽師大學報（社科版）》1997
　　　　年，第1期。

際上，在傳統儒家的思想體系裏，便有教士子們不見用於時的處事方法，便是曾點之流的做法：隱於野，達乎道。除卻天生的氣質與性格的影響，陽明在仕途上的積極熱情被無情打壓，經歷了失望與痛定思痛，進而生發出一種相較於之前更為強烈的狂者進取精神。這種強烈的精神並非表現在對宦海仕途的熱情追逐，而是表現在對自我內心的探尋和關注上。這種選擇的起點雖然不是主動的，而後卻演繹為主觀意願的選擇。曾點氣象，在哲學上的思辨與解釋，宋明理學家及今人學者諸多論及，此處不做深層次的討論，我們關注的是在這種精神追求的感召下，王陽明的實際行為的表現。組詩《龍岡謾興》五首整體的精神面貌高昂向上，應是陽明悟道後的總結與展望之作。組詩的第一首與第五首：

> 投荒萬里入炎州，卻喜官卑得自由。
> 心在夷居何有陋？身雖吏隱未忘憂。
> 春山卉服時相問，雪寨藍輿每獨遊。
> 擬把犁鋤從許子，謾將弦誦止言遊。
>
> 歸與吾道在滄浪，顏氏何曾擊柝忙？
> 枉尺已非賢者事，斫輪徒有古人方。
> 白雲晚憶歸岩洞，蒼蘚春應遍石床。
> 寄語峰頭雙白鶴，野夫終不久龍場。

投荒萬里的顛沛造次，如今看來卻是不值一提的。因禍得福，脫身官場的勞累，成為一個籍籍無名的小官，反而自由暢達。「得自由」一詞典出自《孟子·公孫丑下》：「我無官守，我無言責也，則吾進退，豈不綽綽然有餘裕哉？」趙岐注：「孟子言人去，今我居師賓之位，進退自由，豈不綽綽然舒緩有裕餘乎」。〔註69〕素位光景，使得陽明隨地自處，皆自得其樂，不以利祿縈心，雖居官卻猶如隱者，這是一種心境上的自由。「卉服」即草服，代指當地居民。陽明很快便融入到當地生活之中，與鄰翁村婦都相處融洽，每日裏登山觀水，暢於天地之內。「許子」即許由，上古時隱士。《韓非子·說林下》：「堯以天下讓許由，許由逃之。舍於家人，家人藏其皮冠。夫棄天下而家人藏其皮冠，是不知許由者也。」〔註70〕「言游」即子游。《論語·陽貨》：「子之武城，聞絃歌之聲，夫子莞爾而笑曰：『割雞焉用牛刀。』子游對曰：『昔者偃也聞諸夫子曰：

〔註69〕（漢）趙岐注、（宋）孫奭疏《孟子注疏》，第33頁。
〔註70〕（清）王先慎《韓非子集解》，中華書局1998年版，第184頁。

『君子學道則愛人，小人學道則易使也。』子曰：『二三子，偃之言是也，前言戲之耳。』」〔註71〕陽明願做許由般高尚清節之士，不聞政事；但以禮樂為教，教化邑人春誦夏弦。

第五首詩則傳達了陽明更加堅定自我的信心。「歸與」典出孔子在陳歸與之歎。「滄浪」即漢水，典出《楚辭‧魚父》：「滄浪之水清兮，可以濯吾纓；滄浪之水濁兮，可以濯吾足。」。〔註72〕「顏氏」即顏回。用其於陋巷仍不改其樂之典。「擊柝」敲梆巡夜的小吏，《孟子‧萬章下》：「仕非為貧也，而有時乎為貧……抱關擊柝。」「枉尺」比喻小有所損，而大有所獲。《孟子‧滕文公下》：「枉尺而直尋，宜若可為也。」「斫輪」比喻熟練而高超的技藝，《莊子外篇‧天道》記載輪扁對齊桓公曰：「斫輪，疾則甘而不固，疾則苦而不入。」〔註73〕這首詩用典密集，哲理性較強，這類詩被稱為理學詩或者性氣詩。

錢鍾書《詩分唐宋》一文概括：「唐詩多以豐神情韻擅長，宋詩多以筋骨思理見勝。」〔註74〕唐詩是詩人作詩，以一種不可言傳的感覺取勝；宋詩是學者作詩，以學問取勝。「寫好理趣詩，除了具備長於思辨的睿智心性以外，詩人還必須具備形象思維的高超能力，這樣才能把精警、微妙的哲理寓於生動具體的藝術形象之中，實現哲學思考與文學表現的完美結合。」〔註75〕陽明早年歸越詩中摹物狀景還有唐詩風神，自悟道後，詩歌內容中總添入哲學思辨的話頭，非得讓人再三玩味咀嚼後方得其妙。詩的後半部分是詩人的思緒的飛馳。白雲，飄忽不定，自由來去，此處是詩人心靈上自由於外物上的體現，他思念家鄉的陽明洞，想像自己猶如一片白雲歸去。這種超脫，胸次玄遠，並非失意後的宣洩，也並非個人價值觀上的幻滅而帶來的狂傲不羈。他豪邁地對峰頭白鶴說，龍場並非我久居之地，這一句是陽明志向的抒發，讀來頓覺氣勢薄發。倡明聖學的責任與成聖的期冀，都促使著王陽明不願再屈於龍場驛丞，寧願退身官場，於山林之間做一個授學傳道的野夫。時機不到，他寧願做一介草夫，優游於天地之間。這種願望實則與曾點之願相差無幾，二人氣質相近，都帶有「狂狷」而非「中和」或「隱逸」的人格精神。

〔註71〕（宋）朱熹《四書章句集注》，第 177 頁。
〔註72〕（宋）朱熹《楚辭集注》，上海古籍出版社 1979 年版，第 116 頁。
〔註73〕（清）郭慶藩《莊子集釋》，第 497 頁。
〔註74〕錢鍾書《談藝錄》，中華書局 1984 年版，第 2 頁。
〔註75〕莫礪鋒《朱熹文學研究》，南京大學出版社 2000 年版，第 54 頁。

二、臣子的心境與能力：用舍行藏

《論語‧述而》載，「子謂顏淵曰：『用之則行，舍之則藏，惟我與爾有是夫！』」能夠被君主所用，便出仕為官，不能為政，便藏於山林。若單純地從功利的角度來解釋「用舍行藏」，不免有失偏頗。孟子亦云：「故士不失義，達不離道。窮不失義，故士得己焉；達不離道，故民不失望焉。古之人，得志，澤加於民；不得志，修身見於世。窮則獨善其身，達則兼濟天下」（《孟子‧盡心上》）〔註76〕，儒家雖然追求積極地用世出世，也同樣注重自我的保全與內心的平靜。化修己與治人為一體，而後達有所寄而窮有所安。邢昺《論語注疏》卷十一對「曾點言志」章有較貼近的解釋：

> 仲尼祖述堯舜，憲章文武，生值亂時而君不用。三子不能相時，志在為政。唯曾皙獨能知時，志在澡身浴德，永懷樂道，故夫子與之也。〔註77〕

日本陽明學大家岡田武彥論及陽明隱逸思想時曾說，「儒學家都是思想家，他們會萌發出隱遁之情，那也是必然。但是儒家所言的隱遁和道家所言的隱遁是完全不同的概念。對儒家來說，雖然希望隱遁，但內心深處還是會存有一旦有好的機遇，會選擇再次入仕，為社稷民生竭盡全力的想法。」〔註78〕作為儒者，積極仕途並非值得指謫，志在為政是沒有任何錯誤的，「不能相時」即不能清楚明瞭政治環境的不合時宜。當政治成為儒者的對立面時，迫使士大夫們難以堅持理想與之抗爭，乃至抗爭失敗時，要麼扭曲自我迎合當權者，要麼退出政治舞臺，於山林野間尋找心靈的安寧。而後世士子們困於樊籠時心繫自然之樂，被迫退回山野卻又寄心廟堂。這都是誤解了曾點所言的至樂之境所需的精神狀態。

綰結來說，為政需要「知時」，時機不合適，隱身於江湖，遊樂於山水，教化後人以期實現自己的政治理想，亦是儒者明智的選擇。故當陽明懷抱著理想卻不見用於時，達不到兼濟天下的重責，便只能獨善其身，現實中找不到可以依靠的精神家園，便藏身而去。這不僅是儒家解決自我困境的一種方法，更是臣子所需具備的能力。需要注意的是，儒家的歸隱不同於道家的避世。「隱

〔註76〕（宋）朱熹《四書章句集注》，第358～359頁。

〔註77〕（三國魏）何晏注，（宋）邢昺疏《論語注疏》，第二冊，中華書局，第108頁。

〔註78〕（日）岡田武彥《王陽明大傳：知行合一的心學智慧》，重慶出版社2015年版，第196頁。

居以求其志，行義以達其道」，儒家選擇藏身而去的前提是時局不宜，雖退處山林但仍不忘追求個人成聖的志向（在這個過程中便顯出求樂自適的高蹈風範），並且積極轉向授徒講學以期拯救弊世。居夷期間不斷地自我超越與教化民眾、授業諸生便是陽明踐行此道的佐證。

用之由時，舍藏在我。就身心舒展之自由來講，與君魏闕與藏身於野確雲泥殊途：前者如履薄冰，後者履險如夷；前者案牘勞形，後者愜意恬淡。《遊來仙洞早發道中》：

> 霜風清木葉，秋意生蕭疏。沖星策曉騎，幽事將有徂。
> 股蟲亂飛擲，道狹草露濡。傾暑特晨發，征夫已先途。
> 淅米石間溜，炊火岩中廬。煙峰上初日，林鳥相嚶呼。
> 意欣物情適，戰勝膲色腴。行樂信宇宙，富貴非吾圖！

此詩正德三年（1508）作於貴州貴陽來仙洞。〔註79〕詩句較為平淡地描寫蕭疏的秋景，詩句較為平實的紀實記事，而正於平凡的境地之中，陡然生出樂之心境。用舍行藏，是出於避禍的動機而藏身，而於山林中感受萬物化機，關注自我的內心，吟詠詩情多以對萬物哲理的思辨，這是陽明從文人之詩向哲人之詩轉變的一個過程。《呂氏春秋·下賢》：「神覆宇宙而無望。」高誘注：「四方上下曰宇，以屋喻天地也。往古來今曰宙，言其神而包覆之無望無界畔也。」〔註80〕陽明此句可能聯想到了陶潛《讀山海經》其一：「俯仰終宇宙，不樂復何如？」〔註81〕即於大化中尋求至樂，這在本質上是一種終極追求，它不是要求某種短暫有限的感官快樂，而是尋求某種永恆無限的精神安樂。孟子曾說：「君子深造之以道，欲其自得之也。自得之，則居之安；居之安，則資之深；資之深，則取之左右逢其原，故君子欲其自得之也。」（《孟子·離婁下》）陽明為詩並非單純的情動於中而形於言，而是要借已發之情追溯心體，在追求個體人格道德完善的同時，心靈也獲得一種情感的滿足和美的愉悅，這是儒家心學的詩意所在。

除卻悟得天地流行與萬物之樂的向內「成己」，舍藏在我的另一面追求是「成人」，即對後生的教化，傳播聖學的火種。這種取捨並非陽明悟道後才做

〔註79〕「棲霞山，在府城東五里，一名東山，翠巘崔嵬，峭壁千仞，《名山勝概》記山半有洞，曰來仙。」見（清）潘錫恩《嘉慶大清一統志》，四部叢刊景宋本。
〔註80〕（漢）高誘注，（清）畢沅校正《呂氏春秋》，上海古籍出版社1996年版，第244頁。
〔註81〕（晉）陶潛《陶淵明集》，中華書局1979年版，第133頁。

的選擇，赴謫途經長沙之時，已有先聲：「顧謂二三子，取瑟為我諧。我彈爾為歌，爾舞我與偕。吾道有至樂，富貴真浮埃。若時乘大化，勿愧點與回」（《涉湘於邁嶽麓是遵仰止先哲因懷友生麗澤興感伐木寄言二首》其二）「童冠盡多歸詠興，城南兼說有溫泉」（《袁州府宜春臺四絕》）「富貴猶塵沙，浮名亦飛絮。嗟我二三子，吾道有真趣。」（《諸生》）「緬懷風沂興，千載相為謀」（《諸生夜坐》）「壺榼遠從童冠集，杖藜隨處宦情微」（《來仙洞》）「閒來聊與二三子，單夾初成行暮春」（《春日花間偶集示門生》）與二三子詠歸，表明陽明在生活中追求精神悠然自得的詩意與樂趣，也包含對隨處點化諸生及自得之樂。

　　曾點氣象傳達出的便是一種由主觀意願的選擇藏身隱野，這是一種主體的自我感受和體驗，陽明贊其為至樂之境。縮結其所樂，可以從內外兩方面言：向內是成己之樂，展開詳述便是仁者靜觀萬物時的渾然與物同體，由自然界的活潑生機體悟心中的仁體，以仁為樂；向外是成人之樂，是與友人童子吟詠性情時的感官愉悅，在心體的觀照活動中體驗大自然詩情與畫意，產生一種滿足的自適、自得之樂。「雖生死榮辱轉戰於前，曾未入於胸中，則何異四時風花雪月一過乎眼也。」（邵雍《擊壤集序》）邵康節教人不要溺於小己的私情，要除去私情，養起真性情，這種悠然自得的態度，正如陽明「閒居中靜觀，時物生息流形之意，以融會我志趣，最有益於良知。」但陽明又區別于邵雍，曰「昔今康節、白沙二先生，故留情於此。但二先生又似耽著，有不欲捨之意，故卒成隱逸，恐於吾孔子用舍行藏之道，有未盡合。」〔註82〕這是陽明較晚時期論述儒家之用舍行藏與道家之隱逸的區別，康節、白沙以成就自我為主流，這點在陽明身上也可適用，陽明並不反對，而是用舍行藏還有積極的一面，便是不僅關注一人之身心，更要擴充於他人，乃至天地萬物，在「成己」的前提下，更要「成人」「成物」，從而達到無入而不自得的超越境界。

〔註82〕張立文《王陽明與周道通答問書》，《浙江學刊》1996 年，第 5 期。

第三章 《居夷集》散文中的儒者風範

　　詩歌偏於個人情感的抒發，而散文則偏重於實用的社會功能。摯虞《文章流別論》：「文章者，所以宣上下之象，明人倫之敘，窮理盡性，以究萬物之宜者也。」〔註1〕摯虞所謂「文章」，是泛指包詩、文、賦等各類文體的文學創作，狹義的散文創作自然也包含其中。身在朝堂，陽明多有諫政之奏議文；身在山林，陽明多為文構建自我形象；與友論道，多書信體論學問道闡發思想。王陽明散文創作兼擅眾體，雅健而有光彩。本章擷取《居夷集》中四篇頗具有代表性的散文，以管窺王陽明於文章中的自我書寫及建構的自我形象。

第一節 《君子亭記》與儒家君子傳統

　　錢德洪《年譜》記載：「居久，夷人亦日來親狎。以所居湫濕，乃伐木構龍岡書院及寅賓堂、何陋軒、君子亭、玩易窩以居之。」〔註2〕可知《君子亭記》作於正德三年（1508），陽明感念龍場居民輔築亭軒而作，又此文中言及：「陽明子既為何陋軒，復因軒之前營，駕楹為亭，環植以竹，而名之以『君子』。」可知君子亭在陽明所居軒室之前，陽明於亭周圍種植竹子，命亭名為「君子亭」，這個君子之名，實則包含三層解釋：其一，竹素為儒者所喜愛，其性情、其品質都被視為君子高潔不阿的象徵，故稱讚其為「君子」，是竹之名。其二，因於所建之亭周圍環植種竹，故命名亭為「君子亭」，是亭之名。其三，陽明擬

〔註1〕（清）嚴可均校輯《全上古三代秦漢三國六朝文》，中華書局 2012 年版，第 1905 頁。

〔註2〕（明）王守仁撰，吳光、錢明等編校《王陽明全集》，第 1354 頁。

用竹之品質，隱喻自我的精神，是對自我人格的一種比擬與象徵，是陽明自謂
之名。三者融一，可謂美善相兼，道器合一。

一、君子理想與擬聖之作

據楊伯峻統計，「君子」一詞在《論語》一書中出現多達 107 次，在《孟
子》一書中出現達 82 次。縮結來講，君子有兩說。一是指有德之人，如「人
不知而不慍，不亦君子乎？」，「隘與不恭，君子不為也。」一是指有位之人，
如「君子篤於親，則民興於仁」，「無君子莫治野人，無野人莫養君子。」余英
時論述，「君子」所代表的道德理想和他的社會身份（此即儒家所說的「德」
與「位」）並沒有必然的關係。相反的，「德」的普遍性是可以超越「位」的特
殊性的。因此「君子」的觀念至孔子時代發生一大突破，至王陽明時代又出現
另一大突破。（陽明云：「與愚夫愚婦同德，是謂同德。」其後更有「滿街皆是
聖人」之說。）〔註3〕儒家傳統所認可或尊崇的君子，不必有位但必定有德。
或謂儒家對君子的理想超越了「位」，而更偏重對德行的要求。這種對君子的
理想的追求，當始於孔子。陽明繼承了孔子對君子理想的追求，並且增添了自
己新的理解。

> 子曰：「聖人吾不得而見之矣；得見君子者，斯可矣。」子曰：
> 「善人，吾不得見之矣；得見有恆者，斯可矣。」

朱熹注曰：「聖人，神明不可測之號。君子，才德出眾之名。」〔註4〕此處是
將儒家推崇的聖人與君子相類比。可見君子之境界次於聖人，而且是無限接近
於聖人之道的可貴品質。退而求之，善人不可得、不常見，有力致於善人之道
的有恆之人，也是可貴的品質。《易·繫辭下》：「陰陽合德，而剛柔有體，以
體天地之變，以通神明之德。」孔穎達疏：「萬物變化，或生或成，是神明之
德。」〔註5〕可知聖人與天地一體，是謂神明之德，這是道德理想中的至高追
求，是一種形而上的理想化身。君子應兼備異於眾人的才能與品德，是儒家所
倡導的積極進取一類的人。君子不可多得，固有志於成君子的有恆之人，也是
難得可貴的品質。孔子區分了三類人：理想的聖人，務實的君子，與為學不已
的有恆者。朱熹注曰：「有恆者之與聖人，高下固懸絕矣，然未有不自有恆而

〔註3〕余英時《余英時文集》第 2 卷，廣西師範大學出版社 2004 年版，第 137 頁。
〔註4〕（宋）朱熹《四書章句集注》，第 99 頁。
〔註5〕（三國魏）王弼注，（唐）孔穎達疏《周易注疏》，第三冊，中華書局，第 69
頁。

能至於聖者矣。」〔註6〕孔子在生前從不自詡自己已達聖人之道,《論語・述而》:「若聖與仁,則吾豈敢?抑為之不厭,誨人不倦,則可謂云爾已矣。」而是在不斷地學習與實踐之中,無限接近聖人之道。故沒有活著的聖人,因為只要還有生命,就要不斷進取、為學不已,更為完善自我的人格。朱子跨過君子一說,直接將有恆者與聖人對比,得出二者高下懸絕的結果。但在二者之中還有折衷之法,即有恆者志於聖人之道,不斷砥礪成聖,在這個過程之中,當為君子。

詳觀陽明此篇《君子亭記》之謀篇布局,與《論語・憲問》孔子與子貢論君子篇〔註7〕有異曲同工之妙。施邦曜評《君子亭記》此篇結意與《何陋軒》結意俱以聖人自任,乃文字佔地步處。〔註8〕除卻為文之結構比擬聖人,施邦曜認為陽明此篇立意陽明亦已有比擬孔子之志。

《論語・憲問》	《君子亭記》
子曰:「君子有道者三,我無能焉;仁者不憂,智者不惑,勇者不懼。」子貢曰:「夫子自道也。」	陽明子……曰:「竹有君子之道四焉:……有君子之德;……有君子之操;……有君子之時;……有君子之容。門人曰:「夫子蓋自道也。……陽明子曰:「夫是四者何有於我哉?抑學而未能,則可云爾耳。」

從上表對比直觀可知,《君子亭記》一文在文章整體的謀篇布局,是仿照孔子與子貢論君子的這段對話展開,而進行進一步的擴充與闡發。詳言之,陽明在文章設置上,是比擬孔子與子貢二人對話展開進而擴充為散文,《君子亭記》文中陽明子與門人的對話,可與孔門師徒對話一一對應。在文章內容上,孔子認為君子之道,需具備三個才能,即仁者不憂,智者不惑,勇者不懼。陽明於亭前環植以竹,取竹君子之名,並推崇竹有君子之道者四,即君子之德,君子之操,君子之時,君子之容。王陽明所謂竹所具備的君子行為,亦是以物譬人,竹所具備的操行,亦是君子應該所具備的德行操守。復次,孔子的弟子子貢指出孔子所言「君子之道,我無能焉」是孔子的謙虛,點破孔子此言是「夫子自道也」。在《君子亭記》文末,也有陽明的門人點破陽明之意:「夫子蓋自道也。」這種不謀而合,應是陽明有意對經典的擬效,

---

〔註6〕(宋)朱熹《四書章句集注》,第99頁。
〔註7〕(宋)朱熹《四書章句集注》,第157頁。
〔註8〕(明)王守仁著,(明)施邦曜輯評《陽明先生集要》,第872頁。

且以此表達對師法孔子的敬意，也是陽明在悟道之後，自我精神的張揚，對自我的一種強烈的認同。

二、以竹隱喻理想人格的道德追求

以竹比德可追溯到《詩·衛風·淇奧》，朱熹注曰：「衛人美武公之德，而以綠竹始生之美盛，興其學問自修之進益也。」〔註9〕漢魏以下，竹林七賢日日於竹相伴，成為千古美談。唐宋大家，多有贊竹譽竹之作，如白居易《養竹記》就曾以竹之品行喻君子之德操。蘇軾曾慨歎「不可居無竹」，也道盡對竹子的喜愛。元顧安，字定之，號迂訥居士，淮東人。喜愛風竹新篁，墨寶潤澤煥爛，多為時人所驚歎。儒家重視竹有君子品格，實則是虛化了竹子的物性，強化了其成為君子的品格，使之成為一種獨特的意象積澱，浸潤著數千百年來的文人士大夫，成為一種人格理想和精神追求的寫照。

文末門人言及「夫子蓋謙於自名也，而假之竹」，陽明借竹自況，以達到自賞的目的，歌頌竹子的品德，實則是對自我品格的期許。陽明巧立自述與他述兩種書寫手法，自述是陽明讚譽竹子的品性猶君子的品行，以主觀者的角度鋪陳隱喻；他述是借門人之口道出陽明「夫子自道」的人格理想，以旁觀者的口氣客觀描述自我。這樣一表一里，一張一弛，行文流暢，而讀之順遂。

（一）君子之德

陽明讚譽竹之品德「中虛而靜，通而有間，有君子之德」，竹子內部是空的，且節節有間，這是就竹的物性從縱橫兩方面所作出的直觀類比，橫寫竹子內心是空，故其靜；縱寫其又貫通一體，故其通。中虛，指胸腔內的人心。《荀子·天論》：「心居中虛，以治五官。」楊倞注：「心居於中空虛之地。」〔註10〕故心之所居為胸腔中虛之地。又此處陽明讚譽竹子中虛實乃喻人之靜養修身工夫。陽明門人他述則曰：「吾見夫子之居是亭也，持敬以直內，靜虛而若愚，非君子之德乎？」持敬直內，語出《易·坤》：「君子敬以直內，義以

〔註9〕（宋）朱熹《詩集傳》，第53～54頁。《詩·衛風·淇奧》：「瞻彼淇奧，綠竹猗猗。有匪君子，如切如磋，如琢如磨，瑟兮僩兮，赫兮咺兮。有匪君子，終不可諼兮。瞻彼淇奧，綠竹青青。有匪君子，充耳琇瑩，會弁如星。瑟兮僩兮。赫兮咺兮，有匪君子，終不可諼兮。瞻彼淇奧，綠竹如簀。有匪君子，如金如錫，如圭如璧。寬兮綽兮，猗重較兮。善戲謔兮，不為虐兮。」

〔註10〕（清）王先謙《荀子集解》，中華書局1988年版，第309頁。

方外。」〔註 11〕謂內心涵養需用敬的態度，才能於外處行事得以方正。朱熹《巧言令色說》：「容貌詞氣之間，正學者持養用力之地。然有意於巧令以悅人之觀，聽則心馳於外而鮮仁矣。若就此持養，發禁躁妄，動必溫恭，只要體當自家直內方外之實事，乃是為己之切，求仁之要。」〔註 12〕發禁躁妄即謂敬，是內心所保持的態度，故曰為己之切；道德是對自己的要求，是旁人無法觸及的個人內在的涵養。「動必溫恭」其外化的表現，是謂求仁之要，即道德對社會的功用，在人與人關係的交往之中體現。靜虛，即清淨無欲。《孔子家語·好生》：「舜之為君也……德若天地而靜虛。」若愚，看似愚笨，實則不然。孔子謂顏回「不違如愚」〔註 13〕，即指若愚之人不動聲色，不主動展示自己，而是默默接收與理解老師所講並且能舉一反三，實則睿智之人。

（二）君子之操

操行，即一個人的操守與品行。守操，即保持自己所堅守的信仰，不輕易改換。竹子「外節而直，貫四時而柯葉無所改，有君子之操」，竹竿有節且直，無論寒暑都不改青青本色。《禮記·禮器》以松竹並喻：「貫四時而不改柯易葉。」〔註 14〕門人他述則贊陽明之操行曰：「遇屯而不懾，處困而能亨，非君子之操乎」屯，指屯蹇，艱難。《易·屯卦》：「屯，剛柔始交而難生。」〔註 15〕懾，謂怯懦、困惑。《禮記·曲禮》：「貧賤而知好禮，則志不懾。」鄭玄注：「懾，猶怯惑。」〔註16〕處困，生活在困境或困苦之中。亨，亨通。《易·坤卦》：「含弘光大，品物咸亨。」〔註 17〕謂君子於屯蹇困境之中，亦能不憂不懼而處合時宜。以竹貫四時而無改其本色喻君子當「窮則獨善，達則兼濟」，保持本心而不隨波逐流。

（三）君子之時

「應蟄而出，遇伏而隱，雨雪晦明無所不宜，有君子之時」，蟄、伏謂二十四節氣之驚蟄與小暑大暑間的三伏天。這是描寫竹子自然生長過程中，順應

〔註11〕（宋）朱熹《周易本義》，第 48 頁。
〔註12〕（宋）朱熹《晦庵集》，四部叢刊本。
〔註13〕（宋）朱熹《四書章句集注》，第 56 頁。
〔註14〕（清）孫希旦《禮記集解》，第 624 頁。
〔註15〕（宋）朱熹《周易本義》，第 50 頁。
〔註16〕（清）孫希旦《禮記集解》，第 12 頁。
〔註17〕（宋）朱熹《周易本義》，第 43 頁。

氣候時節，故能於任何惡劣氣節或環境都能宜得己身。孔子謂：「邦有道，則
仕；邦無道，則可卷而懷之。」應蟄而出，實則隱喻有道之邦，應積極入仕，
發揮自我才幹；遇伏而隱實則隱喻無道之邦，應該蟄伏於野，韜光養晦。門人
他述曰：「昔也行於朝，今也行於夷，順應物而能當，雖守方而弗拘，非君子
之時乎？」這是就陽明所遭遇而言，陽明未遭貶謫前，於朝堂之上任兵部侍郎，
甫遭貶謫投荒萬里邊陲之地。二者雖云泥殊別，但陽明能素位而行，不汲汲於
朝堂，不戚戚於龍場。順從適應外部環境而內心保有擔當。雖流放於邊疆守土，
亦不拘泥於心。這種心態就是身為人臣，尤其是恪守儒家「用舍行藏」的儒士，
所具備的一種樂天知命、進退自如的人生觀。

（四）君子之容

陽明著墨較多於描述竹之君子之儀態，「清風時至，玉聲珊然，中《采
齊》而協《肆夏》，揖遜俯仰，若洙泗群賢之交集；風止籟靜，挺然特立，
不撓不屈，若虞廷群后，端冕正笏而列於堂陛之側，有君子之容」。從視聽
結合與動靜之態多方面來展示一種中和之美，《周禮・春官・樂師》：「教樂
儀，行以《肆夏》，趨以《采齊》。」鄭司農云：「《肆夏》《采齊》皆樂名。
或曰：皆逸詩。謂人君行步，以《肆夏》為節；趨疾於步，則以《采齊》為
節。」〔註 18〕賈誼形容古聖王之居時，曰：「行以《采齊》，趨以《肆夏》，
步中規，折衷矩。」〔註 19〕清風徐來，竹竿竹葉相交，婆娑之姿態，嘔吟之
悅耳。從聽覺上，贊玉聲彷彿古樂嫋嫋沁人動容；從視覺上，擬竹之妙姿如
賢者相見時的揖讓禮敬。寫靜態時的竹，如列於虞廷之上，威儀肅然的群臣。
一動一靜，一觀一感，竹的神態與姿態躍然衝出，令人心向神往。門人他述
曰「其交翼翼，其處雍雍，意適而匪懈，氣和而能恭，非君子之容乎？」翼
翼，恭敬謹慎的樣子。《詩・大雅・大明》：「惟此文王，小心翼翼。」朱熹
注曰：「小心翼翼，恭慎之貌。」〔註 20〕雍雍，和洽的樣子。匪懈，不懈怠
的樣子。《詩・大雅・烝民》：「夙夜匪解，以事一人。」孔穎達疏：「早起夜
臥，非有懈倦之時。」謂陽明與友人初識時必定存有恭敬之心，而與友人往
來時，必定面色容樂，相處融洽。

〔註 18〕（清）孫詒讓《周禮正義》，中華書局 1987 年版，第 1799 頁。
〔註 19〕（漢）賈誼《新書》，中華書局 1985 年版，第 65 頁。
〔註 20〕（宋）朱熹《詩集傳》，第 272 頁。

陽明在《君子亭記》之前所作《何陋軒記》一文中，便已言明施椎斧於粗糲頑梗之夷民，頗有孔夫子欲居夷行夷化夷之志。而猶自謙於「誠有君子而居焉，其化之也蓋易。而予非其人也，記之以俟來者。」《君子亭記》是對這句話的一個回答，門人猶言「夫子之名其軒曰『何陋』，則固以自居矣。」點破陽明夫子自道，且引聖人之言「汝為君子儒，無為小人儒」，篤定為「君子儒」的聖人之志。

綜上所述，君子理想乃是儒家對完美道德的追求與推崇。孔子將君子之道定義成一種完美人格，《論語》中有許多對君子人格的闡發，君子不僅自我踐行「智、仁、勇」，並且「知命」「知禮」「知言」。君子不僅重仁重禮，行忠恕之道，有敬畏之心，並且追求中正平和的人生境界；君子不僅慎獨反省，且時時有殺身成仁、捨生取義、任重道遠的擔當精神。君子謀道不為食祿，憂的是道統不是貧賤。而且以君子小人之間的對比，更突出君子人格，如「君子喻於義，小人喻於利」，「君子周而不比，小人比而不周」，「君子坦蕩蕩，小人長戚戚」，「君子和而不同，小人同而不和」，「君子泰而不驕，小人驕而不泰」，「君子求諸己，小人求諸人」等。孔子曾感慨「知德者鮮矣」，儒學素被視為「成德之教」的君子之學，從這一側面也顯示了「君子」這一標準的高要求與高水準。

第二節　《答毛憲副》與儒家以禮自守之道

在傳統儒家的思想體系之中，「仁」與「禮」是最為重要的兩個範疇。「仁」，是內在的精神修養，「禮」是仁的外在節度。《論語·為政》：「道之以德，齊之以禮，有恥且格」也逐步演變為士大夫所堅守的內在的品格精神。《論語·學而》載有子言，「恭近於禮，遠恥辱也。」朱熹注曰：「致恭而中其節，則能遠恥辱矣。此言人之言行交際，皆當謹之於始而慮其所終，不然，則因仍苟且之間，將有不勝其自失之悔者矣。」〔註21〕強調了與人交往之中的分寸感和得宜感，要適於「禮」之節，才不會受到羞辱，這樣才能建立起朋友之間良性的關係。這也是王陽明《答毛憲副》這篇文章所圍繞的中心內涵，「廢逐小臣，所守以待死者，忠信禮義而已」，歸向到一個人的身上，王陽明將其歸納為「君子以忠信為利，禮義為福」，而誓死捍衛。

〔註21〕（宋）朱熹《四書章句集注》，第 52 頁。

一、「以禮自守」的文化傳統

「禮」是儒家重要的文化傳統之一。據楊伯峻統計,《左傳》提及「禮」達 462 處,《論語》也有 75 處之多。「禮」作為一種制度,最初的「奉神人之事謂之禮」〔註 22〕意指祭祀的禮節。而儒者,據胡適考證,就是一批具有專門知識的人,他們或是卜筮之人,或是祭祀的祝官,或是喪禮用相禮的專家。〔註 23〕所以,儒者奉行禮制,其淵源和意義可謂深遠。然隨著時代的發展,「禮」的概念不再侷限於「祭祀」狹義的範圍內,而是被賦予了更為廣泛和深刻的現實意義。自孔子始,較之於維繫政治秩序建構的「禮」,在其政治意義的基礎之上也生發出「忠、信、禮、義」等多重概念。〔註 24〕鄒昌林認為:「中國古代之『禮』與政治、法律、宗教、思想、哲學、習俗、文學、藝術,乃至經濟、軍事,無不結成一個整體,為中國物質文化和精神文化之總名」。〔註 25〕「禮」所包含的內容博大,但它最終的指向到文人士大夫身上,所體現出的要求,即浩然正氣的不屈人格以及敬、誠的德行修養。朱自清曾概括「禮的精神是節」。〔註 26〕《左傳》:「聖達節,次守節,下失節」。孔子將其定義為一種「臨大節而不可奪」的君子氣概。孟子又為之增添了「浩然正氣」的修養境界,使之成為「富貴不能淫,貧賤不能移,威武不能屈」的大丈夫精神。這是衡量個人行為的道德標準,更是士大夫的立身處世之道。以禮自守,就是堅守這樣一種「氣節」,即對自己儒者信仰的尊重,也是面對人生的一種堅定的態度,更是個人獨立意志、獨立人格的外現。自孔子「殺身成仁」始,至孟子「捨身取義」,這種「以禮自守」的精神觀念影響無數的仁人志士,出現了不可計數的被譽為「民族脊樑」的英雄人物。「亦余心之所善兮,雖九死其猶未悔」的屈原,「顧行而忘利,守節而伏義」的賈誼,「安能摧眉折腰事權貴,使我不得開心顏」的李白,遺世而獨立的蘇軾,都是這種浩然長歌的吟嘯。

《答毛憲副》一文作於正德三年(1508)秋。《年譜》記載:「思州太守遣人至龍場侮先生,諸夷不平,共毆辱之。守大怒,言諸當道。憲副毛科令先生請謝,且諭以禍福。先生致書覆之,守慚服。」〔註 27〕此時,王陽明與龍

〔註 22〕王國維《觀堂集林》卷六《釋禮》,第 136 頁。
〔註 23〕胡適《說儒》,見《胡適精品集》,光明日報出版社,第 17 頁。
〔註 24〕張保同《中國士大夫精神溯源》,中國文聯出版社 2006 年版,第 18 頁。
〔註 25〕鄒昌林《中國古禮研究》,臺北文律出版社 1992 年版,第 12 頁。
〔註 26〕朱自清《朱自清全集》,臺北正言出版社 1984 年版,第 117 頁。
〔註 27〕(明)王守仁撰,吳光、錢明等編校《王陽明全集》,第 1355 頁。

場百姓已建立起良好的關係，又居龍場講學，教化諸生，而聲名遠播，深受百姓愛戴。

這封書信中提及三個人：思州太守李概〔註28〕、毛憲副、王陽明。欲想理解陽明此篇書信的深意，首先要理清這件事情的來龍去脈，起因是思州太守派遣的使者到龍場侮辱陽明，龍場夷人為陽明覺得不平，而與使者發生衝突。太守震怒，將此事報告給當道，即貴州巡撫王質。毛憲副與陽明有同鄉之誼，寫信向陽明分析此事利害，建議陽明向太守道歉了事。陽明不願受此屈辱，寫信闡明自己以禮自守、不畏生死的決心。

「思州太守遣人至龍場侮先生」這是錢德洪的說法，可能存在偏頗。因為陽明於信中所言「但差人至龍場陵侮，此自差人挾勢擅威，非太府使之也。」差人凌辱並非太守指使，故陽明曰「然則太府固未嘗辱某，某亦未嘗傲太府，何所得罪而遽請謝乎？」陽明受到的侮辱不是直接來自太守，或是所差之人個人的傲慢擅權，要求陽明行「跪拜之禮」所致，龍場諸民不願看到陽明受辱，奮起毆打侮辱陽明之人，而使者添油加醋地回稟太守王陽明的懈怠傲慢，最終才導致了這場誤會。

毛憲副在這次事件中的角色並非一個負面角色，陽明於信中答言道「此非道誼深情，決不至此，感激之至，言無所容！」陽明對待毛拙庵的利弊分析，以及勸誠責令其去太府道歉的建議是婉言謝絕的，他不認同屈服於毛拙庵官場生存的一套方法，堅守自我內心所認同並遵從的「忠信禮義」之道，並且以這種態度最終折服了思州太守。

二、「廢逐小臣」的道德自覺

在言明事件發生的前後因果之後，陽明堅定地表明了自我的立場。「跪拜之禮，亦小官常分，不足以為辱」講究禮節，但更要講行禮節的準則，「然亦不當無故而行之。不當行而行，與當行而不行，其為取辱一也。」孟子曰：「人有不為也，而後可以有為也。」程子解釋道，「有不為，知所擇也。惟能有不為，是以可以有為。無所不為者，安能有所為邪？」〔註29〕知道自己應該做什麼和不應該做什麼，有損於氣節之事，堅持不為，然後才能有所大為。這是陽明此書信要傳達的重要觀點，也是陽明以禮自守的躬身親踐。

〔註28〕（清）鄂爾泰《貴州通志》卷二十：「思州府，李概，豐城人，舉人，正德間知府。」
〔註29〕（宋）朱熹《四書章句集注》，第296頁。

> 廢逐小臣，所守以待死者，忠信禮義而已，又棄此而不守，禍
> 莫大焉！凡禍福利害之說，某亦嘗講之。君子以忠信為利，禮義為
> 福。苟忠信禮義之不存，雖祿之萬鍾，爵以侯王之貴，君子猶謂之
> 禍與害；如其忠信禮義之所在，雖剖心碎首，君子利而行之，自以
> 為福也，況於流離竄逐之微乎？

陽明稱自己為「廢逐小臣」。廢，指下獄時遭遇的廷杖之懲；逐，指被譴謫流
放的身份；小，指被謫為龍場驛丞，官階卑微；三個字凝練地概括陽明現階段
的身份，也傳達了陽明所處的境遇。陽明雖然是被廢黜放逐的罪臣，處位卑微，
唯能獨善其身，誓死捍衛自己所信仰「忠信禮義」之氣節。「所守以待死者」
謂自己的堅持與信仰是貫穿一生、至死方休的，如果背信棄義，不能堅守己「道」
而屈服於他「勢」，雖能避禍於一時，卻逃脫不了自我良心的譴謫，這種禍患
是一世的。程子曰：「知性善以忠信為本，此『先立其大者。』」〔註30〕陽明
又發展其為「君子以忠信為利，禮義為福。」並提出了一個假設「苟忠信禮義
之不存」，這個假設弱化了「以禮自守」之「禮」外在的強制性，更突出了人
內在的自覺性。而陽明對這個假設的回答，實則是繼承了孟子的思想，《孟子‧
告子上》：「萬鍾則不辯禮義而受之，萬鍾於我何加焉！」〔註31〕孟子不為外
在榮華而動其心，陽明則以為「君子猶謂之禍與害」，非但不在乎外在的利誘，
更是將其視為災難與禍害。而若行得合乎禮義之道，哪怕捨去生命，也要遵守
與踐行，又何況乎目前陽明只是處於窘困的境地呢？

　　施邦曜評此篇曰：「捨忠信禮義，更無行乎夷狄之道，此不但自矜氣節素
位，學問自應如是。」〔註32〕將陽明的學問與氣節等同是否得當，暫且不論。
但言陽明素位而行，以「忠信禮義」之道作為行夷化夷之道，是恰當準確的。
這一段陽明徵引聖人之言，以身作則君子人格的獨立性，不為權勢所屈壓，也
不為利益所誘惑，哪怕在生死危難之際，也要保持這種獨立性，追求道義，堅
守道義。緊接著，陽明又講述了自己所處的險惡環境，以證明自己的矢志不渝：

> 某之居此，蓋瘴癘蠱毒之與處，魑魅魍魎之與遊，日有三死焉。
> 然而居之泰然，未嘗以動其中者，誠知生死之有命，不以一朝之患
> 而忘其終身之憂也。太府苟欲加害，而在我誠有以取之，則不可謂

〔註30〕（宋）朱熹、呂祖謙《近思錄》，中華書局 2011 年版，第 65 頁。
〔註31〕（宋）朱熹《四書章句集注》，第 339 頁。
〔註32〕（明）王守仁著，（明）施邦曜輯評《陽明先生集要》，第 782 頁。

無憾；使吾無有以取之而橫罹焉，則亦瘴癘而已爾，蠱毒而已爾，魑魅魍魎而已爾，吾豈以是而動吾心哉！執事之喻，雖有所不敢承，然因是而益知所以自勵，不敢苟有所隳墮，則某也受教多矣，敢不頓首以謝！

陽明所居之所，「蓋瘴癘蠱毒之與處，**魑魅魍魎之與遊**」遍布瘴氣霧靄與毒蟲毒蛇，「日有三死焉」稍有不慎便會殞命，極言外部的生存環境之惡劣。處於這樣的條件之中，陽明坦蕩面對泰然自若，不以欣戚動其心。「然而居之泰然，未嘗以動其中者，誠知生死之有命，不以一朝之患而忘其終身之憂也」此句有「正人之守，達人之見。」〔註33〕「未嘗以動其中者」一句是繼承《孟子》「我四十不動心」之典，朱熹注曰：「所守一身之氣，反身循理，所守尤得其要也。」〔註34〕正是對氣節的堅守而才不會方寸大亂，迷亂心智。孟子曰：「是故君子有終身之憂，無一朝之患。」又曰：「非仁無為也，非禮無行也，如有一朝之患，則君子不患矣。」〔註35〕君子存心不苟，故無後憂。誠知生死有命，此言明陽明的達觀正守、磊落豁達。所以，陽明並不懼怕太守的震怒所導致的後果，無非是生存環境危害以外，又多了一種死亡的方法而已。孔子行道尚且「造次必於是，顛沛必於是。」〔註36〕這並不能威脅到陽明動搖其心志，使之屈服。《禮記·儒行》用「儒有可親而不可劫也，可近而不可迫也，可殺而不可辱也」〔註37〕來概括儒者浩然正氣的不屈人格，行己有恥的道德自覺顯得鏗鏘有力，這是儒者的風骨，也是一以貫之的儒家文化的重要範疇。書信結尾處，陽明再次感謝毛拙庵的勸諭與告誡，但他選擇堅守自我獨立的人格，不敢懈怠自己所堅持的氣節之守。

劉熙載《藝概·文概》：「文有仰視，有俯視，有平視。仰視者其言恭，俯視者其言慈，平視者其言直。」〔註38〕通觀此文，陽明行文一氣呵成，氣勢如貫。雖位卑微之職，卻侃侃以道義自守。即劉熙載所謂「平視者」之視角，「平視者其言直」之「直」字可解釋為「直接」，即陽明之言是從心中所發，不加修飾，隨感而發，汨汨而出，當止則止。又可解作「正直」，即陽明以禮

〔註33〕（明）王守仁著，（明）施邦曜輯評《陽明先生集要》，第782頁。
〔註34〕（宋）朱熹《四書章句集注》，第230頁。
〔註35〕（宋）朱熹《四書章句集注》，第303～304頁。
〔註36〕（宋）朱熹《四書章句集注》，第70頁。
〔註37〕（清）孫希旦《禮記集解》，第1403頁。
〔註38〕（清）劉熙載《藝概注稿》，中華書局2009年版，第208頁。

自守，不肯卑屈。如鍾惺評曰：「詞義何其侃侃，卻妙在平心和氣，出之全無過激之容。」〔註39〕言語自出於心，溫而不厲，委婉又不失正直，李祖陶亦從行文語言評價道，「起便說得大方後更遊行自在。」〔註40〕這篇書信雖然體制短小，但內容精悍，剖條縷析，層次清晰，簡短有力，既道出了事情曲折，又表明了原則立場，鞭闢入裏，文風健雅。

作為書信體的散文，《居夷集》中還有《與安貴榮書》三書，同樣顯示了陽明的氣節與堅守。面對宣慰使的饋金幣、贈鞍馬、送粟肉，又使圍人代薪水，陽明謝辭金帛而曉論其理。貴榮以從征香爐山，加貴州布政司參政，猶快快薄之，乃奏乞減龍場諸驛以償其功。以及唆使宋氏部落阿賈、阿札叛亂，而擬坐守漁翁之利。陽明與之書信兩封，大義凜然，析其利弊，告論貴榮遵守祖宗法制，遵守君臣禮儀之道而保後世子孫之無虞。武能定乾坤，可能要到七年後的平定贛州賊亂才能證明，但文能安靖邊陲，於此書信便能看出。郭子章《黔記》卷四十二贊道「終貴榮之世，不敢跋扈者，公之功也。」〔註41〕不費一兵一卒而熄其邪謀逆志，文筆之間盡顯大丈夫之胸懷。施邦曜贊曰：「先生之文章即是經濟。」〔註42〕誠然是也。

第三節　《瘞旅文》悲天憫人的情感表達

《文心雕龍・哀弔》言「原夫哀辭大體，情主於傷痛，而辭窮乎愛惜。……隱心而結文則事愜，觀文而屬心則體奢。奢體為辭，則雖麗不哀；必使情往會悲，文來引泣，乃其貴耳。」〔註43〕劉勰論文主張「為情而造文」，反對華而不實，強調真情流露的感人力量。徐師曾《文體明辨序說》：「夫哀之為言依也，悲依於心，故曰哀；以辭遣哀，故謂之哀辭也。」哀辭多用於追悼哀傷時表現其人「或以有才而傷其不用，或以有德而痛其不壽」；而祭文則是一種「祭奠親友之辭」，就文章體式而言，「有韻語，有儷語；而韻語之中，又有散文、四言、六言、雜言、騷體、儷體之不同。」〔註44〕

《瘞旅文》從文體上歸屬於哀祭文，這種文體多是為抒發個人對逝者深

〔註39〕（明）鍾惺《王文成公文選》卷三，明崇禎六年刻本。
〔註40〕（清）李祖陶《陽明先生文選》卷六，道光二十五年刻本。
〔註41〕（明）郭子章《黔記》，西南交通大學出版社2016年版，第946～950頁。
〔註42〕（明）王守仁著，（明）施邦曜輯評《陽明先生集要》，第784頁。
〔註43〕詹鍈《文心雕龍義證》，第472～473頁。
〔註44〕（明）徐師曾《文體明辨》，明刻本。

沉的情感，這種情感是人類恆有的、共同的情感，是人內心深處最為真摯情感的表露。哀祭文的文體性質與功用都呈現出一種私人化傾向，換言之，作者作文紀念的對象，多是自己的至親骨肉或者是相濡以沫的友人，追述逝者生前經歷，讚頌其品德業績，寄託生者的哀思，情感深厚，發聲為詩為文，才會動人至深。而陽明此篇《瘞旅文》，祭奠的對象卻是三個素昧平生的陌生人，陽明並不清楚吏目其子其僕是何人，來自何地，但因這三人橫死異鄉的遭遇寄予深切的同情與悼念。郭英德主編的《中國散文通史·明代卷》評價這篇散文，「通篇以吾、爾對舉，將自己身竄蠻荒之地的無奈與對死者的悲悼一併寫出，真摯感人。」〔註 45〕悲憐他人亦是對自我遭遇的感同身受，安葬與祭奠三人，足以見陽明的悲憫之心。

　　《瘞旅文》一文作於正德四年（1509）七月〔註 46〕，時陽明仍在龍場。這篇祭文的文體形式十分工整，首要交代時間及死者身份，表明祭奠者身份，祭文中反覆使用「嗚呼」「嗚呼傷哉」等感歎詞抒發哀慟之情。這篇散韻結合的祭文，從內容上可以分為兩部分。前部分即第一段，通過敘事手法，結合細節描寫，融入個人現實境遇，表達對吏目三人的哀思。其文曰：

> 維正德四年秋七月三日，有吏目云自京來者，不知其名氏。攜一子一僕，將之任，過龍場，投宿土苗家。予從籬落間望見之，陰雨昏黑，欲就問訊北來事，不果。明早遣人覘之，已行矣。薄午有人自蜈蚣坡來，云一老人死坡下，傍兩人哭之哀。予曰：「此必吏目死矣。傷哉！」薄暮復有人來，云：「城下死者二人，傍一人坐歎。」詢其狀，則其子又死矣。明日復有人來，云：「見坡下積屍三焉。」則其僕又死矣。嗚呼傷哉！念其暴骨無主，將二童子持畚鍤，往瘞之，二童子有難色然。予曰：「嘻！吾與爾猶彼也。」二童憫然涕下，請往。就其傍山麓為三坎埋之，又以隻雞飯三盂，嗟籲涕洟而告之。

開頭便交代了一吏目攜一子一僕自京赴任，途經龍場，陽明欲與之言而未果，次日三人便離開了，所以陽明對三人完全是一個陌生身份，三人對陽明來說，也是「不知其名氏」的陌生身份。接連聽聞旅者三人相繼暴斃於蜈蚣坡，陽明

〔註45〕郭英德、張德建《中國散文通史·明代卷》，安徽教育出版社 2013 年版，第419 頁。

〔註46〕按：嘉靖本《居夷集》的《瘞旅文》開頭第一句：「維正德四年（1509）秋七月三日」。束景南將此文編年定為「正德四年（1509）八月」，見《王陽明年譜長編》，第 527 頁。

－73－

哀此三人不幸遭遇，通過細節的刻畫和白描的手法，如在聽聞老者死去後，其子其僕在旁「哭之哀」，哀慟是因子喪父、僕喪主的直觀反應；死者二人時，其僕「坐歡」，這種傷痛情感已經被掩藏在文字之後，「歡」是其僕對自己生死未殊的無奈；積屍三人，則獨留陽明發出「嗚呼傷哉」的慨歎了，三種情緒的轉換和情感層次的表達，表現出真切且細膩的動容之情。悲人及己，陽明擬將為三人掩埋屍骨，但隨行二僕人不願理會這樣的事情而面有難色，陽明對他們說，「吾與爾猶彼也」，一句話表達出對人生無常的無奈和凄惻之感。鍾惺評《瘞旅文》曰：「悲吏目所以自悲也，故慟。」〔註47〕因為這種情感是疊加的，累積了對子喪父的悲痛，僕喪主的悲戚，對命運無常的感歎，以及推人及己的感同身受的悲痛。陽明不僅掩埋了吏目一家三人的屍骨，還為他們作文祭悼。這種直觀感受到文字的表現越是克制，陽明內心的情感越是翻湧澎湃。

　　第二至五段是第二部分，也是祭文的主體部分，附以兩首長歌韻文，是陽明對亡靈的追問與傾訴，表達哀思與悲慟的同時，又展現出隱忍後的豪宕與曠達，而貫穿其中的是字裏行間蘊蓄了自己不忍人之心的惻隱之心。其辭曰：

　　　　嗚呼傷哉！繄何人？繄何人？吾龍場驛丞餘姚王守仁也。吾與爾皆中土之產，吾不知爾郡邑，爾烏為乎來為茲山之鬼乎？古者重去其鄉，遊宦不逾千里。吾以竄逐而來此，宜也，爾亦何辜乎？聞爾官，吏目耳，俸不能五斗，爾率妻子躬耕，可有也，烏為乎以五斗而易爾七尺之軀？又不足，而益以爾子與僕乎？嗚呼傷哉！爾誠戀茲五斗而來，則宜欣然就道。烏為乎吾昨望見爾容蹙然，蓋不任其憂者？夫衝冒霧露，扳援崖壁，行萬峰之頂，饑渴勞頓，筋骨疲憊，而又瘴癘侵其外，憂鬱攻其中，其能以無死乎？吾固知爾之必死，然不謂若是其速，又不謂爾子爾僕亦遽爾奄忽也。皆爾自取，謂之何哉！吾念爾三骨之無依而來瘞爾，乃使吾有無窮之愴也，嗚呼痛哉！縱不爾瘞，幽崖之狐成群，陰壑之虺如車輪，亦必能葬爾於腹，不致久暴露爾。爾既已無知，然吾何能為心乎？自吾去父母鄉國而來此，二年矣，歷瘴毒而苟能自全，以吾未嘗一日之戚戚也。今悲傷若此，是吾為爾者重而自為者輕也。吾不宜復為爾悲矣，吾為爾歌，爾聽之。歌曰：

　　　　連峰際天兮，飛鳥不通。遊子懷鄉兮，莫知西東。莫知西東兮，

維天則同。異域殊方兮，環海之中。達觀隨寓兮，奚必予宮？魂兮魂兮，無悲以恫！

又歌以慰之，曰：

與爾皆鄉土之離兮，蠻之人言語不相知兮，性命不可期。吾苟死於茲兮，率爾子僕來從予兮。吾與爾遨以嬉兮，驂紫彪而乘文螭兮，登望故鄉而噓唏兮。吾苟獲生歸兮，爾子爾僕尚爾隨兮，無以無侶悲兮。道傍之冢累累兮，多中土之流離兮，相與呼嘯而徘徊兮。餐風飲露，無爾饑兮。朝友麋鹿，暮猿與棲兮。爾安爾居兮，無為厲於茲墟兮。

劉肇虞《元明八大家古文》選此篇文且評論曰：「一惻怛哀矜之意，說來有驚怪，有責備，有割絕，愈轉愈深，言有盡而意無窮。羅應經曰：『公本聖賢之學，言必由中，自成千古至文。』」〔註48〕「惻怛哀矜之意」是無法克制的悲人自悲的情感。所謂「驚怪」是對吏目離家別親萬里赴任的行為不甚理解。「父母在，不遠遊。」古人都有很強烈地安土重遷的鄉土意識，為了五斗俸祿而背井離鄉，實在不是明智之舉。帶領妻兒躬耕隴畝，亦能安穩度日。所謂「責備」是源於既然千里遊宦實屬無可奈何之舉，又安能「爾容蹙然，不任其憂」？中土之人赴任邊陲之地，本來就難以適應氣候瘴癘的侵襲，沿途而來爬山涉水，奔波勞累，而自己又怨念頗深，積鬱心中難以紓解排遣，遺憾三人抱鬱而終。李祖陶《王陽明先生文選》卷七之中評價《瘞旅文》：「總在插入自己，遂生出無端感愴，無限悲傷。歌辭豪宕悱惻，足以貫金石而泣鬼神。」〔註49〕帶著這樣的追問與猜測，陽明的思索與情感也層層傳遞，言有盡而意無窮，讓讀者有種共情的悲哀之感。這是對生命的失去的感傷，但陽明不曾沉浸在這樣悲傷之中，施邦曜曰：「《瘞旅文》讀之令人哀感百集，讀到『未嘗一日之戚戚』，又令人憂思頓忘。」〔註50〕這也是劉肇虞所謂的「割絕」，可以理解為斬斷縈繞心頭悲傷，而重拾曠達自處的心境。陽明與吏目有相似之處，也有不同之處。相似之處乃中土之人，遠家離親於炎荒之地為官，備嘗萬里赴謫的艱辛險阻，這是個人遭遇上的相似；不同之處在於主觀情感的接受與表達，陽明作為流放之人是被迫來此，而吏目或是主動前來的無奈之舉。陽明處此遭遇可以素位而

〔註48〕　（清）劉肇虞輯評《元明八大家古文》，清乾隆刻本。

〔註49〕　（清）李祖陶選注《王陽明先生文選》卷七，道光二十五年刻本。

〔註50〕　（明）王守仁著，（明）施邦曜輯評《陽明先生集要》，第945頁。

行，以豁達開朗的心態積極調整和適應外部的環境，陽明尋找到了化解掉這種悲傷的方法。而吏目處於人生的困境，驚悸憂容，戚戚於個人得失。這也是陽明對吏目死亡的原因的分析，卻也不忍心吏目一家三人客死他鄉，暴屍於野，何況這荒山野嶺「幽崖之狐成群，陰壑之虺如車輪」，這是陽明仁人之心的呈現，不忍所以不能不瘞此三人。長歌當哭，必定是在痛定之後的。陽明於這場「死亡」之中緊抓著對生還的希望，他日若離開此地，吏目也不會一人孤單，還有子僕相隨相伴，還有道旁無名的累累冢骨相與徘徊茲土。陽明在傾吐對逝者的哀悼之餘，生者的悽愴是出於對生命的尊重與悲憫，這也是對生死問題的深度思考。

通觀此篇祭文，在藝術表達上，陽明以真誠惻怛的人情，浸染至文章之中，使得整篇文章文情並茂，感人至深。陽明那種對文字情感表現力的掌控，鬆弛有度，既不顯得悲戚到有怨恨之態，也不顯得達觀至偏離主題。附以兩首韻文，也顯示出奇特的想像，上窮碧落，魂靈渺渺，頗有楚辭之風。以平淡自然的語言，書寫出生死深刻的哲思，善念人心的真摯情感，展現了極富生命力的文采。簡單勾勒出人物的形象，營造悲情唏噓的感人氛圍，展示內心世界的柔軟與仁愛，給讀者巨大的情感感染力。工於抒情而略於敘事，文筆恣意，行文流暢，令人無限回味詠歎。

第四節　《龍場生問答》的問答體及散文特色

用一問一答的方式來言明一個道理，或者傳達一個觀點，是比較通俗易解的。觀先秦諸子之文，多用「問答」方式言事說理，《詩經·齊風·雞鳴》也是一對夫妻的對話，展現日常生活中溫馨的場景，讀之使人動容。談學論道更多地表現為某種「問答」方式，自《論語》開其先河，《孟子》承而繼之，更多地滲透了「問答體」的解釋和闡述方式。在西方亦是如此，如蘇格拉底和柏拉圖往往也採取「問答」「對答」的方式來探討學術或傳播思想。〔註51〕問答這種形式簡潔明快，被後代文學吸收、保留和發揚。至屈原《天問》一文，始為文作此體之始。但《天問》只有問，沒有答，姑且稱之為「追問體」。日本學者鈴木虎雄概述了自屈原以下，漢賦中「問答體」的賦文：

> 騷賦之問答體，屈原等之作，亦以問答體為其本體，屈原之《騷》

〔註51〕（希臘）柏拉圖著，郭斌和等譯《理想國》，商務印書館1986年版。

及《九歌》，可視為借巫之問答體，《騷》雖作韻語，而時以我對「云」，亦資問答。宋玉之對，即為問答而形如賦，以玉之作稱賦，雖為後人之稱，然其實謂之之為賦而無妨，其作於《騷》之六字句外，堆疊四字句，實為漢賦之先驅。〔註52〕

《文心雕龍‧詮賦》：「述客主以首引」〔註53〕。設問對答，是賦體文的主要特徵。漢大賦之中，經常以「主客問答」的體式，一問一答地層層推進作者意圖。如荀子賦《雲》，採取的就是老師與學生之間的問答對話。荀氏賦篇之問答體，原由於隱語之性質而發，在文體中算是獨創一種。宋玉的《答楚王問》，漢以後東方朔《答客難》、楊雄《解嘲》、班固《答賓戲》等，都是由於賦篇而學來的體裁。唐代韓愈倡導古文運動，對後世影響極大，一部分賦體呈現由駢儷返回散體的傾向，形成散文式清新暢快的風格。如蘇軾的《赤壁賦》，說理部分採用的也是「主客問答」的方式。錢基博曾評價陽明之文：「發為文章，緣筆起趣，明白透快，原本蘇軾。」〔註54〕此篇《龍場生問答》簡單直接，論說透徹，頗有蘇文的風格，然陽明不拘文體，雖缺少了賦體文的鋪陳描述，於散文之中也不失為一篇佳作。

《龍場生問答》應是作於正德三年（1508）〔註55〕，這篇文章從內容上看屬於論說文性質，但從其結構與體式著眼，可將其劃分為問答體的類別之中。從文體形式可觀，它採用陽明子與龍場生問答的形式結構全篇，結構完整，層次分明，說理透徹。文章設立一主（陽明子）一客（龍場生），通過六問六答，闡述陽明子的進退之道這一中心思想。文章伊始，便是龍場生開門見山、單刀直入地發問：

> 龍場生問於陽明子曰：「夫子之言於朝侶也，愛不忘乎君也。
> 今者譴於是，而汲汲於求去，殆有所渝乎？」

面對犀利地提問，陽明子沉著冷靜，娓娓道來，陽明子曰：「吾今則有間矣。今吾又病，是以欲去也。」「有間」謂自己所處的境遇不同了；加上身體多病，龍場無藥石可醫，所以想要離開這個地方。龍場生似乎對這個回答並不滿意，

〔註52〕 （日）鈴木虎雄著，殷石臞譯《賦史大要》，山西人民出版社2015年版，第3頁。
〔註53〕 詹鍈《文心雕龍義證》，第277頁。
〔註54〕 錢基博《現代中國文學史（外一種：明代文學）》，商務印書館2011年版，第612頁。
〔註55〕 束景南《王陽明年譜長編》，第474頁。

認為陽明所說理由不過推脫之詞，刨根問底地追問陽明所謂「有間」何謂？曰：

> 龍場生曰：「夫子之以病也，則吾既聞命矣。敢問其所以有間，何謂也？昔為其貴而今為其賤，昔處於內而今處於外歟？夫乘田委吏，孔子嘗為之矣。」

> 陽明子曰：「非是之謂也。君子之仕也以行道。不以道而仕者，竊也。今吾不得為行道矣。雖古之有祿仕，未嘗奸其職也。曰牛羊茁壯，會計當也。今吾不無愧焉。夫祿仕，為貧也，而吾有先世之田，力耕足以供朝夕，子且以吾為道乎？以吾為貧乎？」

龍場生步步緊逼，層層深入，似乎不給陽明留有喘息機會，言陽明因病想離開龍場難道不是陽明的藉口嗎？龍場生推測陽明所謂的「境遇」不同，實則是之前在朝堂而如今在荒野，以前地位尊貴而今身份卑微？孟子嘗曰：「孔子嘗為委隸矣，曰會計當而已矣。嘗為乘田矣，曰：『牛羊茁壯長而已矣。』」（《孟子‧萬章下》）此處用聖人也為小官，言外之意乃是陽明為何不能老實待在龍場做驛丞呢？一連串的發問，彷彿有難倒陽明子之意。顯然，陽明子並非貪戀祿位之人，他以君子仕為理想，以行道與否為衡量進退的標準。陽明善用反問，把握話語的主動權。謂古之人或有因家境貧寒而取俸祿，但陽明子「吾有先世之田，力耕足以供朝夕」，其反問龍場生「以吾為道乎？以吾為貧乎？」答案自然是顯而易見的了。然而被貶龍場非陽明主動退隱，而是不得已被動的選擇，故龍場生繼續追問：

> 龍場生曰：「夫子之來也，譴也，非仕也。子於父母，惟命之從，臣之於君，同也。不曰事之如一，而可以拂之，無乃為不恭乎？」

> 陽明子曰：「吾之來也。譴也，非仕也。吾之譴也，乃仕也，非役也。役者以力，仕者以道，力可屈也，道不可屈也。吾萬里而至，以承譴也，然猶有職守焉。不得其職而去，非以譴也。君猶父母，事之如一，固也。不曰就養有方乎？惟命之從而不以道，是妾婦之順，非所以為恭也。」

> 龍場生曰：「聖人不敢忘天下，賢者而皆去，君誰與為國矣！」

> 曰：「賢者則忘天下乎？夫出溺於波濤者，沒人之能也；陸者冒焉，而胥溺矣。吾懼於胥溺也。」

龍場生敏銳地抓住了陽明所說「譴」「仕」，即主動和被動之間的區別。陽明對

此解釋道，我雖然是承譴而來，但依舊是朝廷任命的官吏，這種身份就是與仕的象徵。但細分「仕」與「役」的區別在於，仕可以行道，即為官實現自我的人生理想。當這種理想無法成為現實的時候，這種身份反而成為了一種枷鎖，即「役」。因此，應該「以道進退」，而非對於政治權威唯命是從。「就養有方」典出《禮記·檀弓上》：「事親有隱而無犯，左右就養無方，服勤至死，致喪三年。事君有犯而無隱，左右就養有方，服勤至死，方喪三年。」〔註56〕事君猶如父母，存恭敬之心，但方法是不同的。若對待君主像妾婦對待丈夫一樣唯命是從，此為君子所不為也。陽明《去婦歎》其五之中早發此心跡：「離居寄岩穴，憂思託鳴琴。朝彈別鶴操，暮彈孤鴻吟。彈苦思彌切，巑岏隔雲岑。君聽甚明哲，何因聞此音？」龍場生繼續追問到，若聖賢之人都皆隱去，那麼由誰來治理天下？陽明子在此非常巧妙的使用了一個比喻，他將自己比喻成一個「陸者」，即不會游泳的人，將入仕的賢者比喻成「溺於波濤」之人，若不考量自我的實力，而一味跟隨遊人出入波濤駭浪之中，反而會被殞身之險。陽明子道明了心跡，龍場生鞭策入裏地指出賢者是否應該「惟所用」，因此追問：

> 龍場生曰：「吾聞賢者之有益於人也，惟所用，無擇於小大焉。
> 若是亦有所不利歟？」

> 曰：「賢者之用於世也，行其義而已。義無不宜，无不利也。不得其宜，雖有廣業，君子不謂之利也。且吾聞之，人各有能有不能，惟聖人而後無不能也。吾猶未得為賢也，而子責我以聖人之事，固非其擬矣。」

> 曰：「夫子不屑於用也。夫子而苟屑於用，蘭蕙榮於堂階，而芬馨被於几席。萑葦之刈，可以覆垣；草木之微，則亦有然者，而況賢者乎？」

> 陽明子曰：「蘭蕙榮於堂階也，而後芬馨被於几席；萑葦也，而後可刈以覆垣。今子將刈蘭蕙而責之以覆垣之用，子為愛之耶？抑為害之耶？」

龍場生接著論賢者不選擇是大用還是小用，只要有利於人的事情，賢者都會去做。若如陽明子所說，賢者避世，那麼是否賢者有「不利」於人之用？這個問題可謂是十分尖銳了，陽明子再次強調本文之中心思想，即賢者用世以是否「行

其道義」為唯一衡量之標準。陽明子博引孟子的「義利之辯」，認為義無不宜，君子有所為有所不為。孟子曰：「人有不為也，而後可以有為也。」「有為」與否是從主觀心底的自我選擇。「有能」是從個人客觀所具備的能力到達與否的一個外在衡量。陽明子謙虛地表示自己尚不能為賢者之事，而龍場生寄之以聖者之任，這是自己力所不能及的。龍場生亦巧立比喻，將陽明子比喻成蘭蕙，將陽明之德行比喻成蘭蕙之香氛，認為陽明子若如蘭蕙般列於朝堂之上，其君子之德就可以浸潤周邊的人。既使割下的蒮草葦草，也可作蓋牆之用，微不足道的草木也可根據本身不同作用發揮各自的功效，又何況賢者呢？因此陽明只是不屑於用世為官。陽明對此的回應是，物各其用，固然也。但對自己定位不明，「今子將刈蘭蕙而責之以覆垣之用」這種舍本求末的行為所導致的結果反而是南轅北轍。最後以反問句「子為愛之耶？抑為害之耶？」鏗鏘擲地，留下似與商榷，但答案已顯然可見了的空間，發人深省。

　　吳訥《文章辨體·問對》：「問對體者，載昔人一時問答之辭，或設客難，以著其意者也。」〔註57〕施邦曜論《龍場生問答》時說：「先生龍場之謫，出於害己者之謀，故假問答以志遠不忘君之意。」〔註58〕龍場生實非確有其人，而是陽明假之以名，對自我本心的追問。這裡便出現了兩個王陽明，一個是受現實陶冶而漸識時務的自我，即假名龍場生。一個是進行自我批判和道德控制的理想化的超我，即陽明子。〔註59〕龍場生之發問和追問絲絲入扣，步步緊逼，實則是王陽明對內心的追問和探索；陽明子回答言事生動、析理嚴密，實際是尋求得理想奧義並形諸於言的呈現。兩人一來一回、一問一答，彷彿上一臺正在上演的舞臺劇。此篇散文整體來觀，其特色就是條理清晰、言辭平易，論述精闢，見解獨到，而且描寫生動，頗有情致。邏輯之嚴謹，句式亦整飭連貫，聲調鏗鏘有力，比喻妙筆生花，以鮮明的感情與逼真的形象來說明自己的觀點。旁徵博引，層層剖析。句式上長短參差，整散結合，或比喻，或鋪陳，或感歎，或詰問，意脈貫通，詞鋒犀利，一氣呵成，流轉自如，戛然而止。詞約義豐向雄辯暢達。緊接著以蘭蕙為喻，提出一個貫穿全篇的中心思想。整篇文章巧用問答的形式來表達觀點，把抽象的道理闡述得具體且生動，從而更具有真情實感。

〔註57〕（明）吳訥《文章辨體序題疏證》，人民文學出版社2016年版，第220頁。
〔註58〕（明）王守仁著，（明）施邦曜輯評《陽明先生集要》，第917頁。
〔註59〕（奧）西格蒙德·弗洛伊德《自我與本我》，上海譯文出版社2011年版，第217頁。

第四章　《居夷集》對經學文本的融攝

　　韋勒克在論述文學與思想時曾說:「文學可以看作是思想史和哲學史的一種記錄,因為文學史與人類的理智史實平行的,並且反映了理智史。」[註1]從內容上看,思想與哲學伴隨著文學作品問世,這與傳統的「文以載道」異曲同工,文學是載體,所表達的思想內容借助文學這一載體得以廣泛傳播。從形式上看,文學作品有著思想史與哲學史所難以具備的藝術特徵與審美情趣。而「居夷處困」之時,既是王陽明思想上的轉變期(心學的形成期),也是其詩文創作的轉變期,此時的詩文則記敘了其心靈發展和變化的過程。

第一節　龍場悟道與王陽明詩文風格之嬗變

　　左東嶺《龍場悟道與王陽明詩歌體貌的轉變》一文論述龍場悟道與陽明詩歌前後的轉變,其是以陽明畢生詩歌為整體俯瞰,這種變化就較為顯著。但「龍場悟道」不應是涇渭分明的一個分水嶺,陽明的思想指導其文學創作,或者文學作品反映其思想的轉變,都應是一個漸進、反覆、曲折地探索過程,而非一蹴而就的,這應是值得引起我們注意的。

　　關於「龍場悟道」,錢德洪《年譜》中記載:「忽中夜大悟格物致知之旨,寤寐中若有人語之者,不覺呼躍,從者皆驚。」[註2]鄧艾民認為王陽明這個覺悟,是他在當時條件下對人性的自覺,對人的內在力量的真正體驗。[註3]

〔註1〕（美）勒內・韋勒克、奧斯汀・沃倫著,劉象愚等譯《文學理論》,浙江人民出版社 2017 年版,第 102 頁。
〔註2〕（明）王守仁撰,吳光、錢明等編校《王陽明全集》,第 1354 頁。
〔註3〕鄧艾民《朱熹王守仁哲學研究》,華東師範大學出版社 1989 年版,第 91～92 頁。

秦家懿則認為讓陽明身心俱疲的龍場生活，是「陽明從放逐之中獲得常所冀求的遁世生活，亦能盡得所學。自此其搖擺顛簸之時期已然過去，政治活動和獨自靜坐亦不再成矛盾。」〔註4〕董平則論述，「就陽明的『龍場悟道』而言，其實質是對自我之心與宇宙之道的本質同一性的確認，是對自我之心作為天下事理之本原的確認。它不僅標誌著其主體意識的最終覺醒，而且亦標誌著其存在實性的終極澄明。」〔註5〕從文字描述來看，陽明悟道是「頓悟」，因為「悟道」從行為上來看，是一瞬間完成的，因此稱之為「頓悟」有一定的道理。這樣的描述，不免有弟子渲染誇張的成分，造成的理解也可能有失偏頗。

自弘治十五年（1501）陽明漸悟仙、釋之非，到弘治十八年（1504）與湛若水京師定交，共倡聖學，至龍場悟道，應該是陽明長期思考沉澱的一個爆發。在龍場這個外部艱難環境之中，雖有助於陽明砥礪心性，有充分的時間究其所得，但也只是外部的推動因素，從主體內部的層面，悟道仍可以說是「漸悟」而得。在王陽明自己回顧時，說「其後謫官龍場，居夷處困，動心忍性之餘，恍若有悟。體念探求，再更寒暑，證諸五經四子，沛然若決江河而放諸海也。」也證實了「動心忍性之餘，恍若有悟」的「悟道」是一個漸進的過程，王陽明「悟道」的過程更有一個驗證的過程，「體念探求，再更寒暑，證諸五經四子，因著《五經臆說》」。但不可否認的是，陽明漫長探索過程中的逐漸量變，沉澱思想的爆發「龍場悟道」，確實是其哲學思想上的飛躍，在這一過程中，自然也影響著陽明的文學創作。

導致居夷的政治事件，賦予了王陽明一種全新的人生體驗與心靈震盪，其眼界與心胸的開闊，使其詩風文風逐漸發生了轉變。龍場悟道思想的煥然，也使得王陽明的詩文創作之中，多添了一些儒者氣息。散文創作在內容上，仍以載道為主，這符合陽明作為理學家對文章的要求。但在文體形式上，陽明居夷以後的散文創作眾體兼備，早期多為濟世經國的實用文體，由廟堂之文逐漸向山林之文轉變。悟道後的詩歌創作，已經不同於早期詩歌中摹景狀物的直觀描寫，在藝術表現手法上更加多元化，其詩歌風格也隨著他精神情感上的不同而轉變。

〔註4〕秦家懿《秦家懿自選集》，山東教育出版社 2005 年版，第 333 頁。
〔註5〕董平《王陽明的生活世界》，中國人民大學出版社 2009 年版，第 31 頁。

一、龍場悟道前的詩文創作

　　湛若水為陽明撰寫墓誌銘時，曾概括陽明思想脈絡，「初溺於任俠之習；再溺於騎射之習；三溺於辭章之習；四溺於神仙之習；五溺於佛氏之習。正德丙寅，始歸於聖賢之學。」〔註6〕正德丙寅（1506年）這一時間節點，是陽明人生之中的一個重要的轉捩點。正德丙寅（1506年）之前的王陽明，作為文人這一身份進入文學視野，當始於登進士第後寓京師，與茶陵派、前七子等人詩文唱和交遊。〔註7〕弘治五年（1492），陽明格竹失敗而「隨世就辭章之學」〔註8〕，至弘治十五年（1501），（陽明）歎曰：「吾焉能以有限精神為無用之虛文也！」〔註9〕凡約十年的時間，即陽明「溺於辭章之習」的階段，陽明自稱其為馳騁詞章的「上國遊」時期，並且有文稿曰《上國遊》。〔註10〕錢德洪在《刻文錄序說》中也曾概括，「先生之學凡三變，其為教也亦曾三變。少之時馳騁於辭章；已而出入於二氏；繼乃居夷處困、豁然有得於聖人之旨，是三變而至於道也。」〔註11〕清初文壇盟主錢謙益曾評價陽明曰：「與李空同諸人遊，刻意為詞章。」〔註12〕刻意，應理解為「有意致力於」，因為陽明是將辭章之學當作進益聖賢之道的途徑。因為陽明弟子錢德洪等人在編《文錄》時，剔除了大量陽明「泛濫辭章之學」的詩文作品，惜陽明早期詩文多不存於世，難以探得全面風貌，只能以現存可觀的詩文略加管窺其詩文之風貌。

　　首先，在創作題材上，前期的詩文多是暢遊山水的寫景記遊之作，雅好山水是貫穿陽明一生的愛好，但就此時來觀，陽明詩作表現範圍較窄，如在遊覽九華山所作詩：

　　　　凌崖望雙峰，蒼茫竟何在？載拜西北風，為我掃浮靄。（《雙峰》）

〔註6〕　（明）王守仁撰，吳光、錢明等編校《王陽明全集》，第1538～1539頁。
〔註7〕　（明）王守仁撰，吳光、錢明等編校《王陽明全集》，第1555～1556頁。《陽明先生行狀》：「己未登進士，觀政工部。與太原喬宇、廣信汪俊、河南李夢陽、何景明、姑蘇顧璘、徐禎卿、山東邊貢諸公以才名爭馳騁，學古詩文。」李夢陽《朝正唱和詩跋》：詩倡和莫盛於弘治，蓋其時古學漸興，士彬彬乎盛矣，此一運會也。余時承乏郎署，所與倡和則揚州儲靜夫……餘姚王伯安，濟南邊庭實……諸在翰林者，以人眾不敘。
〔註8〕　（明）王守仁撰，吳光、錢明等編校《王陽明全集》，第1349頁。
〔註9〕　（明）王守仁撰，吳光、錢明等編校《王陽明全集》，第1351頁。
〔註10〕　束景南《王陽明年譜長編》，第157頁。
〔註11〕　（明）王守仁撰，吳光、錢明等編校《王陽明全集》，第1745～1746頁。
〔註12〕　（清）錢謙益《列朝詩集小傳》，第380頁。

夜靜涼颷發，輕雲散碧空。玉鉤掛新月，露出青芙蓉。(《蓮花峰》)

靈峭九萬丈，參差生曉寒。仙人招我去，揮手青雲端。(《列仙峰》)

雲門出孤月，秋色坐蒼濤。夜久群籟絕，獨照宮錦袍。(《雲門峰》)

一連四首詩，展現了秋月裏別樣的山峰風光，表現了詩人對九華山奇峰怪石的喜愛。第一首是以詩人之眼從遠且高的角度眺望雙峰，卻被雲霧氣氳遮擋難以望見。詩人望而不得，期望來一場西北風，掃盡眼前之浮靄，以窺得雙峰全貌。第二首是以詩人之眼仰視蓮花峰，夜幕下的山峰在新月的月光之中，猶如一朵綻放的芙蓉花。第三首以誇張的口吻和奇特的想像，將山峰比喻成招手的仙人，寫出列仙峰的高和奇。第四首用視覺與聽覺的雙重感官，感受雲門峰的靜謐表達詩人的孤寂之感。

此時的陽明不僅沉溺於詞章之學，熱衷於文學創作，也曲入於仙釋來尋求入聖之道。三十五首《歸越詩》中，有十餘首寫於佛教禪寺或是與道教相關的風景名勝。如《夜宿無相寺》一首：

春宵臥無相，月照五溪花。掬水洗雙眼，披雲看九華。

巖頭金佛國，樹杪謫仙家。彷彿聞笙鶴，青天落絳霞。

無相寺，是佛教聖地，在九華山頭陀嶺下。[註13]詩人從視覺與聽覺兩方面，對無相寺周圍環境作了描寫。在詩人眼裏，皎潔的月色散落在禪寺之上，如同一層精光閃現的佛衣。而九華山上的松濤之聲，如同仙界傳來的悅耳動聽的管絃絲竹之仙樂。這是陽明對仙釋之道進益為聖賢之道的嚮往與探索。

其次，在藝術特色上，陽明才氣高，多有好奇求詭的任性使才之作，詩文意象與典故的選擇多詭譎奇特。如《遊牛峰寺四首》其一：

洞門春靄蔽深松，飛磴纏空轉石峰。

猛虎踞崖如出柙，斷螭蟠頂訝懸鐘。

金城絳闕應無處，翠壁丹書尚有蹤。

天下名區皆一到，此山殊不厭來重。

「蔽」和「轉」二字用如使動，使得詩意呈現更富曲折韻味。「猛虎踞崖如出

〔註13〕 （明）顧元鏡《九華山志》，明崇禎二年刻本。卷二：「舊為王季文書堂。季文臨終呼隣僧智英至舍，為寺英乃開山主人也。宋治平元年賜額。」

枰，斷螭蟠頂訝懸鍾」讀來詰屈拗口，用字也生僻。前句取典於「虎兕出柙」，《論語・季氏》：「孔子曰：『……虎兕出於柙，龜玉毀於櫝中，是誰之過與？』」〔註14〕但陽明只師其辭未師其義，將山石的外形與山峰的險峻比喻成出籠的猛虎，無論從視覺還是心理感覺上，給人一種意想不到的驚心之感，顯得格外獨特。後句是將山石比喻成「懸鍾」，而枯枝蔓藤環繞其而生。想像奇特，語言誇張，令人歎服。其外，「山空仙骨葬金槨，春暖石芝抽玉芽」「月明猿聽偈，風靜鶴參禪」（《化城寺六首》其三、其四）也都是陽明任氣使才之句。

陽明於詩歌體式並不深究，只是隨性而抒情，不拘詩體。在同一組詩之中也常雜用，如《又四絕句》，前兩首是五言絕句，後兩首是七言絕句。陽明早期的五言詩居多，這固然受復古思潮的影響，模仿漢樂府五言古詩的意象與字詞，帶有強烈的復古傾向；也因五言古詩對仗聲律約束較小，又不拘長短，利於抒情。總體來說，陽明於詩文風格上，不拘格律，重在摹景抒情，加之早年好仙尋道，詩中多有飄逸的豪俠之氣。他曾有詩《李白祠二首》，抒發對詩仙李白的崇敬之情，第二首詩曰：

> 謫仙樓隱地，千載尚高風。雲散九峰雨，岩飛百丈虹。
>
> 寺僧傳舊事，詞客弔遺蹤。回首蒼茫外，青山感慨中。

首句便直言對李白高尚品格的讚賞。其次便是對李白祠堂外，特定的山色景光的生動描繪，充溢著詩人醉心於山水、徜徉於文豪之地的興奮愉悅之情。詞客即陽明自指，其出入於寺廟之中，憑弔古人的雅事，共歷一地而彷彿穿越千年的時光，故詩尾頗有無限感慨之意。與杜甫的《樂遊園歌》詩：「此身飲罷無歸處，獨立蒼茫自詠詩。」有著異曲同工之妙。

而這一時期陽明的散文創作，從文體上可分類為：賦、序、記、疏和墓誌銘。較能代表王陽明文學造詣的是繼承楚辭風格與漢賦特色的兩篇騷體賦《太白樓賦》和《九華山賦》。陽明為文好逞才氣，直抒胸臆，故賦體文鋪陳直敘的風格，結合陽明新奇的構思，摹景狀物細緻，文筆氣勢磅礴，呈現出恢宏遠大的氣格。

弘治九年（1496），陽明會試下第，於是年九月歸餘姚〔註15〕，途經山東濟寧，登太白樓，作《太白樓賦》詠懷。這篇賦分為四段，第一段點明了時間與地點，及其登上太白樓之後的目力所見的景象。第二段回顧先賢聖哲的經歷，

〔註14〕 （宋）朱熹《四書章句集注》，第 171 頁。
〔註15〕 束景南《王陽明年譜長編》，第 108 頁。

不得見用於時的悲憤，結合陽明再次會試下第，實乃「為忌者所抑」的經歷，
更能理解陽明的這種壯志難酬的心理。第三段是抒發自己的情感，對自己現狀
的思考與規勸，為更好理解此文，擬錄於下：

> 進吾不遇於武丁兮，退吾將顏氏之簞瓢。奚麵蘗其昏迷兮，亦
> 夫子之所逃。管仲之輔糾兮，孔聖與其改行。佐璘而失節兮，始以
> 見道之未明。睹夜郎之有作兮，橫逸氣以徘徊；亦初心之無他兮，
> 故雖悔而弗摧。吁嗟其誰無過兮，抗直氣之為難。輕萬乘於褐夫兮，
> 固孟軻之所歎。曠絕代而相感兮，望天宇之漫漫。去夫子其千祀兮，
> 世益隘以周容。媒婦妾以馳騖兮，又從而為之吮癰。賢者化而改度
> 兮，競規曲以為同。

從對李白遭遇的同情轉而化為對自己的慨歎。不能見用於明君，不如退處安貧
樂道的陋巷之中。這種仕隱情節是王氏家族傳承之中的重要一環，也是王陽明
用以寬慰自我的一種方式。王陽明借用李白遭嫉的典故，暗指自己的科舉失敗
的原因亦如李白一樣，是遭群小妒忌而致失敗。離開太白樓之後，陽明在舟中
遠看高樓消失在青山之中，鏗然結尾，留有餘音。這篇賦文雖然是擬《離騷》
而作，通觀全文，卻不像《離騷》憤懣牢騷之怨，頗有李白飄逸磊落的豪放之
風。

　　綰結來說，王陽明前期的詩文創作，流連於文人之氣。這一階段他的人
生順風順水、波瀾不驚，暢意詩文以為樂事，但這種雖然與當時眾多文人交遊
唱和，也限制了詩文題材的選擇，限制了其文學表現範圍。在藝術特色上，注
重對文采的追求，善於對描摹之物的外形塑造，手法較為單一。在感情表達上，
直抒胸臆，流於淺薄直白外露，缺乏動人心魄的渾厚力量。

二、悟道後詩文風格的漸變

　　倪宗正嘗謂：「陽明詩文起初亦出自何李之門，不數年乃能跳出何李窠臼，
自成一家。嗚呼！當世若陽明者，真可謂豪傑之士也。」〔註16〕陽明早年的暢
遊經歷，加之與李何的詩歌唱和，使得他於詩歌創作上不得不受這股復古思潮
的影響。誠如倪宗正所言，陽明不假數年便跳出了復古窠臼，這其中曲折變化
與陽明的政治遭挫，謫居龍場密切相關。詩言志，詩歌是人之性情的體現與反
映，詩文之風格也隨著作者的遭遇與心境的不同，思想上的新知而發生變化。

〔註16〕（明）倪宗正《倪小野先生全集》，清文淵閣四庫全書本。

　　政治上的挫敗，對於極為自信的陽明不啻一次沉重打擊，此時獄中和赴謫詩中，充滿著深切的憂患意識，也是陽明對自我前途和命運的未知而憂慮，如擬《詩經》而作的《有室七章》。啟程赴謫後的陽明，於詩文之中時時生出歸隱之念，「攜汝耕樵應有日，好移茅屋傍雲山」(《赴謫次北新關喜見諸弟》)「移家便住煙霞壑，綠水青山長對吟」(《憶別》)「行藏無用君平卜，請看沙邊鷗鷺群」(《玉山東嶽廟遇舊識嚴星士》)，這樣的心境固然有著複雜的形成原因，但這也是陽明在思索未來道路嘗試。這種詩文風格確實與仙風道骨的飄逸文風大相徑庭，但也未形成觸景傷情、孤寂落寞的感傷之意。值得引起我們注意的是，陽明途徑江西萍鄉之時，拜謁周濂溪祠〔註17〕所作的詩：

> 木偶相沿恐未真，清輝亦復凜衣巾。
>
> 簿書曾屑乘田吏，俎豆猶存畏壘民。
>
> 碧水蒼山俱過化，光風霽月自傳神。
>
> 千年私淑心喪後，下拜春祠薦渚蘋。

《孟子·萬章下》記載孔子也曾做過苑囿之吏的小官，用此典擬比慶曆元年周敦頤攝蘆溪鎮示徵局之事。〔註18〕也暗含陽明此任亦為龍場驛丞的小官，但也要有聖人之志，造福於當地百姓的自我期望。《莊子·雜篇·庚桑楚》：「老聃之役有庚桑楚者，偏得老聃之道，以北居畏壘之山。其臣之畫然知者去之，其妾之挈然仁者遠之。擁腫之與居，鞅掌之為使。居三年，畏壘大壤。畏壘之民相與言曰：『庚桑子之始來，吾灑然異之。今吾日計之而不足，歲計之而有餘。庶幾其聖人乎！子胡不相與尸而祝之，社而稷之乎？』」「碧水蒼山俱過化，光風霽月自傳神」《孟子·盡心上》：「夫君子所過者化，所存者神，上下與天地同流，豈曰小補之哉？」朱熹注：「君子，聖人之通稱也。所過者化，身所經歷之處，即人無不化。」〔註19〕「光風霽月」是黃庭堅《濂溪詩序》：「春陵周茂叔，人品甚高，胸中灑落，如光風霽月。」對周敦頤人品高潔、胸襟開闊的讚賞之句。王陽明對濂溪的仰慕之情，讚賞其外可化天下萬物，已有私淑前賢，以道自任的聖人之志。

〔註17〕　《雍正江西通志》卷一百八：「周濂溪祠，在萍鄉蘆溪鎮。昔周子謫鎮監稅，名士多從之遊，後人遂立祠於鎮之橋東。」

〔註18〕　（宋）度正《周敦頤年譜》：「慶曆元年辛巳，先生時年二十五歲。時分寧縣有獄，久不決，先生至，一訊立辨。邑人驚詫曰：『老吏不如也。』由是士大夫交口稱之。嘗被臺檄攝袁州蘆溪鎮市徵局，袁之進士來講學於公齋者甚眾。」

〔註19〕　（宋）朱熹《四書章句集注》，第360頁。

　　但邊陲夷地的殘酷環境，使得陽明志向未有施展之處。初至龍場之詩，多有寄寓自己理想，將自我人格融於外物，借所詠之物表達自我志趣情操的詠物言志詩。託物寄情，用隱喻的藝術手法表達作者的一種自我書寫，如《鸚鵡和胡韻》：

> 鸚鵡生隴西，群飛恣鳴遊。何意虞羅及？充貢來中州。
> 金絛縻華屋，雲泉謝林丘。能言實階禍，吞聲亦何求！
> 主人有隱寇，竊發聞其謀。感君惠養德，一語思所酬。
> 懼君不見察，殺身反為尤。

胡，即指胡少參，名胡拱。〔註20〕陽明所次韻胡少參的詠物詩一連三首，另外二首分別為《鳳雛次韻答胡少參》和《艾草次胡少參韻》。詩中固然飽含陽明身世深意，也只有與相知之友委言心曲。鸚鵡可效人言，正如陽明上疏勸言而招致罪禍。心繫武宗被宦官蒙蔽之憂患，故有「主人有隱寇，竊發聞其謀」之舉，實暗指正德元年（1506）的政治事件。鸚鵡尚且感念君主的惠養之德而「發聞其謀」，陽明亦直言諫章，卻慘遭獲罪而下獄、謫荒。此三首詩都影射了廊廟之人的黑白不分，而以詠物隱喻自我形象的書寫與表達，這種曲折深沉的情感是前期詩歌中所沒有的。

　　居夷的外部環境為其提供了一個契機，而深究其根，詩風文風的轉變仍是作者主觀意圖對詩文創作的主動選擇的結果。思想上的從容，表現在詩文之中，恬淡靜謐的田園風格，這是陽明謫居龍場最與眾不同的創作，也是王陽明一生之中難得的經歷。在詩文題材上，陽明因心境的寬適與視野的擴展，而變得更為廣泛與豐富。有親近自然，用細膩筆觸狀靜謐的山林與萬物的化機，表現出對平靜生活的嚮往的山水田園詩，如《村南》：

> 花事紛紛春欲酣，杖藜隨步過村南。
> 田翁開野教新犢，溪女分流浴種蠶。
> 稚犬吠人依密槿，閒鳧照影立晴潭。
> 偶逢江客傳鄉信，歸臥楓堂夢石龕。

詩中的作者是一位悠閒的形象，他信步行走在春意正濃的鄉村小路。他看到農夫在田地裏開墾土地，婦女在溪水邊分流選蠶，一幅春日農耕景象躍然眼前。

〔註20〕《嘉靖貴州通志》：「左參議，胡拱，南京人。」《明武宗實錄》卷十八：「正德元年（1506）十月甲寅（初九），升南京戶部郎中胡拱為貴州布政司左參議。」筆者注：諸多注本作胡洪，推測因字形相近而誤。

依著籬笆對陌生人狂吠的小狗，以及倒映在水面上悠閒的野鴨，一幅平靜生活的狀貌。陽明安居這階段的詩風，明顯受陶淵明歸園田居的影響。自我心胸的曠達，無不體現在詩文的清新雅麗之中。這首詩作於正德四年（1509）春，此時陽明已離家三年有餘，思鄉念親之情也時時在陽明詩文之中出現。謫黔蠻荒，客居龍場的所聞所感，成為陽明四年家人的外物觸動，但每逢佳節，這種自然親近的情感總會冒出，抒發對家鄉、親人的思念的羈旅思鄉詩，如《元夕二首》其一：

> 故園今夕是元宵，獨向蠻村坐寂寥。
> 賴有遺經堪作伴，喜無車馬過相邀。
> 春還草閣梅先動，月滿虛庭雪未消。
> 堂上花燈諸弟集，重闈應念一身遙。

一個「故」字，淋漓展現了詩人的失落感。一個「獨」字，展現了詩人流離他所又逢佳節的孤獨感，身邊只有經書為伴，而無友人往來的應酬。思念故鄉之情在自己孤寂感的映襯下，顯得愈發沉重。詩人想像著故鄉的堂前，諸位親人都聚集在雙親身邊，熱鬧非凡，想必父親祖母也會掛念獨自一身於萬里之遙的自己吧。詩人掛念親人，卻於詩人曲折表達親人思念自己，這樣一來，顯得這份親情更加濃厚，思親之情也更動人。客居異鄉，思親之念時時出現在詩中，「乘興最堪風雪夜，小舟何日返山陰」（《雪夜》）「石門遙鎖陽明鶴，應笑山人久不歸」（《來仙洞》）「料得重闈強健在，早看消息報窗梅」（《冬至》）但細論陽明思親之詩，其情感表達十分克制，並未流露於愁苦情懷。

在藝術特色上，求新求奇與模擬復古的追求轉而為悟道後的哲人心境，詩中時時展現出自樂自適的情懷，呈現出一種物情自適的淡然灑脫和物我兩忘的高遠精微之特色。《秋夜》：

> 樹暝棲鳥喧，螢飛夜堂靜。遙穹出晴月，低簷入峰影。
> 窅然坐幽獨，怳爾抱深警。年徂道無聞，心違跡未屏。
> 蕭瑟中林秋，雲凝松桂冷。山泉豈無適，離人懷故境。
> 安得駕雲鴻，高飛越南景。

從詩題可知，此詩作於秋天的一個夜晚。王夫之《明詩評選》有且僅有這一首陽明詩歌，總體評此詩曰：「沉實清冽」。「沉實」，是對詩歌思想上的概括，「清冽」則是對詩歌中清澄寒涼的意象的描述。陽明對秋景的描寫，僅僅截取了兩種物象：一是作用於聽覺上的「喧翼」一是作用於視覺上的「晴月」。就構成

了一幅秋夜場景：寂靜的夜晚更加襯托出棲鳥的喧鬧，在詩人眼中，深夜中的樹彷彿也睡去，但詩人卻毫無睡意，看流螢四飛。天空的一輪清朗皎月和近處的峰姿綽約，詩中呈現出一幅遠近結合的宏大意境。「怵爾抱深警」，悽愴的環境勾起思親之念，進而心中泛起深深的警戒。《禮記·祭統》：「心怵而奉之以禮。」鄭玄注：「怵，感念親之貌也。」孫希旦注曰：「乃由思親之心先動於中。」〔註21〕深秋、明月，勾起了陽明對故鄉的思念，但這種隱而忍發的情感，又激發出詩人的堅強意志，呈現出一種坦蕩心境。王夫之又說，「離人懷故境」一句「正使三謝操觚，未易造此。」〔註22〕三謝詩歌清麗典雅，王夫之從詩歌語言藝術上，給予了陽明詩高度的評價與讚賞。「安得駕雲鴻，高飛越南景」，內心深處積蘊情感迸發，肆意想像若能駕雁北飛，返身歸鄉，使得詩歌意境更為闊闊，也是給自己一種快慰的希望。

由傅璇琮、蔣寅主編的《中國古代文學通論·明代卷》評陽明詩曰：「……詩人能卓然自立而直抒胸臆。王守仁作為明中葉王學（心學）的開創者，詩歌內容也相當豐富，或暴露社會黑暗，或反映民生疾苦，或抒寫心中憂憤，自然真率，無矯飾之氣。但其後期詩歌偏重用抽象思維言志，陷於概念化之失。」〔註23〕因為人生際遇的豐富，詩歌的內容與題材也不斷在擴充。詩歌風格也因不同境遇和心理的變化而呈現出多元化。王陽明作為詩人的角色，是於《居夷詩》後方才顯示出自身詩歌創作的獨特性。

作於此時的散文，也是不同於早期崇尚李白仙風道骨的飄逸之風，而呈現出復歸儒者情懷豐富的情感特色。文體中議論的深度、廣度都有著明顯地增加和擴寬。眾體皆備，題材廣泛，內容繁複，具有鮮明的藝術個性。首先在散文內容上，有以理服人的《答安宣慰》三書，氣節不移的《答毛憲副》，也有夫子自道的《何陋軒記》，寄寓儒家君子理想的《君子亭記》，也有研易悟道的《玩易窩記》，也有悲天憫人的《瘞旅文》。存乎進退之道的《送毛憲副致仕歸桐江書院序》，表達聖學觀與舉業觀的《重刊文章軌範序》等等。作於此時的散文華章辭藻奪人眼球，其言辭誠懇動容。舉《遠俗亭記》為例：

　　　俗習與古道為消長。塵囂澗濁之既遠，則必高明清曠之是宅矣，

〔註21〕（清）孫希旦《禮記集解》，第 1236 頁。
〔註22〕（清）王夫之《明詩評選》，上海古籍出版社 2011 年版，第 116 頁。
〔註23〕傅璇琮、蔣寅主編《中國古代文學通論·明代卷》，遼寧人民出版社 2016 年版，第 31 頁。

此「遠俗」之所由名也。然公以提學為職，又兼理夫獄訟軍賦，則
彼舉業辭章，俗儒之學也；簿書期會，俗吏之務也，二者皆公不免
焉。捨所事而曰「吾以遠俗」，俗未遠而曠官之責近矣。君子之行也，
不遠於微近纖曲，而盛德存焉，廣業著焉。是故誦其詩，讀其書，
求古聖賢之心，以蓄其德而達諸用，則不遠於舉業辭章，而可以得
古人之學，是遠俗也已。公以處之，明以決之，寬以居之，恕以行
之，則不遠於簿書期會，而可以得古人之政，是遠俗也已。苟其心
之凡鄙猥瑣，而徒閒散疏放之是託，以為「遠俗」，其如遠俗何哉！
昔人有言：「事之無害於義者，從俗可也。」君子豈輕於絕俗哉？然
必曰無害於義，則其從之也，為不苟矣。是故苟同於俗以為通者，
固非君子之行；必遠於俗以求異者，尤非君子之心。

王陽明正德元年之前的散文，有著積極地建立功勳的政治願望，追求更利於思
想內容的表達的文體。但經歷居夷一事，王陽明的散文從寫個人經歷到寫文化
景觀，再到思考人類的前途和命運。散文格局不斷放大，思想內涵不斷延伸。
誠然，王陽明的主要成就還在哲學和事功。但是，王陽明的文學作品，藝術手
法上，雖重視相輔相成，更為推崇的是相反相成。其文學思想，雖瑕瑜互見，
仍不失為獨樹一幟。

第二節　《居夷集》引《四書》考論

自宋以降，《學》《庸》二書日漸備受重視，漸與《論》《孟》並列，至南
宋巨儒朱熹合併《學》《庸》《論》《孟》所撰《四書章句集注》，創立「四書學」，
在宋理宗朝受到推崇，開始進入官學領域，彰顯「四書」的地位。元仁宗延祐
年間恢復科舉，確立以朱注《四書》為科舉考試的主要依據，「四書學」的官
學地位至此確立。明初官修《文淵閣書目》專門創設新的圖書門類「四書類」，
成為傳統分類體系中「經部」的重要類目之一。王陽明亦是通過科舉考試進入
仕途，也曾「遍求考亭遺書讀之」〔註24〕，對《四書》應熟稔於心。

一、《居夷集》引《四書》概貌

《居夷集》詩文引《四書》處，大抵有86處。通過細讀文本，擬將《居

〔註24〕　（明）王守仁撰，吳光、錢明等編校《王陽明全集》，第1348頁。

夷集》詩文中，統計出援引《四書》的篇目及次數，勾勒出其引《四書》概貌，
列表如下：

《四書》	《居夷集》詩歌	《居夷集》散文
《中庸》	4	1
《論語》	《為政》1，《八佾》2，《里仁》2，《公冶長》3，《雍也》4，《述而》4，《子罕》7，《鄉黨》1，《先進》4，《子路》1，《憲問》2，《衛靈公》3，《陽貨》3，《微子》5	《八佾》1，《雍也》1，《述而》2，《子罕》2，《衛靈公》2，《微子》1
《孟子》	《梁惠王上》1，《公孫丑上》3，《公孫丑下》2，《滕文公上》2，《滕文公下》2，《離婁上》4，《離婁下》1，《萬章上》3，《告子上》1，《盡心上》3	《公孫丑上》1，《滕文公下》1，《離婁上》2，《離婁下》1，《萬章上》2，《告子上》1

注：《大學》是論述政治哲學的著作，提出了「三綱領」和「八條目」，其核心是「內
　　聖外王」。陽明此時的境遇，所呈現出的心態，多是他遠離朝政以避禍的情志，故
　　詩文中較少涉及。

《居夷集》詩歌共 179 首，其中引《四書》處共 70 處，其中引《中庸》4 處，
《論語》42 處，《孟子》22 處。《居夷集》散文計 22 篇，其中引《四書》共
22 處，其中引《中庸》1 處，《論語》9 處，《孟子》8 處。

二、《居夷集》引《四書》方式概述

（一）直引《四書》原文

這種又可細分為兩類，一種是原封不動的直接引用，用以論證自己的觀
點。這種方式經常出現在陽明的散文之中，因為詩歌的字數和體制有所限制。
其二種是將徵引之言變化為自己的語言說出，使之融於散文的節奏感，或者入
詩句中更為凝練。原文直引的例子如下：

1. 《何陋軒記》：「孔子曰：『君子居之，何陋之有？』」直引自《論語·
子罕》：「子欲居九夷，或曰：『陋，如之何？』子曰：『君子居之，何陋之有？』」

2. 《君子亭記》：「汝為君子儒，無為小人儒。」直引自《論語·雍也》：
「子謂子夏曰：『汝為君子儒，無為小人儒！』」

3. 《遠俗亭記》：「誦其詩，讀其書。」直引自《孟子·萬章下》：「誦其

詩，讀其書，不知其人可乎？」

4. 《送憲副使毛公致仕歸桐江書院序》：「君子之道，用之則行，舍之則藏。」直引自《論語・述而》：「用之則行，舍之則藏，唯我與爾有是夫。」

5. 鄒孟氏曰：「恭敬者，幣之未將者也。」（《重刊文章軌範序》）直引自《孟子・盡心下》：「恭敬者，幣之未將者也。恭敬而無實，君子不可虛拘。」

6. 《論元年春王正月》中，夫子嘗曰「吾從周」。直引自《論語・八佾》「子曰周監於二代，郁郁乎文哉，吾從周。」「『行夏之時』之言。」出自《論語・衛靈公》：子曰，行夏之時。「夫子嘗曰『君子不以人廢言』」出自《論語・衛靈公》「子曰，君子不以言舉人，不以人廢言。」「《春秋》，天子之事」、「罪我者其惟《春秋》」出自《孟子・滕文公下》：「孔子懼作《春秋》，《春秋》，天子之事也，是故孔子曰：『知我其惟《春秋》乎，罪我者其惟《春秋》』」

第二種出於散文行文的語言散化的豐富化與多樣化，徵引《四書》時並不按照原文直引，而轉化為自己的語言說出，使散文行文順暢，更具有自我的風格。

1. 《論元年春王正月》：「非天子不議禮，不制度，生乎今之世，反古之道，災及其身者也。」源自《中庸》：「生乎今之世，反古之道。如此者，災及其身者也。非天子，不議禮，不制度，不考文。」

2. 《玩易窩記》：「假我數十年學《易》，其亦可以無大過已夫。」化用自《論語・述而》：「加我數年，五十以學《易》，可以無大過矣。」

3. 《象廟記》：「孟子曰：『天子使吏治其國，象不得以有為也。』」化用自《孟子・萬章上》：「象不得有為於其國，天子使吏治其國，而納其貢稅焉，故謂之放。」

4. 《龍場生問答》：「賢者之用於世也，行其義而已。」化用自《論語・微子》「君子之仕也，行其義也。道之不行也，己知之矣。」又有「夫乘田委吏，孔子嘗為之矣。」源自《孟子・萬章下》：「孔子嘗為委隸矣，曰會計當而已矣。嘗為乘田矣，曰：牛羊茁壯長而已矣。」〔註25〕

5. 《恩壽雙慶詩後序》：「聞《詩》《禮》而趨於庭也。」化用自《論語・季氏》：「嘗獨立，鯉趨而過庭。曰：『學詩乎？』對曰：『未也。』『不學詩，無以言。』鯉退而學詩。他日，又獨立，鯉趨而過庭。曰：『學禮乎？』對曰：『未也。』『不學禮，無以立。』鯉退而學禮。」又有「吾以為孝，其得

〔註25〕（宋）朱熹《四書章句集注》，第 326 頁。

為養志乎？孝莫大乎養志。」出自《孟子‧萬章上》「孝子之至，莫大乎尊親；尊親之志，莫大乎以天下養。為天子父，尊之至也；以天下養，養之至也。」

6. 《答毛憲副》：「不以一朝之患而忘其終身之憂也。」化用自《孟子‧離婁下》：「是故君子有終身之憂，無一朝之患也。」又「吾豈以是而動吾心哉！」出自《孟子‧公孫丑上》問曰：「夫子加齊之卿相，得行道焉，雖由此霸王不異矣。如此，則動心否乎？」孟子曰：「否。我四十不動心。」

（二）援引或化用《四書》中詞組

1. 《別友獄中》：「旋已但中熱。」中熱，即熱中，謂內心躁急。化用自《孟子‧萬章上》：「仕則慕君，不得於君則熱中。」

2. 《閣中坐雨》：「自笑迂癡欲手援。」欲手援：想以一己之力匡扶天下。典出《孟子‧離婁上》：「天下溺援之以道，嫂溺援之以手，子欲手援天下乎？」

3. 《答毛拙庵見招書院》：「空令多士笑王良。」王良，典出《孟子‧滕文公》：「昔者趙簡子使王良與嬖奚乘，終日而不獲一禽。嬖奚反命曰：『天下之賤工也。』或以告王良。良曰：『請復之。』強而後可，一朝而獲十禽。嬖奚反命曰：『天下之良工也。』簡子曰：『我使掌與女乘。』謂王良。良不可，曰：『吾為之範我馳驅，終日不獲一；為之詭遇，一朝而獲十。《詩》云：不失其馳，舍矢如破。我不貫與小人乘，請辭。』御者且羞與射者比，比而得禽獸，雖若丘陵，弗為也。如枉道而從彼，何也？且子過矣，枉己者未有能直人者也。」朱熹注曰：「或曰：『居今之世，出處去就，不必一一中節，欲其一一中節，則道不得行矣。』楊氏曰：『何其不自重也！枉己其能直人乎？古之人寧道之不行，而不輕其去就，是以孔孟雖在春秋戰國之時，而進必以正，以至終不得行而死也。使不邮其去就而可以行道，孔孟當先為之矣。孔孟豈不欲道之行哉？』」

4. 《龍岡漫興五首》其五：「顏氏何曾擊柝忙。」典出《孟子‧萬章下》：「仕非為貧也，而有時乎為貧；娶妻非為養也，而有時乎為養。為貧者，辭尊居卑，辭富居貧。辭尊居卑，辭富居貧，惡乎宜乎？抱關擊柝。」

5. 《見月》：「來者猶可望。」化用自《論語‧微子》：「楚狂接輿歌而過孔子曰：『鳳兮！鳳兮！何德之衰？往者不可諫，來者猶可追。已而，已而！今之從政者殆而！』孔子下，欲與之言。趨而辟之，不得與之言。」

6. 《次韻陸僉憲病起見寄》:「荷蕢有心還擊磬,周公無夢欲刪書。」前一句典出《論語・憲問》:「子擊磬於衛,有荷蕢而過孔氏之門者曰:『有心哉,擊磬乎!』既而曰:『鄙哉,硜硜乎!莫己知也,斯己而已矣。深則厲,淺則揭。』」後一句典出《論語・述而》:「子曰:『甚矣吾衰也,久矣吾不復夢見周公。』」

7. 《謫居絕糧請學於農將田南山永言寄懷》:「謫居屢在陳,從者有慍見。」指饑貧無食物的困境。典出《論語・衛靈公》:「在陳絕糧,從者病,莫能興。子路慍見,曰:『君子亦窮乎?』子曰:『君子固窮,小人窮斯濫矣。』」

8. 《觀稼》:「即是參贊功。」參贊功:通過玩物理,識化機,知道稼穡的原理,進而培育農作物的工夫。《中庸》:「能盡物之性,則可以贊天地之化育。可以贊天地之化育,則可以與天地參矣。」

三、《居夷集》引《四書》的文學內蘊

除卻科舉制度綁定《四書》對陽明的強制性影響之外,陽明對儒學的服膺也有家學淵源的薰陶,另陽明自幼立志為聖賢的志向,也使他出入於儒家典籍。詩言志的儒學傳統,也讓他在文學創作之中有意識地徵引先賢的語錄,化用經典之中的詞組語句以汲取詩文創作的營養。

首先,直接引用孔孟之言,其主要意圖是借聖人之口論證詩文主旨,加強可信度與說服力,籍以言自己心中之志。如《何陋軒記》開頭便直引孔子言,「《論語・子罕》:「子欲居九夷,或曰:『陋,如之何?』子曰:『君子居之,何陋之有?』」既呼應了文題,也契合了主旨。「居夷」之典在陽明詩文之中最常出現,如「投簪實有居夷志」(《七盤》)「夷居信何陋」(《移居陽明小洞天》其一)「心在夷居何有陋」(《龍岡漫興五首》其一)陽明有夫子自道的暗示,藉以孔子居夷化夷之志,比擬自己既然已居夷地,便要躬身踐行聖人的化夷之志。在《君子亭記》之中,「昔者夫子不云乎,『汝為君子儒,無為小人儒。』」源自《論語・雍也》:「子謂子夏曰:『汝為君子儒,無為小人儒!』」承《何陋軒記》一文中所立下高遠的聖人之志,進一步細分君子儒與小人儒的區別,君子人格是傳統儒家所追求的一種高尚品格,陽明借文顯志,也是為自己安身立命的根基探尋一條正道。陽明謫居龍場,是全身避禍的折中之計,歷經劉瑾一事,他恍然開悟,對待不得其道的宦海生涯產生疲憊之情,有頓然隱學之情。

君子之道，並非一味進取，故用舍行藏之情成為他人生新的出口。在送別友人致仕歸鄉的序文《送憲副使毛公致仕歸桐江書院序》：「君子之道，用之則行，舍之則藏。」直引自《論語‧述而》：「用之則行，舍之則藏，唯我與爾有是夫。」孔子所言這種境界只有他與顏淵可以到達，陽明借用此言，既是對友人的一種美贊，更是對自我的一種期許。《恩壽雙慶詩後序》是為都憲王質慶賀父母雙壽所敘，文中博徵掌故闡發人子孝親之義，有「吾以為孝，其得為養志乎？孝莫大乎養志。」出自《孟子‧萬章上》「孝子之至，莫大乎尊親；尊親之志，莫大乎以天下養。為天子父，尊之至也；以天下養，養之至也。」又「聞《詩》《禮》而趨於庭也。」徵引自《論語‧季氏》：「嘗獨立，鯉趨而過庭。曰：『學《詩》乎？』對曰：『未也。』『不學《詩》，無以言。』鯉退而學《詩》。他日，又獨立，鯉趨而過庭。曰：『學《禮》乎？』對曰：『未也。』『不學《禮》，無以立。』鯉退而學《禮》。」對孝子來說，善事父母不在於「直養」，更在於「尊親」期許下自我的修身、明道，以完善自我德行。為官則為民愛民、忠於職守，得到良好的聲譽，不愧父母的教導與養育，得以使父母享受到最大的尊敬。

其次，《四書》之中的聖人之則，賢人之言，世世相傳沉澱為文學中的掌故典制，極簡且精練地傳達出作者的思想情感。陽明詩文追溯《四書》，或徵引或模擬而作詩文，不僅是對《四書》的推崇和解讀，也使得自家詩文的意蘊更為深厚豐富。《謫居絕糧請學於農將田南山永言寄懷》：「謫居屢在陳，從者有慍見」典出《論語‧衛靈公》篇，孔子在陳絕糧，從者病皆病，子路有慍見。陽明初至龍場無所居處，生活困頓，僕人皆病有所怨懟，陽明只得自食其力，躬身隴畝，這種生活的窘境與孔夫子在陳絕糧且身涉險境時不無相同。又《始得東洞遂改為陽明小洞天》：「孔歎阻陳楫」所言「君子固窮」是表達自己的操守。《移居陽明小洞天》其三：「邈矣簞瓢子，此心期與論。」在艱難困頓的生活之中，陽明想到了居陋巷，簞瓢飲而不憂反樂的顏淵。《論語‧雍也》：「子曰：『賢哉，回也！一簞食，一瓢飲，人不堪其憂，回也不改其樂，賢哉，回也。』」孔安國注曰：「顏淵樂道，雖簞食在陋巷，不改其所樂也。」反覆於詩中讚歎顏回，如《讀易》：「簞瓢有餘樂，此意良匪矯」。再如《龍岡漫興五首》其五：「歸與吾道在滄浪，顏氏何曾擊柝忙」歸與之歎，典出《論語‧鄉黨》：「子在陳曰：『歸與！歸與！吾黨之小子狂簡，斐然成章，不知所以裁之也。』」

擊柝一詞則出於《孟子・萬章下》：「為貧者，辭尊居卑，辭富居貧。辭尊居卑，辭富居貧，惡乎宜乎？抱關擊柝。」趙岐注：「抱關擊柝，監門之職也。」歸與之歎，是不願為官猶有職守而限制人身自由，願學貧而樂道的顏回，追逐道德精神的自由。又陽明於詩中記錄自己身處夷地所呈現出的狀態，與居深山，友鹿麋的大舜比擬，如《初至龍場無所止結草庵居之》：「鹿豕且同遊」以及《贈黃太守澍》：「鹿麋能友予」其典出自《孟子・盡心上》：「孟子曰：『舜之居深山之中，與木石居，與鹿豕遊，其所以異於深山之野人者幾希。』」其學一本之躬行，根極理道，以此獨深相期許。

　　王陽明的詩文創作之中徵引《四書》，多是用其典故。劉勰於《文心雕龍・事類篇》中概括徵引掌故典制，曰：「蓋文章之外，據事以類義，援古以證今者也」並將這種能力與作者才情相結合，曰：「文章由學，能在天資。才自內發，學以外成……是以屬意立文，心與筆謀，才為盟主，學為輔佐。主佐合德，文采必霸，才學褊狹，雖美少功。」〔註26〕這種化用援引典故的能力，既有天賦異稟的才學發顯，更倚賴於後天之屬意立文，合乎德行的道德追求。因此，欣賞王陽明的詩文，不僅注意其文辭文采的展現，更要發掘他文章作為道德事功的載體的作用。

第三節　《居夷集》引《詩經》考論

　　通觀《居夷集》詩文，陽明大量徵引《詩經》，或化用其詩句，或援引其典故。《詩經》中的《風》《雅》《頌》皆有引用，徵引的方式也呈現多樣化的特點，呈現出豐富的文學意蘊。本節擬將總括勾勒出《居夷集》詩文引《詩經》概貌，並細分其引《詩經》方式，從中探求陽明引《詩經》的文學意義。

一、《居夷集》引《詩經》概貌

　　《居夷集》引《詩經》處，大抵有68處。通過細讀文本，擬將《居夷集》詩文中，統計出援引《詩經》的具體篇目及次數，勾勒出其引《詩經》概貌，列表如下：

〔註26〕詹鍈《文心雕龍義證》，第 1407～1421 頁。

《風》	《周南》	《葛覃》2，《卷耳》1，《漢廣》1
	《召南》	《草蟲》1，《小星》1
	《邶風》	《柏舟》2，《終風》1，《雄雉》2，《谷風》2
	《衛風》	《淇奧》2
	《王風》	《黍離》1，《君子于役》1
	《鄭風》	《子衿》1
	《齊風》	《雞鳴》1
	《魏風》	《園有桃》1，《陟岵》1
	《唐風》	《揚之水》1
	《秦風》	《小戎》1，《蒹葭》2
	《豳風》	《七月》4，《鴟鴞》1
《雅》	《小雅》	《伐木》3，《湛露》1，《庭燎》1，《斯干》1，《小弁》3，《大東》1，《北山》1，《大田》1，《瞻彼洛矣》1，《車舝》2，《青蠅》1，《漸漸之石》1
	《大雅》	《文王》1，《大明》1，《皇矣》1，《靈臺》1，《生民》1，《民勞》1，《蕩》1，《抑》2，《桑柔》1，《崧高》1，《烝民》2，《江漢》1，《常武》1
《頌》	《周頌》	《臣工》1，《訪落1，《小毖》1
	《魯頌》	《泮水》1
	《商頌》	《那》1，《烈文》1

二、《居夷集》引《詩經》方式略述

　　《居夷集》援引《詩經》的情況不可單一概論，其徵引方式，略而述之，大抵可概括為三種方式，臚列如下：

　　第一，化用《詩經》詩句入詩文。這種方式並非引《詩經》單句直接嵌入詩文之中來，而是在徵引時進行了二次創作。較為直觀的方式方法即增字、刪字、改字，打破《詩經》四言句式而熔煉為五古七律。或者將化用《詩經》意境，乃至將詩句兩句併入一句，使詩文的語言更為凝練但意蘊則更為豐富。詩例如下：

　　1. 《不寐》：「我心良匪石，詎為戚欣動。」前一句源出《詩經·邶風·柏舟》：「我心匪石，不可轉也。我心匪席，不可卷也。」加上一個副詞「良」，使之符合五言古詩字數，也加重了情感表達。

　　2. 《次韻答趙太守王推官》：「近聞牧守賢，經營亙乘屋。」前一句典出

《詩・大雅・江漢》:「江漢湯湯,武夫洸洸。經營四方,告成於王。」後一句典出《詩・豳風・七月》:「亟其乘屋,其始播百穀。」

3.《一日懷抑之也抑之之贈既嘗答以三詩意若有歉焉是以賦也》其三:「美人隔江水,佛仿若可睹。風吹蒹葭雪,飄蕩知何處?」此四句化用《詩經・秦風・蒹葭》詩境,《蒹葭》首章曰:「蒹葭蒼蒼,白露為霜。所謂伊人,在水一方。遡洄從之,道阻且長。遡遊從之,宛在水中央。」

4.《移居陽明小洞天》其一:「穹窒旋薰塞,阿坎仍掃灑。」前一句化用自《詩・豳風・七月》:「穹窒薰鼠,塞向墐戶。」把洞內的老鼠洞堵上,用煙薰驅逐洞內的老鼠,薰煙盤旋在洞內,久久不能散去。

5.《冬至》:「春添袞線誰能補,歲晚心丹自動灰。」化用自《詩・大雅・烝民》:「袞職有闕,維仲山能補之。」袞線謂古代帝王及上公穿的繪有卷龍的禮服。

6.《再過濂溪祠用前韻》:「瞻依多少高山意,水漫蓮池長綠萍。」前一句語出《詩・小雅・小弁》:「靡瞻匪父,靡依匪母。」「高山意」語出《詩・小雅・車舝》:「高山仰止,景行行止。」後用以謂崇敬仰慕。

還有一種特殊的情況是援引《詩經》篇名入詩文,《居夷集》中僅有一例,《涉湘於邁嶽麓是尊仰止先哲因懷友生麗澤興感伐木寄言二首》其一:「懷我二三友,《伐木》增離憂。」按:《伐木》是《詩・小雅》篇名,其詩云:「伐木丁丁,鳥鳴嚶嚶……嚶其鳴矣,求其友聲。」後因以「伐木」為表達朋友間深情厚誼的典故。而陽明此時亦是引用其篇名概括自己對友人的深切思念之情。

第二,徵引《詩經》常用詞組入詩文。這種方式最為普遍和常用,借鑒《詩經》詞組及這些詞組沉澱所形成的意象,使得詩文更富文采。詩例如下:

1.《別友獄中》:「願言無詭隨,努力從前哲。」「詭隨」出自《詩經・大雅・民勞》:「無縱詭隨,以謹無良。」朱熹注:「詭隨,不顧是非而妄隨人也。」

2.《謫居絕糧請學於農將田南山永言寄懷》:「山荒聊可田,錢鎛還易辦。」《詩・周頌・臣工》:「命我眾人,庤乃錢鎛。」

3.《觀稼》:「寒多不實秀,暑多有螟螣。」「實秀」源自《詩・大雅・生民》:「實方實苞,實種實褎,實發實秀,實堅實好,實穎實粟。」「螟螣」一語出自《詩・小雅・大田》:「去其螟螣,及其蟊賊,無害我田穉。」毛傳:「食心曰螟,食葉曰螣,食根曰蟊,食節曰賊。」

4.《雪夜》:「漸慣省言因病齒,屢經多難解安心。」「多難」一詞源自《詩‧周頌‧訪落》:「維予小子,未堪家多難。」漢‧鄭玄箋:「多,眾也。我小子耳,未任統理國家眾難成之事……難成之事,謂諸政有業未平者。」又《詩‧周頌‧小毖》:「未堪家多難。」

5.《采蕨》:「采蕨西山下,扳援陟崔嵬。」《詩‧召南‧草蟲》:「陟彼南山,言采其蕨。」

6.《鳳雛次韻答胡少參》:「鴟梟據叢林,驅鳥恣搏食。」《詩‧豳風‧鴟鴞》:「鴟鴞鴟鴞,既取我子,無毀我室。」

7.《君子亭記》:「其交翼翼,其處雍雍,意適而匪懈,氣和而能恭。」翼翼,恭敬謹慎的樣子。《詩‧大雅‧大明》:「惟此文王,小心翼翼。」朱熹注曰:「小心翼翼,恭慎之貌。」〔註27〕雍雍,和洽的樣子。匪懈,不懈怠的樣子。《詩‧大雅‧烝民》:「夙夜匪解,以事一人。」謂陽明與友人初識時必定存有恭敬之心,而與友人往來時,必定面色容樂,相處融洽。

第三,擬效《詩經》所作組詩。

1.《有室七章》其一:「有室如簨,周之崇墉。窒如穴處,無秋無冬。」簨,懸掛鐘磬的立柱。《詩經‧大雅‧靈臺》:「虡業維樅,賁鼓維鏞。」「崇墉」出自《詩經‧大雅‧皇矣》:「帝謂文王:『詢爾仇方,同爾兄弟。以爾鉤援,與爾臨衝,以伐崇墉。」

2.《有室七章》其二:「耿彼屋漏,天光入之。瞻彼日月,何嗟及之。」「屋漏」《詩經‧大雅‧抑》:「相在爾室,尚不愧于屋漏。無曰不顯,莫予云覯。」「瞻彼日月」直用《詩經‧邶風‧雄雉》:「瞻彼日月,悠悠我思。道之云遠,曷云能來。」

3.《有室七章》其三:「倏晦倏明,淒其以風。倏雨倏雪,當晝而蒙。」化用自《詩經‧大雅‧蕩》:「既愆爾止,靡明靡晦。式號式呼,俾晝作夜。」

4.《有室七章》其四:「夜何其矣,靡星靡粲。豈無白日,寤寐永歎。」「夜何其矣」出自《詩經‧小雅‧庭燎》:「夜如何其?夜未央,庭燎之光。君子至止,鸞聲將將。」「永歎」即長歎。《詩經‧小雅‧小弁》:「我心憂傷,惄焉如擣。假寐永歎,維憂用老。」

5.《有室七章》其五:「心之憂矣,匪家匪室。或其啟矣,殞予匪恤。」《詩經‧小雅‧瞻彼洛矣》:「君子萬年,保其家室。」

〔註27〕（宋）朱熹《詩集傳》,第272頁。

6. 《有室七章》其六:「氤氳其埃,日之光矣。淵淵其鼓,明既昌矣。」「淵淵其鼓」《詩經・商頌・那》:「鞉鼓淵淵,嘒嘒管聲。既和且平,依我磬聲。」「明既昌矣」一句化用自《詩經・齊風・雞鳴》:「東方明矣,朝既昌矣。」

7. 《有室七章》其七:「朝既式矣,日既夕矣。悠悠我思,曷其極矣!」「日既夕矣」一句源自《詩經・王風・君子于役》「雞棲于塒,日之夕矣,羊牛下來。」「悠悠我思」源自《詩經・邶風・雄雉》:「瞻彼日月,悠悠我思。道之云遠,曷云能來?」

三、《居夷集》引《詩經》的文學意蘊

從擬效《詩經》而作的《有室七章》,毫無疑問地說,王陽明對於《詩經》的創作精神,即深植於民族血液中的憂患意識的貼近,尤其是這組詩是於陽明下錦衣衛獄中所寫,這種觀照也顯得愈發契合。引《詩經》不僅是對經典深層意義的挖掘,在這個過程之中也顯示出王陽明文學創作的深層意蘊,筆者擬將從兩個方面來探討,一為「師其辭」,一為「師其意」。

孔子曾說:「小子何莫學夫詩?詩可以興,可以觀,可以群,可以怨。邇之事父,遠之事君,多識於鳥獸草木之名。」《詩經》之中豐富的語彙與形象性的詞組,對於後世文學的影響極其深遠。這樣詩歌語句的包容性被擴大,凝練性更緊密,精練地傳達了陽明的思緒情感。如《去婦歎》其一:「蒼蠅間白壁,君心亦何愆。」蒼蠅,即青蠅。曹植《贈白馬王彪》:「蒼蠅間白黑,讒巧令親疏。」比喻讒言小人。「蒼蠅間白壁」意為佞人變亂,君子見毀。正如《青蠅序》言:「青蠅,大夫刺幽王也。」〔註28〕其詩曰:「營營青蠅,止于樊。豈弟君子,無信讒言。營營青蠅,止于棘。讒人罔極,交亂四國。營營青蠅,止于榛。讒人罔極,構我二人。」陽明用此典比喻劉瑾的佞言使得君臣離心,陽明也因此被構陷。再如《移居陽明小洞天》其一:「穹窒旋薰塞,阿坎仍掃灑。」穹,空隙。窒,堵塞。把洞內的老鼠洞堵上,用煙薰驅逐洞內的老鼠,薰煙盤旋在洞內,久久不能散去。陽明初移居到陽明小洞天內,進行一系列打掃修葺工作,化用自《詩・豳風・七月》:「穹窒薰鼠,塞向墐戶。」這樣生動細緻的細節描寫,高度還原了生活場景,使得詩歌中的文化意味更為濃厚。再如《涉湘於邁嶽麓是尊仰止先哲因懷友生麗澤興感伐木寄言二首》其二:「陟岡採松柏,將以遺所思。」前一句化用自《詩・魏風・陟岵》:「陟彼岡兮,瞻

〔註28〕 (宋)朱熹《詩集傳》,第49頁。

望兄兮。」詩本義是「陟岡」為懷念兄弟之典，而陽明之所思，於詩題中言明，陽明將其擴充為懷念友人之義，豐富了其文化內涵。再如《再過濂溪祠用前韻》：「瞻依多少高山意，水漫蓮池長綠萍。」「瞻依」，瞻仰依恃。語出《詩・小雅・小弁》：「靡瞻匪父，靡依匪母。」「高山意」取義於「高山景行」，謂崇敬仰慕。出自《詩・小雅・車轄》：「高山仰止，景行行止。」十分切合地表現出陽明對周敦頤的敬仰之意。

陽明徵引《詩經》句乃至擬《詩》之作是師法《詩經》之意，無論是在詩句的語言形式上，還是詩歌的思想情感上，顯示了陽明的文學創造性才能。如擬詩之作，《有室七章》其一：「有室如簏，周之崇墉。窒如穴處，無秋無冬。」詩意表面是在描寫監獄的逼仄狹小，實則借用《靈臺》乃歌頌文王之作，此處陽明則反用其意，諷諫明武宗在劉瑾的誘導下，沉溺於歌舞之樂，荒廢政務。「崇墉」指崇侯虎倡紂為無道之罪過甚大，實則將劉瑾比為崇侯虎，為禍家國，敗壞朝綱。《有室七章》其三：「倏晦倏明，淒其以風。倏雨倏雪，當晝而蒙。」化用自《詩經・大雅・蕩》：「既愆爾止，靡明靡晦。式號式呼，俾晝作夜。」此詩字面的意思是描述獄中的惡劣環境：獄中忽明忽暗，冷風淒淒；雨雪隨風飄入，本來是白天，在昏暗的獄中看來卻像黑夜。實則陽明是在諷諫正德皇帝，正德皇帝在劉瑾的誘導下，沉迷於酒色，不分晝夜地飲酒作樂。《有室七章》其四：「夜何其矣，靡星靡粲。豈無白日，寤寐永歎。」陽明用此典意在諷諫正德皇帝效法周宣王，勤於政事也。《有室七章》其七：「朝既式矣，日既夕矣。悠悠我思，曷其極矣！」《君子于役》中用「日之夕矣」的「之」字，顯示出時光的流轉充滿了自然性。陽明詩中改用「既」字，則顯示了詩人於縲絏之中感受到時間的那種難熬與漫長。「悠悠我思」《詩經・邶風・雄雉》：「瞻彼日月，悠悠我思。道之云遠，曷云能來？」悠悠我思，意為悠長的思念，實則表現出詩人那波折起伏的情緒。

王陽明在詩文創作之中有意識地援引《詩經》，說明詩人對《詩經》的敏感度和熟悉度極高，已經將《詩經》創作精神、詩歌語言等潛移默化地融進了其內心深處。不可置否，王陽明援引《詩經》之時，隨之伴有《詩經》語言本身所含有的文學內涵，顯示出濃厚的文學意味。然而，陽明在徵引《詩經》時，並不是生搬硬套和墨守成規，他不僅追求化用《詩經》的語言形式力求變化，而且詩人灌入了深沉的個人情感，體現了陽明文學的創作性。

第四節 《居夷集》引《周易》考論

王陽明於《居夷集》中大量引用《周易》的經傳文辭，這與其悠遠的家學淵源的易學傳統密切相關，但更為值得注意的是，陽明於處困之境讀《周易》論《周易》引《周易》，這種文學傳統自「文王拘羑里而演《周易》」，繼而經司馬遷「發憤而抒情」的渲染，儼然成為後世文人士子身窘意頓時自我排遣的方式。〔註29〕《居夷集》開拓了《周易》所蘊含的文學要素，這點是陽明引《周易》的值得挖掘和重視的文學價值。

一、《居夷集》引《周易》方式概述

（一）是直引或化用《周易》卦爻辭典語

陽明在詩中常直接引用《周易》的卦辭之名，舉例如下：

> 包蒙戒為寇，童牿事宜早。
>
> 蹇蹇匪為節，虩虩未違道。
>
> 遯四獲我心，蠱上庸自保。（《讀易》）

《蒙》是《周易》第四卦卦名。「包蒙」當為「擊蒙」，疑陽明誤引。「包蒙」指《周易・蒙》：「九二，包蒙吉，納婦吉，子克家。」而根據詩句「包蒙戒為寇」一句，陽明當指《周易・蒙》「上九，擊蒙，不利為寇，利禦寇。」朱熹本義曰：「以剛居上，治蒙過剛，故為擊蒙之象。然取必太過，攻治太深，則必反之為害。惟捍其外誘以全其真純，則難過於嚴密，乃為得宜。故戒占者如此。」〔註30〕「猛擊以啟發蒙稚，不利於施用暴烈過甚的方式，宜採用抵禦強寇的方式。」〔註31〕「童牿」《周易・大畜・六四》：「童牛之牿，元吉。」「蹇蹇匪為節」《周易・蹇・六二》：「王臣蹇蹇，匪躬之故。」「九五，大蹇朋來。《象》曰：大蹇朋來，以中節也。」「虩虩未違道」《周易・震》：「震，亨。震來虩虩，笑言啞啞。震驚百里，不喪匕鬯。」《彖》曰：「震，亨。震來虩虩，恐致福也。笑言啞啞，後有則也。震驚百里，驚遠而懼邇也。」其中《遯》《蠱》是《周易》第三十三和十八卦的卦名。「遯四」是指《周易・遯》：「九四，好遯，君子吉，小人否。」「蠱上」乃《周易・蠱》：「上九，不事王侯，高尚其

〔註29〕《玩易窩記》：「於是陽明子撫几而歎曰：『嗟乎！此古之君子所以甘囚奴，忘拘幽，而不知其老之將至也夫！吾知所以終吾身矣。』」

〔註30〕（宋）朱熹《周易本義》，第56頁。

〔註31〕黃壽祺、張善文《周易譯注》，上海古籍出版社2001年版，第55頁。

事。」連引三點，是陽明根據自身境遇，所作出的思考，此時陽明身陷縲絏，以卜筮告誡自己。不與閹黨正面為敵，保全自身避免引禍，作為君子應當「不事王侯」，即使如此也不應採取強烈的反抗行為，故曰好「遯」以全志保身。

> 《蹇》以反身，《困》以遂志。今日患難，正閣下受用處也。（《贈劉侍御二首》）

《蹇》和《困》分別是《周易》第三十九、四十七卦。《周易·蹇》：「君子以反身修德。」又《彖》曰：「蹇，難也，險在前也。」這時陽明已在龍場，自指處在困境之中，更應躬身反求諸己以修德。《象》曰：「『往蹇，來譽』，宜待也。」朱熹本義曰：「柔順中正，正應在上，而在險中，故蹇而又蹇以求濟之，非以其身之故也。不言吉凶者，占者但當鞠躬盡力而已。」〔註32〕又《周易·困》：「澤無水，困，君子以致命遂志。」「致命，猶言授命，言持以與人而不之有也。能如是，則雖困而亨矣。」〔註33〕指陽明雖處困頓之中，身居卑官，但不忘其志，不改其樂，故能化險為夷，處困而亨。

> 知子念我深，夙夜敢忘惕。（《答汪抑之三首》其一）

「夙夜敢忘惕」一句是對《周易·乾·九三》：「君子終日乾乾，夕惕若，厲无咎」的化用。「夙夜」謂朝夕、日夜，對應「終日」；「敢忘惕」即不敢忘惕，對應「夕惕若」。君子整天健強振作不已，直到夜間還時時警惕慎行，這樣，即使面臨危險也免遭咎害。〔註34〕符合陽明初脫身牢獄，啟程赴謫龍場時的心態。

> 遇屯而不懾，處困而能亨，非君子之操乎？（《君子亭記》）

《周易·屯》：「屯，剛柔始交而難生。」〔註35〕懾，謂怯懦、困惑。《禮記·曲禮》：「貧賤而知好禮，則志不懾。」鄭玄注：「懾，猶怯惑。」處困，生活在困境或困苦之中。亨，亨通。《周易·坤卦》：「含弘光大，品物咸亨。謂君子於屯謇困境之中，亦能不憂不懼而處合時宜。以竹貫四時而無改其本色喻君子當「窮則獨善，達則兼濟」，保持本心而不隨波逐流。

（二）援引《周易》經傳文辭

除卻對《周易》卦辭之名的直引和化用，陽明對《周易》經傳文辭亦是

〔註32〕（宋）朱熹《周易本義》，第151頁。
〔註33〕（宋）朱熹《周易本義》，第172頁。
〔註34〕黃壽祺、張善文《周易譯注》，第3頁。
〔註35〕（宋）朱熹《周易本義》，第50頁。

十分熟悉的，對這些文辭的援引，也體現出陽明對《周易》的自我體認，舉例如下：

> 盈虛有天運，歎息何能忘。（《見月》）
> 願言飾羽儀，共舞簫韶音。（《南溟》）
> 此身愧爾長多係，他日從龍謾託蹤。（《白雲》）
> 道在險夷隨地樂，心忘魚鳥自流行。（《睡起寫懷》）

「盈虛」發展變化所導致的盈滿或虛空。《周易·豐》：「日中則昃，月盈則食；天地盈虛，與時消息，而況於人乎，況於鬼神乎？」「羽儀」比喻居高位而有才德，被人尊重或堪為楷模的典範。《周易·漸》：「鴻漸於陸；其羽可用為儀。」「從龍謾託蹤」典出《周易·乾》：「雲從龍，風從虎，聖人作而萬物睹。」舊以龍為君象，因以稱隨從帝王或領袖創業。此處指陽明心繫天下，願以一己之力輔佐帝王。「流形」謂萬物受自然之滋育而運動變化其形體。《周易·乾》：「雲行雨施，品物流形。」高亨注：「流形謂運動其形體。此二句言天有雲行雨降，萬物受其滋育，始能運動形體於宇宙之間。」．

> 講習性所樂，記問復懷睨。（《諸生來》）
> 賀蘭未滅空遺恨，南八如生定有為。（《南霽雲祠》）
> 豹隱文始澤，龍蟄身乃存。（《移居陽明小洞天》其三）
> 改課講題非我事，研幾悟道是何人？（《春日花間偶集示門生》）

「講習」與諸生一起研討學習。《周易·兌》：「《象》曰：『麗澤兌，君子以朋友講習。』」「有為」謂有所作為。典出《周易·繫辭上》：「是以君子將有為也。」「龍蟄」謂龍冬眠，潛伏起來不食不動，此處喻自己隱藏不出。《周易·繫辭下》：「龍蛇之蟄，以存身也。精義入神，以致用也。」「研幾」謂窮究精微之理及體悟天地之道。典出《周易·繫辭上》：「夫易，聖人之所以極深而研幾也。」

　　還有一處值得注意的是《陽明子之南也其友湛元明歌九章以贈崔子鍾和之以五詩於是陽明子作八詠以答之》其五：「道器不可離，二之即非性」，道器是中國哲學史上的一對重要範疇，《周易·繫辭》最早論述了道器之間的關係，即「形而上者謂之道，形而下者謂之器」。道指無形的法則或規律，器指有形的事物或名物。《周易》強調道器之間的差異性，但是在後世的哲學發展中，有很多學者認為道器不可分離，主張道器不二，或者道器合一。唐代柳宗元是道器合一說的首創者，經過邵雍、張載、二程的進一步闡發，至朱熹達到高峰。朱熹《朱子語類》：「道是道理，事事物物，皆有個道理。器是形跡，事事物物，

皆有個形跡。有道須有器，有器須有道，物必有則。」〔註36〕「蓍固是《周易》，龜亦是《周易》。」〔註37〕「器亦道，道亦器也。道未嘗離乎器，道亦是器之理。」王陽明在《傳習錄》中也多次談及這個問題：

> 問：「《周易》，朱子主卜筮，程《傳》主理，何如？」
>
> 先生曰：「卜筮是理，理亦是卜筮。天下之理孰有大於卜筮者乎？只為後世將卜筮專主在占卦上看了，所以看得卜筮似小藝。不知今之師友問答，博學、審問、慎思、明辨、篤行之類，皆是卜筮。卜筮者，不過求決狐疑，神明吾心而已。《周易》是問諸天，人有疑，自信不及，故以《周易》問天。謂人心尚有所涉，惟天不容偽耳。」〔註38〕

李贄在《陽明先生道學抄序》中曾言：「先生之書為足繼夫子之後，蓋逆知其從讀《周易》來也。」可以想見《周易》對王陽明影響之大。

王陽明於《周易》造詣頗深，陽明化解自我挫折的方式，是通過讀《周易》，從中感悟精微之妙，也得自我排解的憂鬱情緒。在詩歌之中，也可探知陽明讀《周易》不輟，「瞑坐玩羲易，洗心見微奧。」《讀易》《憶昔答喬白岩因寄儲柴墟三首》其一中回憶了與友人談玄論易，「憶昔與君約，玩《周易》探玄微。」並且在第二首緊接著表達了與友人「何當衡廬間，相攜玩羲易。」且居龍場之時，專門讀《周易》驅散心頭的雲翳，「陽明子之居夷也，穴山麓之窩而讀《周易》其間。」還作一篇散文《玩易窩記》，一個「玩」字道出了陽明的對《周易》自得於心的體悟。

結語

本文以《居夷集》為研究對象，著重考察居夷時期的王陽明的文學與思想的關係。《居夷集》是王陽明貶謫龍場時期的文學作品集，也是王陽明最早的一部文學集，這部作品宣告了王陽明的文學家身份。同時，王陽明「龍場悟道」也是發生在居夷時期，故這一階段的文學創作因思想的轉變而發生嬗變，思想與文學相互交織，使得陽明詩文風格煥然一新。

首先，「龍場悟道」這一哲學思想上的巨變對陽明文學創作產生直接影

〔註36〕（宋）黎靖德編《朱子語類》，第 1935 頁。
〔註37〕（明）王守仁撰，吳光、錢明等編校《王陽明全集》，第 21 頁。
〔註38〕（明）王守仁撰，吳光、錢明等編校《王陽明全集》，第 115～116 頁。

響。陽明提出「心即理」「知行合一」等觀點,從個人體悟得知不是從外物尋找萬事萬物之理,而是專注於自己的本心上尋求,這一點旗幟鮮明的反對朱子「格物說」,分裂「心」「理」為二的觀點。這就極大地突出了陽明的個人主體的地位,人格從外在的束縛中獨立出來,超然於世。使得他即使居夷處困,依然坦蕩曠達。從《居夷集》的詩文中也可看出,這一時期的詩文呈現出不同於早期「刻意為文」的風格,而是追求自然平淡,進入一種平靜舒緩、從容自得的狀態。詩文從心而發,故有俊爽秀逸之氣。

其次,《居夷集》對經學文本的融攝,王陽明以援經入文的方式,對經學文本注入了新的活力。通過這種方式,實現了對經典的新的解讀。不以聖人解經為是非標準,而是加入了自我的體認,不是尊經而是尊心,不是為了還原過去而是為了生成未來。《五經臆說》雖是「娛情養性」之作,不是心學的成熟著作,但其作為陽明心學的起點,標誌著陽明思想巨大轉向的意義,不容忽視。

再次,《居夷集》的文學成就。本篇論文從文學的角度,對其詩歌進行了細緻的梳理,王陽明雅好山水,其多數山水之作也是更多地表達其哲學思想。他投身大自然,在山水之間體悟道機,從而達到我心對萬物的把握,以此來表達他自得的終極境界。論詩以性情為本,在泛學前人的基礎之上,推崇陶淵明,師法邵康節,講求自得之樂。居夷詩不僅是他於苦難中智慧的凝聚,更是他對生命歷程思索追尋的結晶。王陽明的散文成就高於詩歌成就,在明清之際便成為文人士子爭相模仿的對象。歸有光在《文章指南》中收錄陽明散文八篇,清代吳楚材所編影響力較廣的《古文觀止》收錄了陽明三篇散文,其中《象祠記》《瘞旅文》便是出自《居夷集》。陽明散文極具古文範本的價值是毋庸置疑的。本文僅擷取四篇作為個體研究管中窺豹,文章自然平易、循循善誘,其整體特點是理性與感性的融合,理性是陽明作為哲學家的思辨的本色,而感性源於陽明自然豐富的情感。

正德元年的黨爭事件,隨著閹黨的勝利,同時也宣告了文臣的失敗。這次政治事件是王陽明仕途道路上的一次重大挫折。居夷三載,更是王陽明生命歷程和思想觀念的重大轉折點。通過《居夷集》詩文的論證分析,我們對王陽明的文學創作、文學思想有了一定的瞭解。正如徐珊在跋文中所言,陽明居夷詩文「其文閎,純以雅,婉曲而暢,無所怨尤者」,高度概括出王陽明的居夷時期,尤其是悟道之後的文學創作特點:閎大廣博以肆且任意自由,委婉曲折且流暢通達,且沒有對遭貶居夷的埋怨責怪。雖然陽明本人不願以文學家自稱,

但他的詩文創作卻伴隨他一生的。王陽明的文學思想影響了明中後期的文壇導向，後人對其文學創作的也有著高度評價，王陽明名副其實可稱作文學家，足以在明代文學史上佔有一席之地。

王陽明在宏觀的「文道觀」並未超出理學家「重道輕文」的範疇，只是他更加注重文章實用的一面。由「為學」而「悟道」和「修辭」，進而「進德修業」，最終達到「建功立業」的目的。就學者個人而言，通過讀書、寫作的外在形式，帶動內在思想認識的變化。於王陽明文學中尋找經學的淵源，借鑒經書，抽象出其中的道理，這個或可稱為王陽明文學的特色。王陽明詩文以居夷處困為界限，成為一個轉折點。陽明前期的文風以曲折華麗為主，而後期則倡導希冀平實質樸的文風，這是由於個人的性格、氣質、追求等不同原因造成的。

通過以上分析和研究，對於王陽明在明代文學史上能有一個更加準確的描述和清晰的定位，或許不無裨益。

第五章　王陽明《居夷集》校勘記

凡例

1. 本文以中國國家圖書館館藏明嘉靖三年（1524）的單行本《居夷集》為底本，以明隆慶六年（1572）刻本《王文成公全書》所收錄的居夷詩文為校本，以臺灣商務印書館的《四庫本王文成公全書》、上海古籍出版社的《王陽明全集》和中華書局的《王文成公全書》為參校本。

2. 用以上各主校本、參校本與底本之間對比勘校，列出異文，擇善而從。底本有明顯訛誤處，不改動原文，但在校勘記中指出，校曰：原作某，據某某本改作某；一些俗字或明顯訛誤徑改，不出校。

3. 繁體字、異體字、古字一般改為規範字。生僻字予以保留，但加以校注說明。底本缺失或印刷晦暗不明處，則以「□」代替。

4. 校勘記附在所校詩之後，便於版本比照。組詩的校勘記則附在組詩的最後一首詩之後，以保持組詩的整體性。

5. 輯佚詩置於「佚詩輯錄」之下，在校勘記中說明「據某本輯補」，並作注釋。

一、守仁以罪謫貴陽

守仁，隆慶本作某。嘉靖本自稱「守仁」處，隆慶本均作「某」。

按：守仁是王陽明作文時自稱，隆慶本作某，乃是陽明弟子後改，避陽

明名諱。〔註1〕

二、下深淵兮不測

測，隆慶本作惻。

按：應為字形相近訛誤，據句意應為「測」，指難以意料。

三、四山無人兮駭孤鼠

孤，隆慶本作狐。

按：當為狐。狐鼠，指城狐社鼠，比喻小人、壞人。《文選·沈約〈奏彈王源〉》：「雖埋輪之志，無屈權右，而狐鼠微物，亦蠹大猷。」

四、瞰出入兮為累奸宄

宄，隆慶本作宂。

按：當為宄，指違法作亂的事情。《書·舜典》：「蠻夷猾夏，寇賊奸宄。」孔傳：「在外曰奸，在內曰宄。」

五、亂白黝，濬奸窮點

「黝」下隆慶本有「丹」字，當據補。

六、茇於叢棘之間，則鬱也

茇，隆慶本作居。

按：茇，是古書上的一種雜草，此處名詞動用，形容居住環境惡劣。

七、予喜不予陋，益孚比

孚，隆慶本作予。

按：孚，信任之義。《周易·比卦》：「初六，有孚，比之无咎。」程頤《周易程氏傳》釋曰：「相比之道，以誠信為本。故比之始，必有孚誠，乃无咎也。孚，信之在中也。」〔註2〕

八、因名軒曰「何陋」

軒，隆慶本作之。

〔註1〕 筆者注：《居夷集》中有多處陽明自稱「守仁」，如《答毛憲副書》：「然則太府固未嘗辱守仁，守仁亦未嘗傲太府。」《與安宣慰書》：「守仁得罪朝廷而來。」《寄劉侍御次韻》：「守仁頓首劉侍御大人契長。」此處作一說明，後文不再出校。

〔註2〕 （宋）程頤《周易程氏傳》，中華書局 2011 年版，第 48 頁。

按：以「之」作為代詞，指「軒」，二者均可。

九、而狡匿譎偽，無所不至，渾樸盡矣

偽，隆慶本作詐。

按：譎偽，謂欺詐和虛偽。若作「譎詐」，就只有欺詐一意。

十、復因軒之前榮，架楹為亭

榮，隆慶本作營。

按：營，《說文·宮部》：「營，匝居也。」段玉裁注：「匝居，謂圍繞而居。如市營曰闤，軍壘曰營，皆是也。」〔註3〕

十一、外堅而直

堅，隆慶本作節。

按：「而」作為連詞，前後應均為形容詞，當作「堅」，謂竹子堅硬挺拔。

十二、夫子益嫌於自名也

嫌，隆慶本作謙。

按：據後文「人而嫌以君子自名也」，可知應為「嫌」。

十三、則不遠於舉業詞章

詞，隆慶本作辭。

按：王陽明《山陰縣學記》：「世之學者承沿其舉業詞章之習，以荒穢戕伐其心，既與聖人盡心之學相背而馳。」〔註4〕

十四、為十二萬九千六百季

季，隆慶本作年。

按：邵雍《皇極經世·觀物篇一》：「一元有十二會，一會有三十運，一運有十二世，一世有三十年，故一元共有十二萬九千六百年。」又朱熹《朱子語類》卷二十四：「因舉康節元會運世之說，十二萬九千六百年為一元，一元有十二會。」〔註5〕

〔註3〕（清）段玉裁《說文解字注》，浙江古籍出版社1998年版，第342頁。
〔註4〕（明）王守仁撰，吳光、錢明等編校《王陽明全集》，第287頁。
〔註5〕（宋）黎靖德編《朱子語類》，中華書局1986年版，第537頁。

十五、大水則書，無冰則書

冰，隆慶本作水。

按：嘉靖本作「氷」，隆慶本應為字形相近而誤。張時徹《芝園集‧說林》：「不然桓之世，日食既則書，大水則書，無冰則書，宣之世螽則書，大旱則書，日食既則書，如以有年為紀異也，則將以此數者為紀常乎。」〔註6〕

十六、春無冰則書，鸜鵒來巢則書

冰，隆慶本作水。

按：當為冰，嘉靖本作「氷」，隆慶本應為字形相近而誤。

十七、守仁為使者曰

為，隆慶本作謂。

按：當為「謂」，告訴之義。

十八、必有所不能忘也，而後存於其心

能，隆慶本作敢。

按：不能，表客觀上的不可以、不能夠。不敢，則表示主觀上的沒膽量。《孟子‧公孫丑下》：「我非堯舜之道，不敢以陳於王前。」

十九、送憲副使毛公致仕歸桐江書院序

隆慶本題目為「送毛憲副致仕歸桐江書院序」。

二十、欲仕則遺其母，欲養則遺其父

遺二字，隆慶本均作違。

按：遺，離開、脫離之意。《論語‧泰伯》：「君子篤於親，則民興於仁，故舊不遺，則民不偷。」陳祥道《論語全解》：「周官八政統馭萬民，一曰親親，二曰敬故，馭以親親，則民莫遺其親，馭以敬故，則民莫慢其故。莫遺其親，則興於仁也。莫慢其故，則不偷矣。」〔註7〕

二十一、象廟記

隆慶本題目為「象祠記」。

〔註6〕（明）張時徹《芝園集》，嘉靖本。
〔註7〕（宋）陳祥道《論語全解》，清文淵閣四庫全書本。

二十二、有鼻之祠，唐之人蓋嘗毀之

鼻，隆慶本作庫。

按：有庫，亦作「有鼻」「有卑」。《孟子‧萬章上》：「象至不仁，對之有庫。」《漢書‧鄒陽傳》：「昔者，舜之弟象日以殺舜為事，及舜立為天子，封之於有庫。」顏師古注：「地名也，音鼻，今鼻亭是也，在零陵。」〔註8〕

二十三、而流澤之遠也且也

「也」字隆慶本無，當係衍文。

「且」字下隆慶本有「久」字，當據補。

按：根據上下文句意，可知「舜對弟象之德，感化人之至，影響廣泛且深遠。」

二十四、弘乃德，遠乃猷

猷，隆慶本作猶。

按：猷，長遠的打算、遠大的謀略。《尚書‧康誥》：「顧乃德，遠乃猷。」〔註9〕

二十五、亦孰非侍君之所以壽於公與孺人之壽哉

「侍」字下隆慶本有「御」字，當據補。

按：陽明尊稱王質為「侍御君」，文中有「侍御君之在朝，則忠愛達於上。」之句。

二十六、中凝外完，丙缺門若

丙，隆慶本作內。

按：字形相近而誤，與前句之「中」相對，當依隆慶本，作「內」。

二十七、噓嗅盤旋，繾綣嘶抹

抹，隆慶本作秣。

按：字形相近而誤，當從隆慶本作「秣」。《詩‧周南‧漢廣》：「之子于歸，言秣其馬。」

〔註8〕（漢）班固《漢書》，中華書局1962年版，第1801頁。
〔註9〕（清）孫星衍《尚書今古文注疏》，中華書局1986年版，第371頁。

二十八、融潤煦淑，面勢還拱

還，隆慶本作環。

按：當為「環」，意為環繞。

二十九、植樹蔥蔚，庶草芬茂

蔥，隆慶本作翁。

按：蔥蔚，指草木青翠而茂盛。翁蔚，亦指草木繁茂。

三十、不曰日易陽之屬

易，隆慶本作乃。

三十一、吾以君子而賓之也，人其甘為小人乎哉

人，隆慶本作賓。

按：應當作「賓」，前文有一句「吾知以君子而賓之耳。」

三十二、興隆之南有岩曰月潭

「興隆」二字隆慶本作「隆興」，當據乙。

按：「興隆」二字隆慶本作「隆興」。

按：當為「興隆」，後文中均為「興隆」，且有詩《興隆衛書壁》互證。興隆衛，在今黃平縣。

三十三、若搏風之鵬，翻隼翔鵲

隼，隆慶本作集。

按：據句意，當為隼。鳥名。又名鵲。鷹類中最小者，飛速善襲。獵者多飼之，使助捕鳥兔。《易·解》：「公用射隼於高墉之上，獲之，无不利。」孔穎達疏：「隼者，貪殘之鳥，鸇鷂之屬。」〔註10〕

三十四、指揮狄遠度其工

狄，隆慶本作逖。

按：《貴州通志》卷十七《秩官志》：「狄遠，興隆衛人。」〔註11〕

三十五、則自今日始。餘姚王守仁記

隆慶本無「餘姚王守仁記」六字。

〔註10〕（唐）孔穎達《周易正義》，九州出版社 2004 年版，第 389 頁。
〔註11〕（清）鄂爾泰《貴州通志》，清乾隆六年刻本。

三十六、維正德四年秋七月三日

隆慶本無「七」字。

按：疑隆慶本脫「七」字。

三十七、乃使吾有無窮之愴也，嗚呼傷哉

傷，隆慶本作痛。

按：「傷」字更注重內心悲愴的情感感受。「痛」字則是描述這種情感的悲傷程度。

三十八、縱吾不爾瘞

隆慶本無「吾」字，當係衍文。

按：動詞「瘞」在賓語「爾」後，承前省略主語「吾」。

三十九、穴山麓為窩而讀易其間

為，隆慶本作之。

按：「為」字，體現一種主動性，陽明將山麓之窩作為玩易之窩。「之」字，體現出一種客觀性，山麓之窩，便是客觀存在的山洞。

四十、重刊文章軌範敘

隆慶本題目為「重刊文章軌範序」。

四十一、答友人

隆慶本題目為「答人問神仙」。

四十二、今已余三十年矣，齒漸搖搖

後一個搖，隆慶本作動。

按：根據句意，牙齒晃動。北齊顏之推《顏氏家訓・養生》：「吾嘗患齒搖動欲落，飲食勢冷，皆苦疼痛。」

四十三、又能經月臥病不出

能，隆慶本作常。

按：當為「常」字，表頻率，謂經常、常常。

四十四、然其呼吸動靜，與道為體

其，隆慶本作則。

按：「然則」為連詞。連接句子，表示連貫關係。《詩・周南・關雎序》：「是謂四始，詩之至也。然則《關雎》《麟趾》之化，王者之風，故繫之周公。」

四十五、精骨完久，稟於受氣始

「氣」下隆慶本有「之」字，當據補。

四十六、先殆天之所成，非人力可強也

先，隆慶本作此。

按：應為字形相近而誤，當為「此」，承接上文之代詞。

四十七、答毛憲副書

隆慶本題目為「答毛憲副」。

四十八、與安宣慰書

隆慶本題目為「與安宣慰」。

四十九、敬受米一石，柴炭雞鵝悉受如來數。

一，隆慶本作二。

五十、後世守之，不敢以擅改。

敢，隆慶本作可。

按：「不可」表示客觀存在的祖宗禮法制度的框束，陽明此語對安宣慰有警示與說教的深意。「不敢」謂對祖宗法制存有敬畏之心，沒有膽量突破，表示主觀心理上的「不能夠」，陽明用此語代入自我，表示自己對法制的遵守，便有推己及人之效。

五十一、改在朝廷且謂之變亂

改字隆慶本無，當係衍文。

五十二、縱遂幸免於一時

隆慶本無遂字。

按：根據句意，此處當為「即使」之義。「縱」是連詞，「遂」是表程度的副詞。陽明文中多用此二字連用，如「縱遂高坐，不為宋氏出一卒。」

五十三、不敢分寸有所違越

隆慶本無越字。

按：違越，解釋為違反僭越，句意亦順。

五十四、故天子亦不得逾禮法，無故而加諸忠良之臣

「故」前隆慶本有「是」字，當據補。

五十五、故且隱息其議

息，隆慶本作忍。

按：當為「隱忍」，謂克制忍耐。《史記・伍子胥列傳贊》：「故隱忍就功名，非烈丈夫孰能致此哉？」〔註12〕

五十六、人亦率如我何

率，隆慶本作卒。

按：根據句意，當為「率」，意為「人又能夠拿我怎麼樣呢？」

五十七、元祀十有二月

祀，隆慶本作紀。

按：當為「元祀」。《尚書・伊訓》：「惟元祀，十有二月，乙丑。」陸德明釋文：「祀，年也。夏曰歲，商曰祀，周曰年。」〔註13〕

五十八、前漢《律曆》志武王伐紂之歲

志，隆慶本作至。

按：當為「志」，記載之義。

五十九、畜育意千緒，倉率徒悲酸

率，隆慶本作卒。

按：當為「倉卒」，意為非常事變。杜甫《自京赴奉先縣詠懷五百字》：「豈知秋禾登，貧窶有倉卒。」〔註14〕

六十、布穀鳥啼村雨暗，刺桐花暝石溪幽

布，隆慶本作市。

按：應是字形相近而誤，當為「布穀，一種鳥名。

〔註12〕　（漢）司馬遷《史記》，第七冊，中華書局 1959 年版，第 2171 頁。
〔註13〕　（唐）陸德明《經典釋文》，中華書局 1983 年版，第 42 頁。
〔註14〕　（唐）杜甫著，（清）仇兆鰲注《杜詩詳注》，中華書局 2004 年版，第 264 頁。

六十一、年來夷險還忘卻，始信羊腸路亦平

「年來」二字隆慶本作「來年」，當據乙。

按：「年來」謂近年來，戴叔倫《越溪村居》：「年來橈客寄禪扉，多話貧居在翠微。」「來年」謂明年，《孟子‧滕文公下》：「戴盈之曰：『什一，去關市之征，今茲未能，請輕之，以待來年，然後已，何如？』」根據句意當為「年來」。

六十二、蠻煙瘴霧承相待，翠壁丹崖好共論

待，隆慶本作往。

按：從句意上來看，應為「待」，招待、款待之意。有將無生命之物擬人化之效，使詩句生動。

六十三、靈籟響朝湍，深林凝暮色

籟，隆慶本作瀨。

按：「靈籟」，指優美動聽的聲音。「瀨」指從沙石上流過的水。《楚辭‧九歌‧湘君》：「石瀨兮淺淺。」

六十四、匏樽映瓦豆，盡醉不知夕

匏，隆慶本作污。

按：匏樽，匏製的酒樽，亦泛指飲具。污樽，古代掘地為坑當酒尊。《禮記‧禮運》：「污尊而抔飲。」鄭玄注：「污尊，鑿地為尊也。」孔穎達疏：「鑿地污下而盛酒，故云『污尊』」。〔註15〕

六十五、穹窒旋薰塞，夷坎仍掃灑

「掃灑」二字隆慶本作「灑掃」，當據乙。

按：灑水掃地；清除。《詩‧豳風‧東山》：「灑埽穹窒，我征聿至。」又《論語‧子張》：「子夏之門人小子，當灑掃應對進退，則可矣。」

六十六、上古處巢窟，掊飲皆污樽

掊，隆慶本作杯。

按：「掊」謂用以手捧物。二古字亦互為通用，《孔子家語‧問禮》：「污樽杯飲，蕢桴土鼓，鑿地為樽，以手飲之也。」

〔註15〕（清）孫希旦《禮記集解》，第586頁。

六十七、濯濯新葉敷，熒熒夏花發

夏，隆慶本作夜。

按：據詩意，當為「夏」。茂盛新發的葉子片片鋪展開來。濯濯，光淨明朗的樣子。熒熒：光鮮豔麗的樣子。

六十八、鴟梟據叢林，驅鳥恣搏食。嗟爾獨何心？梟鳳如白黑。

嘉靖本為注解式，排版之誤也。

六十九、山泉足遊憩，鹿麋能友于

於，隆慶本作予。

按：當為「予」，指自己與麋鹿為友。典出《孟子》：「舜之居深山之中，與木石居，與鹿豕遊，其所以異於深山之野人者幾希。」

七十、蕭瑟中林秋，露凝松桂冷

露，隆慶本作雲。

按：繁體字形相近而誤。應當為「露」，據詩句呈現出的季節為秋日，有露珠凝結在樹枝上，散發出冰冷蕭瑟的意蘊。

七十一、擬把犁鋤從許子，謾將弦誦比言游

比，隆慶本作止。

按：當為「比」。陽明在龍場講學授徒，擬將自己與言游相比肩。《論語‧陽貨》：「子之武城，聞絃歌之聲，夫子莞爾而笑曰：『割雞焉用牛刀。』子游對曰：『昔者偃也聞諸夫子曰：『君子學道則愛人，小人學道則易使也。』子曰：『二三子，偃之言是也，前言戲之耳。』」時子游為武城宰，以禮樂為教，故邑人皆絃歌也。

七十二、遼鶴不來華表爛，仙人一去石樓空

樓，隆慶本作橋。

按：當為「橋」。相傳天生橋乃是仙人攢合兩山而成，仙人已去，徒留一座空橋。

七十三、去年今夕臥燕臺，銅鼓中宵隱地雷

夕，隆慶本作日。

按：據詩題，當為「夕」。

七十四、勳業久辭滄海夢，煙花多負故園春

久，隆慶本作已。

七十五、百年長恐終無補，萬死寧期尚得身

死，隆慶本作里。

按：當為「萬里」，陽明詩中多次使用萬里，如「投荒萬里入炎州」「伊邇怨昕夕，況茲萬里隔」「力爭毫釐間，萬里或可勉」「相去萬里餘，後會安可期」。「炎荒萬里頻回首，羌笛三更謾自哀。」〔註16〕

七十六、新詩舊葉題將滿，老芰疏梧恨共深

恨，隆慶本作根。

按：當為「根」，應是字形相近而誤。

七十七、送張憲長左遷鎮南大參次韻

鎮，隆慶本作滇。

按：應為「滇」，指雲南。張憲長，即張貫。《光緒蠡縣志》：「張貫，北大留人。成化乙未進士，授河南知縣。……弘治戊午，哈密犯順承，命出師平之，賜綵幣，升四川副使，貴州按察使。以持法忤逆瑾，謫官參議。」〔註17〕又此詩中有，「柏臺藩省官非左，江漢滇池道益南。」

七十八、觀傀儡用韻

用，隆慶本作次。

七十九、稚子自應爭詫說，倭人亦復浪悲傷

倭，隆慶本作矮。

八十、隆慶本題目為「贈劉侍御二首」，題下只有詩一首。

相送溪橋未隔年，相逢又過小春天。
｜｜—｜｜—，——｜｜｜—。
憂時敢負君臣義？念別羞為兒女憐。
——｜｜—｜，｜｜—｜｜—。

〔註16〕（明）王守仁撰，吳光、錢明等編校《王陽明全集》，第777頁，第749頁，第750頁，第753頁，第780頁。

〔註17〕束景南《王陽明年譜長編》，上海古籍出版社2017年版，第498頁。

道自升沉寧有定，心存氣節不無偏。

｜｜——｜｜，——｜｜｜——。

知君已得虛舟意，隨處風波只宴然。

——｜｜——｜，｜｜｜｜｜—。

按：明刊本《陽明先生詩錄》與嘉靖本同，嘉靖本正文處缺少詩題。目次處詩題為「寄劉侍御次韻」。應依嘉靖本，此為一首七言律詩。

八十一、病筆不能多反

反，隆慶本作及。

按：當為「及」，涉及、提及。

八十二、未因謫宦傷憔悴，客鬢還羞鏡裏看

還，隆慶本作遠。

按：據詩意，當為「還」，「未因」句即表明自己並未因謫官而形容憔悴，然在鏡中看到自己滿鬢白髮，歎光陰流逝之速之意。「遠」則有逃避之意，不願面對年華將逝的殘酷現實。

八十三、遭際本非甘冷淡，飄零須勝委風塵

勝，隆慶本作信。

按：《文錄》《詩錄》均作「勝」，至隆慶本始改定為「信」。

八十四、溆浦山邊泊，雲間見驛樓

溆，隆慶本作淑。

按：字形相近訛誤。溆浦在今湖南境內，有溆水。

八十五、武陵潮音閣懷原明

原，隆慶本作元。

按：當為「元」。湛若水，字元明，號甘泉。

八十六、雨昏碧草春申墓，雲卷青峰善卷臺

墓，隆慶本作暮。

按：春申，即春申君黃歇，戰國四公子之一，楚考烈王時任令尹。此處應指春申墓地，暮當為形近而誤。

八十七、深谷自逶迤，煙霞日澒洞

震，隆慶本作霞。

澒洞，隆慶本作悠永。

按：澒洞，意為綿延、彌漫。引申為虛空混沌的樣子。陽明《弔屈平賦》：「下深淵兮不側，穴澒洞兮蛟螭。」

八十八、淵淵其鼓，朝既昌矣

朝，隆慶本作明。

按：當作「朝」。《詩經·齊風·雞鳴》：「東方明矣，朝既昌矣。」毛傳：「東方明，則夫人纚筓而朝。朝已昌盛，則君聽朝。」

八十九、天涯歲暮冰霜結，永巷人稀罔象遊

岡，隆慶本作罔。

按：罔象，古代傳說中的水怪，或謂木石之怪。《國語·魯語下》：「水之怪曰龍、罔象。」韋昭注：「或曰罔象食人，一名沐腫。」〔註18〕

九十、良無忠信資，蠻貊非我戚

無，隆慶本作心。

按：當為「無」，根據詩意，難道我不具備忠臣賢者的資質，即使在蠻貊之地我也不會戚戚於心。用「良無」這個反問，表示肯定之意。

九十一、旅宿蒼峽底，霧雨昏朝彌

峽，隆慶本作山。

按：《詩錄》作「峽」；《文錄》作「山」。南北朝·江淹《冬盡難離和丘長史詩》：「冀總歲暮駕，遊衍蒼山蹊。」「蒼峽」一詞可能更接近詩歌原貌；「蒼山」一詞則更符合古典詩詞意象。

九十二、屢興還屢仆，喘息幾不免

喘，隆慶本作惴。

按：當為「惴」，字形相近而誤。惴息，意為因害怕而不敢喘息。

九十三、賦南遊，以申約也

隆慶本無「以」字。

按：「以」作為連詞，表結果。當是隆慶本脫字。

九十四、中情良自抑，美人難可忘

可，隆慶本作自。

按：《詩錄》作「可」；《文錄》作「自」。屈原《離騷》：「日康娛而自忘兮，厥首用夫顛隕。」

九十五、美人隔江水，彷彿若可睹

「彷彿」二字隆慶本作「佛仿」。

九十六、夢與抑之昆季語崔皆在焉覺而有感因紀以詩

隆慶本題目為「夢與抑之昆季語崔皆在焉覺而有感因紀以詩三首」。

九十七、微哉屈信間，子午當其窟

窟，隆慶本作屈。

按：當為字形相近而誤。

九十八、層樓雨急青林迴，古殿云晴碧嶂回

殿，隆慶本作濤。

雲，隆慶本作三。

按：從與上句詩對仗來看，當依嘉靖本。

九十九、雨晴階下泉聲急，夜靜松間月色遲

階，隆慶本作諧。

按：當為「階」，繁體字形近而誤。

一百、鄉心草色春同遠，客鬢松稍晚更蒼

稍，隆慶本作梢。

按：應為「梢」，松樹的枝梢，字形相近而誤。

一○一、客途孤寂渾常事，畏地相求見古風

畏，隆慶本作遠。

按：「遠地」指遙遠的地方，《左傳‧隱公五年》：「《書》曰：『公矢魚於棠』，非禮也，且言遠地也。」

一〇二、夜泊石亭寺呈陳婁諸公因寄儲柴墟都憲及喬太常諸友用韻

隆慶本題目為「夜泊石亭寺用韻呈陳婁諸公因寄儲柴墟都憲及喬白岩太常諸友」。

一〇三、特修江藻拜祠前，正是春風欲暮天

特，隆慶本作持。

按：兩字字形近而誤。

一〇四、城南兼說有溫泉。

後有「右三先生祠」。

一〇五、猶道神仙駕鐵船。

後有「右孚惠廟」。

一〇六、風雨偏從險道當，深泥沒馬陷車箱

當，隆慶本作嘗。

按：應為「當」，繁體字形近而誤。

一〇七、林壑有餘採，昔賢此藏修

昔，隆慶本作普。

按：當為「昔」，應為字形相近而誤。「昔賢」即指曾任教於此的南宋大儒朱熹。

一〇八、衡雲開曉望，洞野浮春洲

開，隆慶本作閒。

按：當為「開」，繁體字行相近而誤。據詩意，詩人眼望遠空，而衡雲漸漸散開。

一〇九、橘洲僧寺浮中流，鳴鐘出延立沙際

中，隆慶本作江。

一一〇、赤沙想像墟田中，西嶼傾頹今冢墓

墟，隆慶本作虛。

按：「墟田」指荒廢的地方，與後句刻畫的「傾頹」意象相近。

一一一、道鄉荒址留突兀，赫曦遠望石如鼓

址，隆慶本作趾。

按：當為「址」，應為字形近而誤。

一一二、齒角虧盈分則然，行李雖淹吾不惡

「虧盈」二字隆慶本作「盈虧」，當據乙。

一一三、天心湖沮泊既濟書事

沮，隆慶本作阻。

按：字形相近而誤。

一一四、翌午風益厲，狼狽收斷汜

翌，隆慶本作翼。

按：據上句「月黑波濤驚，蛟黿互睥睨」可知，當為「翌」，第二天中午。

佚詩輯錄

始得東洞遂改為陽明小洞天

群峭會龍場，戟雉四環集。邐觀有遺觀，遠覽頗未給。尋溪涉深林，陟巘下層隰。東峰叢石秀，獨往凌日夕。崖穹洞蘿偃，苔骨徑路澀。月照石門開，風飄客衣入。仰窺嵌竇玄，俯聆暗泉急。愜意戀清夜，會景忘旅邑。熠熠岩鵲翻，淒淒草蟲泣。點詠懷沂朋，孔歎阻陳楫。躊躇且歸休，毋使霜露及。

校勘記：

依嘉靖本可知，《始得東洞遂改為陽明小洞天》應為漏刻，其詩題下三首詩應為《移居陽明小洞天》題下的三首。

移居勝果

病餘岩閣坐朝曛，異景相新得未聞。日腳倒明千頃霧，雨聲高度萬峰雲。越山陣水當吳嶠，江月隨潮上海門。便欲攜書從此老，不教猿鶴更移文。

校勘記：

此詩隆慶本詩名為「移居勝果寺二首」。嘉靖本詩名為「移居勝果」，收前詩一首；隆慶本，收詩兩首。

第六章　王陽明文學專題研究

第一節　王陽明《答毛拙庵見招書院》箋釋

> 野夫病臥成疏懶，書卷長拋舊學荒。
>
> 豈有威儀堪法象？實慚文檄過稱揚。
>
> 移居正擬投醫肆，虛席仍煩避講堂。
>
> 範我定應無所獲，空令多士笑王良。

根據錢德洪《王文成公年譜》記載，此詩大約作於正德三年（1508）歲末，時年王陽明 37 歲，身處貶謫之地龍場。毛拙庵，名毛科，浙江餘姚人，時任貴州憲副，從四品官員，執掌兵備、學政等，是王陽明的頂頭上司。毛科與王陽明同為餘姚人，有同鄉之宜，毛科本應該對身處困境的王陽明有所扶持，但毛科卻盛氣凌人，以權勢強迫王陽明向思州太守跪拜請罪。事情緣起於一件意外衝突，在貶謫之地，王陽明以高尚的道德與高超的智慧贏得了龍場百姓的愛戴，思州太守心生嫉恨，派人來龍場侮辱王陽明，當地百姓聞訊而來，為王陽明抱打不平，將來人痛打出去。此事惹怒了思州太守，思州太守不僅要上報朝廷，還要重罰王陽明。毛科得知此事之後，不問原委本末，派人來龍場命令王陽明到思州太守處跪拜請罪，並警告王陽明，如若不然，定然是大禍將至。王陽明憤然命筆，寫下《答毛憲副》書信，在信中，王陽明直言已將生死禍福置之度外，寧冒生命之險，不廢忠信禮義，明確拒絕向思州太守道歉。毛科與思州太守被王陽明的凜然正氣折服，心生慚悔之意，不僅沒有降罪，反而對王陽明敬重有加。當時，修葺一新的貴陽書院，缺少一位德高望重的師長，毛科

擬聘請王陽明擔任教職。思州太守一事，毛科就給王陽明留下了很壞的印象，面對毛科的聘請，王陽明婉言拒絕，此詩就是王陽明對毛科的答覆。

「野夫病臥成疏懶」，言身體有病，不堪繁重之教務。王陽明在龍場確實身體欠佳，他在其他詩中也時常提到病痛，如《鳳雛次韻答胡少參》「養屙深林中，百鳥驚辟易」，《贈黃太守澍》「臥屙閉空院，忽來古人車」，但王陽明的身體尚不至於不能擔任書院教職，並且王陽明也不排斥通過書院教化諸生，在《諸生來》詩中就曾坦言「講習性所樂，記問復懷硯」。王陽明在當地百姓的幫助下曾經建成了龍岡書院，龍岡書院雖然形制簡陋，王陽明卻堅信「吾道固斯存」（《龍岡新構》），慨然以孔子自期，大有「君子居之，何陋之有」的氣象。王陽明在龍岡書院與諸生登山臨水，「夜弄溪上月，曉陟林間丘」（《諸生夜坐》）；詩酒往還，「門生頗群集，樽罍亦時展」（《諸生來》），相處非常愉快。王陽明親自構築龍岡書院尚且樂此不疲，卻要拒絕貴陽書院的邀請，不是排斥書院，而是對毛科的品性人格，心存警惕。「疏懶」一詞源出嵇康《與山巨源絕交書》「性復疏懶，筋駑肉緩」，王陽明用「疏懶」依次，意在表明在謙卑的外表下，掩藏著傲岸不屈的人格。

「書卷長拋舊學荒」，言書卷長拋，無可傳授之學問，其實這都是王陽明拒絕毛科的託詞。有病無學，因病廢學，是古來詩家的慣常口吻，如陸游《秋晚書懷》「結廬窮僻新知少，屬疾沈綿舊學荒」。王陽明的病是小病，並沒有長拋書卷，與之相反，王陽明雖處逆境，卻未嘗廢書不觀，作於之前的兩首詩足以證明：《西園》「放鋤息重陰，舊書漫批閱」，《贈黃太守澍》「經濟非復事，時還理殘書」。未嘗長拋書卷，學問自然不可能荒廢，王陽明在龍場期間，曾經著有學術專著《五經臆說》。因此，有病與無學，均是王陽明拒絕毛科的委婉託詞。

「豈有威儀堪法象」，出句「威儀」二字出自《詩經·大雅·抑》：「抑抑威儀，維德之隅。人亦有言，靡哲不愚。」鄭玄注曰：「人密審於威儀者，是其德必嚴正也。故古之賢者道行心平，可外占而知內，如宮室之制，內有繩直，則外有廉隅也。」朱熹《詩集傳》曰：「有哲人之德者，固必有哲人之威儀矣。而今之所謂哲者，未嘗有其威儀，則是無哲而不愚矣。」王陽明謙言無哲人之威儀可供師法，按照《抑》篇的邏輯，外無哲人之威儀，乃是因為內無哲人之德，無德而強為師，自然是「靡哲不愚」，難免為他人所笑。王陽明所言無哲人之威儀，乃是暗指受廷杖之恥。正德元年（1506）二月，王陽明疏救南京科

道戴銑、薄彥徽，得罪權奸劉瑾，被去衣廷杖四十，死而復蘇。廷杖的奇恥大辱，在王陽明內心留下了揮之不去的陰影。書院乃人文教化之所，刑餘之人，臨此大任，難免招人非議，王陽明推辭書院聘請，確實有難言之苦衷。

「實慚文檄過稱揚」，該句慚愧之中有不滿之意。毛科「過稱揚」，讓王陽明感覺慚愧；但「文檄」二字卻透漏出不滿情緒。為書院禮聘師長，應該心存禮敬，登門力邀，毛科卻以一紙「文檄」相壓，如此傲慢無禮的聘請方式，王陽明又如何肯屈就呢？王陽明推辭教職的義理依據來源於《孟子·滕文公》：「陳代曰：『不見諸侯，宜若小然；今一見之，大則以王，小則以霸。且《志》曰枉尺而直尋，宜若可為也。』孟子曰：『昔齊景公田，招虞人以旌，不至，將殺之。志士不忘在溝壑，勇士不忘喪其元。孔子奚取焉？取非其招不往也。如不待其招而往，何哉？且夫枉尺而直尋者，以利言也。如以利，則枉尋直尺而利，亦可為與？』」朱熹《孟子集注》曰：「夫虞人招之不以其物，尚守死而不往，況君子豈可不待其招而自往見之邪？」王陽明拒絕毛科，也是因為毛科對其「招之不以其物」，聘請方式無禮非義。

「移居正擬投醫肆，虛席仍煩避講堂」。頸聯與首聯是呼應關係。計劃移居醫肆，是為了療養病痛，與「野夫病臥」相呼應。躲避書院講堂，是因為無學問可以傳授，與「書卷長拋」相呼應。再次強調有病與無學，無非是說明推辭之意的堅決。從句法結構方面來看，頸聯模擬陳師道《酬應物見戲》：「醒心正賴揮毫疾，誤筆仍煩送喜來。」

「範我定應無所獲」，王陽明在前三聯說明了拒絕教職的理由，尾聯則是告訴毛科，即使勉為其難，勉強出山，也不會在書院有所貢獻，無疑會令毛科失望，「多士」嘲笑。「多士」出自《詩經·大雅·文王》：「世之不顯，厥猶翼翼。思皇多士，生此王國。王國克生，維周之楨。濟濟多士，文王以寧。」朱熹《詩集傳》曰：「此承上章而言。其傳世豈不顯乎？而其謀猷皆能勉敬如此也。美哉，此眾多之賢士，而生於此文王之國也！文王之國，能生此眾多之士，則足以為國之幹，而文王亦賴以為安矣。蓋言文王得人之盛，而宜其傳世之顯也。」王陽明是反用「多士」之義，既然書院有眾多賢士，毛憲副又何必捨近求遠，聘請病臥之野夫呢？況且，王陽明持身甚嚴，堅守節操，不會做「枉尺直尋」之事。在教育理念方面，王陽明與貴陽書院之間可謂是南轅北轍，差異甚大。不僅是貴陽書院，當時幾乎所有書院的教育目標都是圍繞著科舉展開，書院教育和學生讀書的目的幾乎都是為了考取功名，這種功利主義的教育理念

對讀書人的腐蝕很大。王陽明的教育理念與當時的書院迥然有別,他認為讀書人應該追求的第一等事是成聖賢,這種理念早在王陽明十一歲時就已經確立(錢德洪《王文成公年譜》)。之後在婁諒、湛若水等師友的勉勵下,王陽明立志做聖賢的志向更為堅定。即使在貶謫之地龍場的困頓生活中,王陽明不僅從來沒有放棄過做聖賢的理想,反而以孔子、顏回、曾點等聖賢作為師法對象,如《始得東洞遂改為陽明小洞天三首》其一曰:「夷居何有陋,恬淡意方在」,典出《論語‧子罕》:「子欲居九夷。或曰:『陋如之何?』子曰:『君子居之,何陋之有?』」《始得東洞遂改為陽明小洞天三首》其三曰:「邈矣簞瓢子,此心期與論」,「簞瓢子」是指顏回,典出《論語‧雍也》:「子曰:『賢哉,回也!一簞食,一瓢飲,在陋巷,人不堪其憂,回也不改其樂。賢哉,回也!』」《諸生夜坐》:「緬懷風沂興,千載相為謀」,典出《論語‧先進》:「『點,爾何如?』鼓瑟希,鏗爾,舍瑟而作,對曰:『異乎三子者之撰。』子曰:『何傷乎?亦各言其志也。』曰:『莫春者,春服既成,冠者五六人,童子六七人,浴乎沂,風乎舞雩,詠而歸。』夫子喟然歎曰:『吾與點也!』」《龍岡漫興五首》其二曰「人間不有宣尼叟,誰信申棖未是剛?」典出《論語‧公冶長》:「子曰:『吾未見剛者。』或對曰:『申棖。』子曰:『棖也欲,焉得剛?』」

在成聖賢的道路上,功名利祿的誘惑牢不可破,儘管王陽明不排斥考取功名,但是他堅決反對把考取功名作為讀書的終極目標,以至於放棄了成聖賢的志向,這就是王陽明反覆強調的科舉之害在於「不患妨功,惟患奪志」。書院諸生已被科舉奪志者比比皆是,多數學生早已胸無大志,更遑論學為聖賢。讀書人若無成聖成賢的志向,其危害甚大,正如王陽明在《教條示龍場諸生》中所言:「志不立,如無舵之舟,無銜之馬,漂蕩奔逸,終亦何所底乎?」功利主義盛行的書院與王陽明學為聖賢的教育理想有很大鴻溝,這也是王陽明拒絕貴陽書院聘請的一個原因。

「空令多士笑王良」,「王良」典出《孟子‧滕文公》:「昔者趙簡子使王良與嬖奚乘,終日而不獲一禽。嬖奚反命曰:『天下之賤工也。』或以告王良。良曰:『請復之。』強而後可,一朝而獲十禽。嬖奚反命曰:『天下之良工也。』簡子曰:『我使掌與女乘。』謂王良。良不可,曰:『吾為之範我馳驅,終日不獲一;為之詭遇,一朝而獲十。《詩》云:不失其馳,舍矢如破。我不貫與小人乘,請辭。』御者且羞與射者比,比而得禽獸,雖若丘陵,弗為也。如枉道而從彼,何也?且子過矣,枉己者未有能直人者也。」朱熹《孟子集注》曰:

「或曰：『居今之世，出處去就，不必一一中節，欲其一一中節，則道不得行矣。』楊氏曰：『何其不自重也！枉已其能直人乎？古之人寧道之不行，而不輕其去就，是以孔孟雖在春秋戰國之時，而進必以正，以至終不得行而死也。使不邮其去就而可以行道，孔孟當先為之矣。孔孟豈不欲道之行哉？』」王陽明用「王良」一典，意在表明「寧道之不行，而不輕其去就」之意。

概括起來說，王陽明此詩有兩個值得注意的特點：

第一、用典渾融，充滿理趣

此詩有多處用典，並且典故出自《詩經》《孟子》等儒家經典，相對於歷史典故而言，以義理見長的典故運用到詩中的難度更大。這就要求詩人才學兼備，有更高的詩學技巧，正如《文心雕龍‧事類篇》所言：「文章由學，能在天資。才自內發，學以外成。……才為盟主，學為輔佐。主佐合德，文采必霸。才學褊狹，雖美少功。」王陽明可謂是才學兼擅的詩人，在十一歲時創作的《金山寺》《蔽月山房》兩首詩，已經令人「大驚異」，之後沉潛詩文多年，又得茶陵詩派宗主李東陽指點，學養日深，詩學精進。以此詩而論，王陽明用典渾融，不刻意求工，而自然工穩，渾然天成。通過儒家經典的穿插點綴，我們不難看出深處困境的王陽明的精神歸趨，孔子、孟子等儒家聖賢的典範人格為王陽明的出處去就提供了可資師法的義理準則。王陽明此詩即非情節完整的敘事詩，也非直抒胸臆的抒情詩，而是充滿儒學興味的理趣詩，當然，這與王陽明心學家的學術修養是密不可分的。

第二、抑揚吞吐，婉而多諷

此詩幾乎整體摹擬杜甫《有客》，杜詩曰：「幽棲地僻經過少，老病人扶再拜難。豈有文章驚海內，謾勞車馬駐江干。竟日淹留佳客坐，百年粗糲腐儒飧。莫嫌野外無供給，乘興還來看藥欄。」蕭滌非《杜甫全集校注》說：「來訪的這位『佳客』大概是個地位較高的官僚，他仰慕詩人之名，前來相訪，並非杜甫的文章知己，所以詩中的言辭較為客氣，感情亦平淡。仔細體味，會感到詩人貌似謙恭後面的一絲傲岸之氣。」王陽明自覺地摹擬《有客》，對感情的抒發不是排山倒海而來，而是低徊婉轉，內斂節制。此詩言內之意是謙和自抑，婉言謝絕；弦外之音卻是持守節操，傲骨嶙峋，言內之意與弦外之音密切配合，真情實感隱藏於應酬客套之中，是杜甫《有客》以後的又一篇佳作。

當然，在日後更加頻繁深入的交往過程中，王陽明對毛科以及貴陽書院

的態度也有一些轉變。在毛科致仕之後，提學副使席書再次邀請王陽明執掌貴陽書院，「身率貴陽諸生以所事師禮事之」（錢德洪《王文成公年譜》），席書心誠禮恭，使王陽明難卻盛情，王陽明最終接受了貴陽書院的聘請，並培養了大批人才，逐漸形成了一個學術群體，史稱「黔中王門」。

第二節　新見王陽明佚詩《始得東洞遂改為陽明小洞天》箋釋

群峭會龍場，戟雉四環集。遍覘有遺觀，遠覽頗未給。尋溪涉深林，陟巘下層陰。東峰叢石秀，獨往凌日夕。崖穹洞蘿偃，苔骨徑路澀。月照石門開，風飄客衣入。仰窺嵌竇玄，俯聆暗泉急。愜意戀清夜，會景忘旅邑。熠熠岩鵑翻，淒淒草蟲泣。點詠懷沂朋，孔歎阻陳楫。躊躇且歸休，毋使霜露及。

筆者最近在查閱嘉靖三年（1524）本王陽明《居夷集》時，發現了這首題為《始得東洞遂改為陽明小洞天》的詩，這是一首新發現的陽明佚詩。經過海內外幾代學者的努力，對於陽明散佚之語錄、詩文的收集整理工作已經取得了很大的成績，束景南將這些散佚之作彙編為《陽明佚文輯考編年》，該書共輯錄陽明散佚詩文三百八十首（篇）、語錄約一百八十條，陽明佚作大體已備。這首詩卻未被以上著作收錄，具有一定的文獻補遺價值。

嘉靖三年（1524）本《居夷集》共三卷，前二卷為陽明謫居貴州時的作品，附錄一卷為獄中詩和赴謫詩，卷首有丘養浩序言、卷末有陽明弟子韓楝與徐珊跋文。丘養浩序曰：「嘉靖甲申夏孟朔丘養浩以義書。」可知該書刊刻於嘉靖三年（1524）四月。至於刻書者丘養浩，《乾隆福建通志》卷四十五曰：「丘養浩，字以義，晉江人。正德辛巳進士，授餘姚知縣。」可知丘養浩此時在陽明家鄉餘姚知縣任上。嘉靖元年（1522）二月十二日，陽明之父王華去世，此時五十三歲的陽明還在餘姚家中守制，與知縣丘養浩應該有所交往，丘養浩刊刻《居夷集》應該也曾徵得陽明首肯，刊刻之後也會送呈陽明，因此該詩確為陽明之作無疑。

正德元年（1506）二月，陽明彈劾權奸劉瑾，被謫貴州龍場驛丞。正德三年（1508）春，陽明抵達龍場。「龍場在貴州西北萬山叢棘中，蛇虺魍魎，蠱毒瘴癘」（錢德洪《王文成公年譜》），居住環境異常惡劣，陽明曾三易其居。

陽明《何陋軒記》曰：「始予至，無室以止，居於叢棘之間，則鬱也。遷於東峰，就石穴而居之，又陰以濕。龍場之民，老稚日來視予，喜不予陋，益於比。予嘗圃於叢棘之右，民謂予樂之也，相與伐木閣之材，就其地為軒以居予。……因名之曰『何陋』，以信孔子之言。」陽明到達龍場之後，並無現成房舍供其居住，最初暫且在山野樹叢之下結草庵以棲息，陽明有《初至龍場無所止結草庵居之》一詩以記其事。「草庵不及肩」，過於低矮；「迎風亦蕭疏，漏雨易補緝」，草庵難避風雨。所以，草庵只能暫時棲身，無法長久居住。陽明擬在龍場另尋一山洞作為安身之所，何以會萌生此念呢？因為六年前陽明曾久居故鄉餘姚陽明洞中行導引之術，熟悉山洞環境，深知山洞可以作為居住之所。因此陽明在龍場登山臨水，尋找山洞，一次偶然的機會，發現東峰有石洞甚為寬敞，比草庵更易遮風避雨，遂將其更名為陽明小洞天，以寄思鄉之情，且為找到住處而欣喜。關於陽明洞的形制規模，《乾隆貴州通志》卷五曰：「陽明洞，在龍岡山半岩下，高敞深廣各二三丈，頂石如鑿，舊名東洞。明王守仁謫居龍場，遊息其中，更名陽明小洞天，書於石嵌洞中。」故《始得東洞遂改為陽明小洞天》一詩，即作於正德三年（1508）春季，發現陽明洞之初，未遷入陽明洞之前。陽明遷入陽明洞之後，又寫了三首詩，題為《移居陽明小洞天》（因《王文成公全書》漏收《始得東洞遂改為陽明小洞天》，故誤將《移居陽明小洞天》題為《始得東洞遂改為陽明小洞天》）。

　　《始得東洞遂改為陽明小洞天》共二十二句，分為三個部分。前面八句寫陽明洞外之景及發現陽明洞之經過，中間八句寫初遇陽明洞及陽明洞內之景，末尾六句寫陽明洞內之思。

　　「群峭會龍場，戟雉四環集」。起首兩句是陽明登上龍場最高峰之後，俯瞰龍場諸峰的景象。「群峭會龍場」之「會」字下的巧妙，「戟雉四環集」之「集」字下的巧妙，正如杜甫《詠懷古蹟》「群山萬壑赴荊門」之「赴」字，清人吳瞻泰《杜詩提要》評此「赴」字曰：「發端突兀，是七律中第一等起句，謂山水逶迤，鍾靈毓秀，始產一明妃。說得窈窕紅顏，驚天動地。」我們也可以借鑒吳氏之語評陽明之「會」字、「集」字，龍場群山環繞，如戟雉環集，本是自然生成，是客觀存在的地貌特徵，用一「會」字、「集」字，就變客觀為主觀，變無情為有情，似乎龍場群山環抱之中的陽明洞正虛位以待，等待一位聖賢王陽明的到來，正如陽明《移居陽明小洞天》所言「古洞閟荒僻，虛設以相待」。陽明洞為陽明提供了棲身之所，陽明則得江山之助，在陽明洞中悟道，實現了

中國思想史上的重大突破。山川有情，成就聖賢；聖賢有成，潤澤山川。成己成物，物我交融，也是中國文化史上的一段佳話。

「邇覯有遺觀，遠覽頗未給」。邇者，近也。《尚書·舜典》：「柔遠能邇，惇德允元。」鮑照《春羈》：「征人歎道遲，去鄉悒路邇。」覯者，見也。《詩經·大雅·公劉》：「迺陟南岡，迺覯於京。」遺觀，龍場周圍的文化遺存。據《乾隆貴州通志》記載，龍場周圍尚有象祠一座、僧舍兩處、文昌閣一處。這些「遺觀」大都淹沒在深山叢林之中，在近處才能清楚地看到，如果距離過遠就非目力之所能及，即「遠覽頗未給」。給者，及也。《國語·晉語》：「誠莫如豫，豫而後給。」韋昭注曰：「給，及也。」

「尋溪涉深林，陟巘下層隰。」「尋溪涉深林」，是自上往下寫，自在上之深林下而尋找山下之溪水；「陟巘下層隰」，是自下往上寫，自在下之層隰上而攀援山上之峰崖。句法與杜甫《秋興八首》「江間波浪兼天湧，塞上風雲接地陰」類似。

「東峰叢石秀，獨往凌日夕」。在日夕薄暮時分，陽明前往東峰，足見陽明尋找山洞之艱辛，亦可見陽明對山水泉石愛好之深，即使在貶謫之地，也時常登山臨水，欣賞龍場山水。如《諸生來》：「林行或沿澗，洞遊還陟巘。」《溪水》：「坐石弄溪水，欣然濯我纓。」陽明早年既有山水之好，他的詩集中就有很多山水詩，記載了他對山水的癡迷之情。如《憶鑒湖友》：「空有煙霞好，猶為塵世留。」有時流連山中，數日不還，如《遊牛峰寺》：「兩到浮峰興轉劇，醉眠三日不知還。」有時對佳妙山水的思念形之於夢寐之中，如《憶諸弟》：「久別龍山雲，時夢龍山雨。」陽明何以「獨往凌日夕」？據《移居陽明洞小洞天》「童僕自相語，洞居頗不惡」，以及《瘞旅文》「念其暴骨無主，將二童子持畚鍤往瘞之」，可知陽明也曾從家中帶來兩名童僕。但是這兩名童僕並沒有陪同陽明尋找山洞，一來是兩名童僕沒有陽明的泉石煙霞之好，二來是兩名童僕此時皆以病倒，陽明還要反過來照顧他們。錢德洪《王文成公年譜》載其事曰：「從者皆病，自析薪取水作糜飼之。又恐其懷抑鬱，則與歌詩。又不悅，復調越曲，雜以詼笑，始能忘其為疾病夷狄患難也。」

以上八句寫陽明洞外之景及發現陽明洞之經過，下面八句寫初遇陽明洞與陽明洞內之景。

「崖穹洞蘿偃，苔骨徑路澀」。穹者，高也。司馬相如《長門賦》：「正殿塊以造天兮，鬱並起而穹崇。」李善注曰：「穹，高貌。」「崖穹洞蘿偃」，言

山崖之上的洞口藤蘿四布。骨者，滑也。《莊子・達生篇》：「當是時也，無公朝，其巧專而外骨消。」陸德明《經典釋文》曰：「消，如字，本亦作骨消。」路澀，道路險阻。簡文帝《隴西行》曰：「烏孫途更阻，康居路猶澀。」杜甫《送率府程錄事還鄉》曰：「途窮見交態，世梗悲路澀。」「苔骨徑路澀」，言陽明洞口苔痕濕滑，道路難行。

「月照石門開，風飄客衣入。」「獨往凌日夕」，言出發時間是在夕陽西下之時；「月照石門開」，言發現陽明洞的時間是在明月高懸之時。明月朗照，石門洞開，山高風爽，客衣飄拂，陽明驚訝喜悅之情不難想見，陽明此時大有「山重水複疑無路，柳暗花明又一村」之感。

「仰窺嵌竇玄，俯聆暗泉急」。寫陽明入洞之後，仰觀俯察的景象。陽明洞高約四米，夜晚洞內無光，所以陽明仰望，發現山洞昏黑高闊，是為「仰窺嵌竇玄」；「俯聆暗泉急」，洞內有水流之聲，是暗泉流動。陽明洞內確實有山泉，《移居陽明小洞天》曰：「清泉傍廚落，翠霧還成幕。」

「愜意戀清夜，會景忘旅邑」。前文是言景，這兩句是抒情，是對前文的小結。清夜愜意，使人流連而忘返。新發現的山洞，景色清幽，軒敞開闊，足夠主僕三人居住，又有清泉汲引，眼前的景象讓陽明暫時忘卻了自己還是戴罪之身、遷謫之客。

最後六句是陽明在洞內之思，是哲理性的昇華。

「熠熠岩鶻翻，淒淒草蟲泣」。熠熠，鮮明閃爍的樣子。儲光羲《同王十三維偶然作》：「丹鳥飛熠熠，蒼蠅亂營營。」淒淒，淒涼悲傷的樣子。范縝《擬招隱士》：「歲晏兮憂未開，草蟲鳴兮淒淒。」陽明在洞內仰觀有翻飛之岩鶻，俯察有泣吟之草蟲，仰觀俯察的觀察視角與「仰窺嵌竇玄，俯聆暗泉急」相呼應。在上之岩鶻色澤熠熠，身姿矯捷；在下之草蟲則悲吟淒淒，淒涼哀歡。同處一個山洞之中，同處一個環境之下，岩鶻與草蟲的遭遇何以會迥然不同，眼前的景象引發了陽明的深思。另外，同樣是身處環境惡劣的貶謫之地，陽明不單是身康體健、心情愉悅，而且體悟真理、教化諸生，實現了人生的光輝轉折。反觀陽明的兩位童僕，卻是鬱鬱寡歡，相繼病倒。更有甚者，在之後的生活中，陽明還目睹了一位經過龍場的吏目以及其子其僕的慘死，《瘞旅文》曰：「薄午，有人自蜈蚣坡來，云：『一老人死坡下，傍兩人哭之哀。』予曰：『此必吏目死矣，傷哉！』薄暮復有人來，云：『坡下死者二人，傍一人坐歎。』詢其狀，則其子又死矣！』明日，復有人來，云：『見坡下積屍三焉。』則其僕又死矣！」

環境相同，境遇不同，陽明此時似乎隱約體悟到決定人生悲喜憂懼的關鍵不是外在的環境，而是內在的心靈，或者說是在心而不在境。儘管此時的陽明還沒有徹底從朱熹「性即理」的影響下解脫出來，但是他已經朦朧地意識到「心即理」的哲學理念。

陽明弟子徐珊《居夷集跋》曰：「夫子居夷三載，素位以行，不願乎外，蓋無入而不自得焉。其所為文，雖應酬寄興之作，而自得之心，溢之言外。故其文宏以肆，純以雅，婉曲而暢，無所怨尤者，此夫子之知發而為文也。」誠如徐珊所言，陽明居夷處困，依然能實現人生的飛躍，所憑藉的正是「素位以行」。陽明非常重視「素位以行」，如《與王純甫》所言：「後之君子，亦當素其位而學，不願乎其外。素富貴，學處乎富貴；素貧賤患難，學處乎貧賤患難；則亦可以無入而不自得。」「素位以行」是儒家重要的處世之道，《中庸》曰：「君子素其位而行，不願乎其外。素富貴，行乎富貴；素貧賤，行乎貧賤；素夷狄，行乎夷狄；素患難，行乎患難。君子無入而不自得焉！在上位不陵下，在下位不援上；正己而不求於人，則無怨；上不怨天，下不尤人。故君子居易以俟命，小人行險以徼幸。」所謂「素位以行」就是安於當下而不怨天尤人，即是指君子會根據所處的位置而採取適當的處理方式。至於處理方式的選擇，當然要尊重所處的位置，但是更為重要的是要持守內心的價值標準，不因外在環境的變化而擾亂內在的價值標準。正如陽明《觀德亭記》所言：「心端則體正，心敬則容肅，心平則氣舒，心專則視審，心通故時而理，心純故讓而恪，心宏故勝而不張、負而不弛。七者備而君子之德成。」德者，得也，「君子無入而不自得」，正賴乎對內在價值標準的持守不渝。

「點詠懷沂朋，孔歎阻陳楫」。「點詠懷沂朋」，典出《論語·先進》：「莫春者，春服既成。冠者五六人，童子六七人，浴乎沂，風乎舞雩，詠而歸。」陽明用此典故，意在表達對得意門生徐愛等人的思念之情。錢德洪《王文成公年譜》正德二年（1507）載曰：「是時先生與學者講授，雖隨地興起，未有出身承當，以聖學為己任者。徐愛，先生妹婿也。因先生將赴龍場，納贄北面，奮然有志於學。愛與蔡宗兗、朱節同舉鄉貢。先生作《別三子序》以贈之。」去年年底徐愛等三人進京參加會試，此時會試已經放榜，但是山川阻隔，音問遲滯，陽明尚不知徐愛等人是否高中，內心時常惦念此事，思念徐愛等人。「點詠懷沂朋」，是對徐愛等弟子的關切。「孔歎阻陳楫」，據《論語》所載，孔子在陳處困時曾兩次表喟然而歎，一處見於《論語·公冶長》：「子在陳曰：『歸

與！歸與！吾黨之小子狂簡，斐然成章，不知所以裁之。』」另一處見於《論語・衛靈公》：「在陳絕糧，從者病，莫能興。子路慍見曰：『君子亦有窮乎？』子曰：『君子固窮，小人窮斯濫矣。』」陽明「孔歎阻陳楫」一句應該是同時涵攝了這兩處典故，《公冶長》所言「吾黨之小子狂簡，斐然成章，不知所以裁之」，是陽明對弟子的關切；《衛靈公》所言「君子固窮」是表達自己的操守。陽明用這兩個典故，也與自身處境貼合，孔子在陳絕糧，從者慍見，陽明在龍場亦絕糧，從者亦慍見，陽明有詩《謫居絕糧請學於農將田南山永言寄懷》為證，其詩曰：「謫居屢在陳，從者有慍見。」

　　「躊躇且歸休，毋使霜露及」。躊躇，遲疑不決之意。《楚辭・九辯》：「事亹亹而覬進兮，蹇淹留而躊躇。」此處是反其意而用之，即不要遲疑不決，應該早日辭官歸隱。歸休，辭官歸隱。《韓詩外傳》曰：「田子為相三年歸休，得金百鎰奉其母。」趙孟頫《奉和帥初雨中見贈》：「溪南流水清如玉，終擬歸休理釣磯。」「毋使霜露及」，典出《離騷》：「雖萎絕其亦何傷兮，哀眾芳之蕪穢。」王逸《楚辭章句》曰：「言己所種眾芳草當刈未刈，早有霜雪。枝葉雖早萎病絕落，何能傷於我乎？哀惜眾芳摧折，枝葉蕪穢而不成也。以言己循行忠信，冀君任用，而遂斥棄，則使眾賢志士失其所也。」陽明用此典故意在表達自己遭受貶謫，使徐愛等弟子暌違良師，失去歸依，聖賢之學可能會因之而中斷，這才是陽明最為擔憂之事，至於個人遭遇的不幸、貶謫之所的荒僻等，反而不是陽明最為關切的事情。篇末的這兩句詩，集中體現了陽明憂道不憂貧的儒家情懷。孔子被匡人圍困，生命危在旦夕之時，依然首念斯文之興廢，孔子說：「天之將喪斯文也，後死者不得與於斯文也；天之未喪斯文也，匡人其如予何！」（《論語・子罕》）陽明的這種斯文擔承與孔子有精神血脈的一致性。

第三節　龍場悟道與王陽明生命價值體系的重建

　　王陽明謫居龍場時，面臨生存和生命兩個主要問題。他通過高超的處困之道化解了生存危機，以「未嘗一日之戚戚」的樂觀精神應對惡化的生存環境，以忠信禮義保障生命的尊嚴，並從道教神仙之術中解脫出來，體悟到與其片面地追求自然生命的延伸，不如建構文化生命的厚重。王陽明認為文化生命的建構離不開對理的求索，不同於朱熹心外求理的既有模式，龍場悟道之後的王陽

明創造性地提出心即理的哲學命題，開始向「吾性自足」的心內求理。向外求理，一定程度上還是屬於他律道德的範疇；心內求理，則更注重高度自覺的自律道德。另外，心即理的心是孟子所言之本心，本心人皆有之，則理亦人皆有之，如此則保證了理是普遍性的道德根據，而不是少數人的知識霸權。龍場悟道的另一個創造性的成果是知行合一，即道德知識和道德實踐的合一。如果說，心即理是向內探求道德知識的緣起，是文化生命的內求；那麼知行合一則是在知行並重的同時，依然帶有強調道德實踐的傾向，是文化生命的外拓。通過心即理與知行合一，王陽明找到了文化生命的內在依據，也實現了文化生命的外在踐履，在朱熹之後，重新建構了一個完整的生命價值體系。

一、引言

儒家哲學主要圍繞生命展開其論述，不同於佛教哲學，儒家沒有一個彼岸世界的構想，也不同於道教哲學，儒家也沒有一個神仙世界的設定。這種重視人間世的現實品格，早在孔子那裡就已經被確認。相對於不可把捉的鬼神世界，孔子更加重視當下切實的人間世界；相對於對死後問題的諸種玄想，孔子更加重視人間世的生命狀態。

儒家哲學發展到王陽明，尤其是龍場時期的王陽明，他所面臨的生存困境和生命困擾可以與孔子的厄於陳蔡等量而觀，甚至還有過之。此時的王陽明可謂是內外交困，迫近生命的邊緣，正如他在《答毛憲副》中所言：「某之居此，蓋瘴癘蠱毒之與處，魑魅魍魎之與遊，日有三死焉。」〔註1〕從外部條件來看，龍場地處貴州西北山林之中，毒蛇猛獸所在多有，瘴氣彌漫，交通阻塞，自然環境十分惡劣。居住環境更為簡陋，初到龍場的王陽明並無房舍供其居住，只好如野人一般暫時穴處於山洞之中。人文環境幾乎處於空白，王陽明與當地少數民族語言不通，溝通交流，障礙重重。官場環境依然惡化，當朝權貴劉瑾對王陽明的打擊報復還在持續，貴州本地官員對王陽明亦是極度之不友好，且時常有欺凌之事發生。從王陽明本身來說，經過長途奔波，加之不久之前受過杖刑，原本就有肺疾的王陽明，舊疾重發，一度被疾病困擾。王陽明詩文中時常有疾病的記載，如《答毛拙庵見招書院》：「野夫病臥成疏懶，書卷長拋舊學荒。」〔註2〕《鳳雛次韻答胡少參》：「養屙深林中，百鳥驚辟易。」〔註3〕《贈

〔註1〕（明）王守仁撰、吳光、錢明等編校《王陽明全集》，第883頁。
〔註2〕（明）王守仁撰、吳光、錢明等編校《王陽明全集》，第778頁。

黃太守澍》：「臥屙閉空院，忽來故人車。」〔註4〕因此，如何化解生存危機，如何重塑生命價值，就成了龍場時期王陽明不得不面對的兩個首要問題。

二、王陽明的處困之道與生存危機的化解

王陽明在龍場時期的處困之道主要有以下四點：

第一、聖人之志的最終確立

據錢德洪《王文成公年譜》記載，早在十一歲時，王陽明就朦朧地樹立了讀書學聖賢的志向。但是在隨後的二十多年間，王陽明又被辭章、遊俠、佛老等學問吸引，聖學之路歧出多變。龍場悟道之後，王陽明的聖人之志才最終確立，並之死靡它，未嘗再度動搖。此時的王陽明不僅學為聖人，而且以孔子自居自勵，單從他對貴州期間的詩文集命名為《居夷集》即可覘知。「居夷」典出《論語・子罕》，其文曰：「子欲居九夷。或曰：『陋如之何？』子曰：『君子居之，何陋之有？』」〔註5〕孔子所謂居夷只是面對禮壞樂崩的時局所作的憤激之言，王陽明則實實在在地是遠離諸夏而困處九夷。王陽明篤定聖人之志，使他清醒地認識到，即使人格完美如孔子，也難免「謫居屢在陳」〔註6〕的困厄，更為重要的是，王陽明認為這種困厄乃如孟子所言是「天將大任於斯人」之前的必經考驗。

王陽明在《教條示龍場諸生》一文中指出立志之重要，他說：「志不立，如無舵之舟，無銜之馬，漂蕩奔逸，終亦何所底乎？」〔註7〕以孔子自勵的王陽明，志向堅定，可謂是控住了浮舟之舵、駿馬之銜，心有所主，不為外境所轉，卻能轉化外境。從這個意義上說，王陽明不僅踐履了孔子的居夷構想，也實踐了從居夷到化夷的儒家教化之道。

第二、孔顏樂處的精神傳承

孔門弟子眾多，孔子唯獨垂青於顏回，其中有一個重要的原因就是顏回即使在生存條件極端簡陋困苦的境況下，依然能夠以不改其樂的樂觀情懷堅守儒家之道。《論語・雍也》載其事曰：「子曰：賢哉！回也。一簞食，一瓢

〔註3〕（明）王守仁撰、吳光、錢明等編校《王陽明全集》，第 774 頁。
〔註4〕（明）王守仁撰、吳光、錢明等編校《王陽明全集》，第 775 頁。
〔註5〕（宋）朱熹《四書章句集注》，第 113 頁。
〔註6〕（明）王守仁撰、吳光、錢明等編校《王陽明全集》，第 769 頁。
〔註7〕（明）王守仁撰、吳光、錢明等編校《王陽明全集》，第 1073 頁。

飲，在陋巷，人不堪其憂，回也不改其樂。賢哉！回也。」〔註8〕宋明儒者非常推崇這種樂觀情懷，並以參禪悟道的體悟方式索解孔顏所樂為何事？其實，答案並不複雜，孔顏所樂當然不是貧，而是道，就是日常所言之安貧樂道。李澤厚甚至把孔顏樂觀精神視為中國文化的根本特徵，他說：「與西方『罪感文化』、日本『恥感文化』相比較，以儒學為骨幹的中國文化的精神是『樂感文化』。」〔註9〕

　　孔顏樂處的樂觀精神也成了王陽明化解生存危機的重要精神資源，王陽明在《瘞旅文》中記載了一位吏目慘死於赴任途中，吏目的兒子和僕人也於次日相繼死去。同是天涯淪落人的王陽明大有物傷其類之感，文中表達了沉痛的同情，也分析了自己幸存的原因，即「自吾去父母鄉國而來此二年矣，歷瘴毒而苟能自全，以吾未嘗一日之戚戚也」〔註10〕。借助儒家的樂觀精神，不僅王陽明本人做到了「胸中灑灑」〔註11〕，甚至還幫助身邊的僕人克服了精神的壓抑，錢德洪《王文成公年譜》曰：「而從者皆病，自析薪取水作糜飼之；又恐其懷抑鬱，則與歌詩；又不悅，復調越曲，雜以詼笑，始能忘其為疾病夷狄患難也。」〔註12〕

第三、忠信禮義與生命之尊嚴

　　生存問題是一個事實問題，生命問題則是一個價值問題，儒家反對為了苟且的生存而放棄生命的價值。如孟子承認「生亦我所欲」，「死亦我所惡」，好生惡死是人類最基本欲求，但是「所欲有甚於生者，故不為苟得也」，「所惡有甚於死者，故患有所不辟也」〔註13〕。為了維護生命的尊嚴，有些人選擇放棄生存，殺身成仁、捨生取義的事例史不絕書。

　　王陽明也遭遇過生存與生命之間的兩難抉擇，事情緣起於思州太守派人到龍場欺凌王陽明，龍場地區的百姓為王陽明抱打不平，與思州太守所派之人發生了武力衝突，釀成了一起不大不小的群體性事件。思州太守將此事上報給貴州按察副使毛科，毛科致函王陽明，命令王陽明至思州太守處跪拜請罪，並

〔註8〕（宋）朱熹《四書章句集注》，第87頁。
〔註9〕李澤厚《論語今讀》，中華書局2015年版，第3～4頁。
〔註10〕（明）王守仁撰、吳光、錢明等編校《王陽明全集》，第1049頁。
〔註11〕（明）王守仁撰、吳光、錢明等編校《王陽明全集》，第887頁。
〔註12〕（明）王守仁撰、吳光、錢明等編校《王陽明全集》，第1354頁。
〔註13〕（宋）朱熹《四書章句集注》，第339頁。

威脅王陽明說若不依令而行，必有災禍之事。王陽明義正辭嚴地拒絕了毛科所謂的建議，並在《答毛憲副》的回信中表明了持守忠信禮義的決心，至於俗世間的禍福利害，並不能動搖其決心，王陽明說：「跪拜之禮，亦小官常分，不足以為辱，然亦不當無故而行之。不當行而行，與當行而不行，其為取辱一也。廢逐小臣，所守以待死者，忠信禮義而已。又棄此而不守，禍莫大焉。凡禍福利害之說，某亦嘗講之。君子以忠信為利，禮義為福。苟忠信禮義之不存，雖祿之萬鍾，爵以侯王之貴，君子猶謂之禍與害。如其忠信禮義之所在，雖剖心碎首，君子利而行之，自以為福也。」〔註 14〕接到回信的毛科不僅沒有處分王陽明，反而被王陽明的道德操守所感動，還決定聘請王陽明至貴陽書院講學。

三、從自然生命的延長到文化生命的提升

王陽明時期的貴州龍場，物質條件和文化觀念還比較落後，當地百姓以少數民族居多，風俗方面還有很多原始巫術文化的遺存，普遍信奉鬼神之道。王陽明早年有過修養神仙之道的經歷，這段傳奇經歷引發了當地人的興趣，有人多次來向王陽明請教神仙有無的問題，王陽明就寫了一篇《答人問神仙》作為答覆，這篇文章有以下三點值得注意：

第一、王陽明以切身體驗證明了神仙之道在養生方面的功效甚微

王陽明自言早在八歲之時，就對神仙之道心生憧憬。之後，對神仙之道的興趣與年俱增。在早年思想的探索階段，王陽明走過了一段較為漫長的「溺於神仙之習」的歧路〔註 15〕。在王陽明的早年交遊中，也時常可以看見方外之士的身影。十七歲時，王陽明前往江西南昌迎娶妻子諸氏。完婚之日，信步到城外鐵柱宮，遇到一位道士，王陽明與之交流養生之法，相談甚歡，竟然一夜未歸。三十一歲時，王陽明告病還鄉，在陽明洞中行導引之術，有一些神秘主義的體驗，當時很多人認為王陽明已經具備了事能先知的靈異能力，甚至有人還誤以為王陽明已經得道。殊不知，王陽明最終發現了神仙之

〔註 14〕（明）王守仁撰、吳光、錢明等編校《王陽明全集》，第 883 頁。

〔註 15〕湛若水《陽明先生墓誌銘》：「初溺於任俠之習，再溺於騎射之習，三溺於辭章之習，四溺於神仙之習，五溺於佛氏之習。正德丙寅（元年 1506 年），始歸正於聖賢之學。」（明）王守仁撰、吳光、錢明等編校《王陽明全集》，第 1539 頁。

道的虛幻之處，正德元年（1506），從溺於神仙之習中解脫出來，復歸到儒家思想之中。

很多人癡迷於神仙之道，無非是為求長生不老，認為神仙之道在養生方面多有神奇效驗。王陽明卻以個人的身體狀況否定了這種說法，當時王陽明只有三十七歲，正當壯年時期，本該耳充目明，身康體健，可是王陽明卻牙齒搖動，頭髮微白，視力下降，聽力衰退，經常臥病在床，事實證明所謂的神仙之道對養生而言，功效甚微。

第二、相對於自然生命的延伸，王陽明更加重視文化生命的建構

不可否認，神仙之道反映了人類對自然生命延伸的渴望，有一定的合理之處。儒家同樣認為長壽是一種非常難得的幸福指標，《尚書·洪範篇》把「壽」作為「五福」之首〔註16〕。儒家對身體和生命的珍愛程度絲毫不亞於道教：《孝經》開篇就把保護好身體而不敢毀傷認為是孝道之始〔註17〕；孟子也主張愛惜生命，「知命者不立乎岩牆之下」，要遵守生命本身的自然規律，「盡其道而死者，正命也」〔註18〕。

儒家將生命區分為自然生命和文化生命兩種不同形態，對生命的體認疏更為細密。自然生命以時間年限為依據，有壽有夭，有長有短，是事實判斷，無價值差別。文化生命以道德事功為核心，有大有小，有厚有薄，是價值判斷，有高下之分。

至於兩者的關係，儒家認為文化生命是對自然生命的提升，沒有文化生命的挺立，自然生命的延伸就失去了價值支撐。自然生命需要提升到文化生命的境界，需要道德、仁義等文化因素的淬煉。如果缺失文化生命的建構，而單純地追求自然生命的延伸，雖然有可能長壽，但是這種長壽不但不足以為榮，反而應該引以為恥，這就是孔子批評原壤時所言的「幼而不孫弟，長而無述焉，老而不死，是為賊」〔註19〕。

自然生命是文化生命的基礎，沒有自然生命的適度展開，文化生命也無

〔註16〕《尚書·洪範》曰：「五福：一曰壽，二曰富，三曰康寧，四曰攸好德，五曰考終命。」蔡沈：《書集傳》，鳳凰出版社2010年版，第149頁。
〔註17〕《孝經·開宗明義章》曰：「身體髮膚，受之父母，不敢毀傷，孝之始也。」汪受寬：《孝經譯注》，上海古籍出版社2004年版，第2頁。
〔註18〕（宋）朱熹《四書章句集注》，第350頁。
〔註19〕（宋）朱熹《四書章句集注》，第160頁。

法建立。當然，自然生命固然重要，但是有很多文化因素比生命本身更有價值，比如「道」，孔子說「朝聞道，夕死可矣」〔註20〕；比如「仁」，孔子說「志士仁人，無求生以害仁，有殺身以成仁」〔註21〕；比如「義」，孟子說「生，亦我所欲也；義，亦我所欲也，二者不可得兼，舍生而取義者也」〔註22〕。因此，相對於道教對長生不老的迷戀，儒家更加關注青史留名，或者說儒家清醒地認識到生而不死不符合自然規律，儒家從來不奢望「不死」，而更加關注「不朽」。

王陽明認為顏回三十二歲而卒，自然生命非常短暫。但是顏回精進不已的好學品格，不違如愚的謙恭態度，簞瓢屢空的樂觀精神，具體而微的聖學修為，不斷被後人稱頌。顏回在短暫的三十二年中建立了圓滿自足、澤被後世的文化生命，他的自然生命雖然非常短暫，文化生命卻綿延久長。因此，與其追逐廣成子、李伯陽等方外之士自然生命的延伸，不如師法顏回建構文化生命的不朽。

第三、相對於虛幻的神仙世界，王陽明更為關注當下的現實世界

在鬼神和人之間，儒家更重視「人」，即孔子所言「未能事人，焉能事鬼」；在生死之間，儒家更重視生，即孔子所言「未知生，焉知死」〔註23〕；在人與宇宙萬物之間，儒家更重視人，即孔子所言「鳥獸不可與同群，吾非斯人之徒與而誰與」〔註24〕。因此，儒家的宇宙觀念是以人為本的，而不是以神為本的，也正因為如此，相對於虛幻的神仙世界，儒家更為重視現實的人間世界。

道教有一個彼岸世界的玄想，把現實世界視為紅塵染著之地，通過一系列的修為方式，最終了生脫死，羽化登仙，升往神仙世界中去。儒家沒有彼岸世界的設計，儒家從來沒有脫離現實世界而自求解脫的懸空之論，雖然儒家也承認現實世界有諸多弊端和不合理之處，但是儒家堅信主體通過不斷的修身實踐和創造性努力，可以建構家齊、國治、天下平的大同世界。「窮則獨善其身，達則兼善天下」〔註25〕，是儒家知識分子堅定的人生信念。儒家的一切理念

〔註20〕　（宋）朱熹《四書章句集注》，第71頁。
〔註21〕　（宋）朱熹《四書章句集注》，第163頁。
〔註22〕　（宋）朱熹《四書章句集注》，第332頁。
〔註23〕　（宋）朱熹《四書章句集注》，第125頁。
〔註24〕　（宋）朱熹《四書章句集注》，第184頁。
〔註25〕　（宋）朱熹《四書章句集注》第351頁。

和價值都植根於現實世界中，離開現實世界，人生的價值和意義將無從談起。因此王陽明認為為了尋求神仙之術，脫離現實世界，而且還要「退處山林三十年」，不僅自私，而且無益。

四、心即理與文化生命的內求

根據錢德洪《王文成公年譜》的記載，王陽明龍場悟道帶有強烈的神秘主義色彩，即「（王陽明）因念聖人處此，更有何道？忽中夜大悟格物致知之旨，寤寐中若有人語之者，不覺呼躍，從者皆驚。始知聖人之道，吾性自足，向之求理於事物者，誤也。」〔註26〕據此可知，龍場悟道的主要內容是儒家自《大學》以來就爭論不休的格物致知問題。王陽明早年就開始關注格物致知的問題，那時的王陽明主要是沿著朱熹的思想路徑格物，並開始嘗試著格庭院中的竹子，結果堅持格了幾天就病倒了，以至於王陽明對朱熹的思想產生了懷疑。值得注意的是，《大學》格物致知的知主要是道德認知，而不是一個簡單的科學認知。在理學的詞彙系統裏面，格物致知的知即是理。

朱熹認為理是外在的，道德實踐的依據在於道德實踐的對象之中，通過格物的手段，獲得該依據，然後付之於實踐，才能產生道德的效果。比如最常見的孝親問題，朱熹強調孝親首先要瞭解父母的身心需求，還要熟悉有關孝的知識和孝的儀軌，沒有這些前期的格物工夫，就難以獲得孝親之知，更不會有孝親的道德實踐。朱熹心外求理的方式帶有他律道德的味道，王陽明則繼承孟子仁義禮智根植於心的思想，變他律道德為自律道德。以孝親為例，王陽明認為孝親之理存在於主體內心，而不在於孝親的對象親人身上。王陽明說：「且如事父，不成去父上求個孝的理；事君，不成去君上求個忠的理；交友治民，不成去友上民上求個信與仁的理。都只在此心，心即理也。此心無私欲之蔽，即是天理。不須外面添一分，以此純乎天理之心，發之事父便是孝，發之事君便是忠，發之交友治民便是信與仁。只在此心去人慾存天理上用功便是。」〔註27〕

當然，王陽明也不反對道德實踐過程中的知識講求，但是在知識探求和心內求理兩者之間，總是有個輕重緩急的區分。徐愛問：「如事父一事，其間溫清定省之類，有許多節目，不亦須講求否？」王陽明答曰：「如何不講求，

〔註26〕（明）王守仁撰、吳光、錢明等編校《王陽明全集》，第1354頁。
〔註27〕（明）王守仁撰、吳光、錢明等編校《王陽明全集》，第2～3頁。

只是有個頭腦，只是就此心去人慾存天理上講求。就如講求冬溫，也只是要盡此心之孝，恐怕有一毫人慾間雜；講求夏清，也只是要盡此心之孝，恐怕有一毫人慾間雜。只是講求得此心，此心若無人慾，純是天理，是個誠於孝親的心，冬時自然思量父母的寒，便自要去求個溫的道理，夏時自然思量父母的熱，便自要去求個清的道理。這都是那誠孝的心發出來的條件，卻是須有這誠孝的心，然後有這條件發出來。譬之樹木，這誠孝的心便是根，許多條件便是枝葉。須先有根，然後有枝葉，不是先尋了枝葉，然後去種根。」〔註28〕

　　朱熹心外求理的思想有可能導出一個道德霸權的弊端，按照朱熹的邏輯，道德實踐取決於道德認知，道德認知的程度決定道德實踐的程度，也就是說道德水平取決於知識水平，那麼聖賢也就只能由哲學家充當了，儒家人人皆可為堯舜的設想就變成少數知識人的特權，大多數知識水平不高或者沒有知識者就被排除在道德的領域之外。王陽明敏銳地發現從道問學逆推到尊德性必然出現此弊端，因為人與人之間確確實實存在知識的差異。但是人人皆有的道德本心是沒有差異，正如孟子所言「無惻隱之心，非人也；無羞惡之心，非人也；無辭讓之心，非人也；無是非之心，非人也」〔註29〕，但凡是人，都有一顆道德本心。既然人同此心，心同此理，以此理為依據，自然會出現類似的道德實踐。

　　在之後的哲學歷程中，王陽明將心即理的思想淬煉為致良知學說，哲學的突破性更為顯著，這一學說的提出，不僅解決了文化生命價值的來源問題，也在最根本處保障了人性尊嚴與人性平等。良知之心是人人皆有的道德本心，即使是殘障的聾啞人也有此良知，有此良知就具備了成聖成賢的可能性，如王陽明在《諭泰和楊茂》所開示的那樣。聾啞人楊茂口不能言，耳不能聽，王陽明與之交流要靠筆談。其文曰：「你口不能言是非，你耳不能聽是非，你心還能知是非否？答曰：知是非。如此你口雖不如人，你耳雖不如人，你心還與人一般。茂時首肯拱謝。大凡人只是此心。此心若能存天理，是個聖賢的心，口雖不能言，耳雖不能聽，也是個不能言不能聽的聖賢。心若不存天理，是個禽獸的心，口雖能言，耳雖能聽，也只是個能言能聽的禽獸。茂時扣胸指天。」〔註30〕王陽明這種發自內心的道德真誠、慈悲情懷，激活

〔註28〕（明）王守仁撰、吳光、錢明等編校《王陽明全集》，第3頁。
〔註29〕（宋）朱熹《四書章句集注》，第239頁。
〔註30〕（明）王守仁撰、吳光、錢明等編校《王陽明全集》，第1013頁。

了聾啞人楊茂的道德自信，生發出巨大的道德力量。「不能言不能聽的聖賢」是王陽明的哲學創造，是對一切主體生命的高度尊重，帶有強烈的儒家人文主義色彩。

五、知行合一與文化生命的外拓

王陽明龍場悟道的另外一個思想成果是知行合一，錢德洪《王文成公年譜》載其事曰：「是年（正德四年），先生始論知行合一。始席元山書提督學政問朱陸同異之辨，先生不語朱陸之學，而告之以其所悟，書懷疑而去。明日復來，舉知行本體，證之五經諸子，漸有省。往複數四，豁然大悟，謂聖人之學復睹於今日，朱陸異同各有得失，無事辯詰，求之吾性，本自明也。遂與毛憲副修葺書院，身率貴陽諸生以所事師禮事之。」〔註31〕如果說心即理是文化生命的內求，那麼知行合一則是文化生命的外拓。

在王陽明的思想體系中，知與行是不分軒輊，同等重要的。但是，如果把知行合一思想與朱熹進行比較的話，那麼行的重要性就比知要大得多。朱熹的知行觀是知先行後，知對行有範導作用，失去知的範導，行就失去了理論依據。朱熹理解的知有很強的知識論傾向，王陽明理解的知則帶有更強烈的道德色彩，類似於之後的良知。良知無須借助知識，知識反而會遮蔽良知的自然呈現。另外，良知本身就有實踐要求，也有範導作用，無須再從心外覓取實踐的知識。王陽明以舜不告而娶、武王不葬而興師為例釋之曰：「致知之必在於行，而不行之不可以為致知也明矣。知行合一之體，不益較然矣乎？夫舜之不告而娶，豈舜之前已有不告而娶者為之準則，故舜得以考之何典，問諸何人而為此邪抑？亦求諸其心一念之良知，權輕重之宜，不得已而為此邪？武之不葬而興師，豈武之前已有不葬而興師者為之準則，故武得以考之何典，問諸何人而為此邪？抑亦求諸其心一念之良知，權輕重之宜，不得已而為此邪？使舜之心而非誠於為無後，武之心而非誠於為救民，則其不告而娶與不葬而興師，乃不孝不忠之大者。」〔註32〕

在傳統社會，婚姻是合兩姓之好的大事，必然要經由父母之命、媒妁之言。不告而娶，是不孝之行。舜卻生活在一個非常不幸的家庭之中，舜的父親和繼母日以殺舜為事，若是舜將婚姻之事告知父母，則不得娶妻。儒家認為無

〔註31〕（明）王守仁撰、吳光、錢明等編校《王陽明全集》，第 1355 頁。
〔註32〕（明）王守仁撰、吳光、錢明等編校《王陽明全集》，第 57 頁。

後為大不孝，這種不孝要比不告而娶的隱瞞之不孝要大得多，兩害相衡取其輕。此等特例之事，自然無有書冊可資借鑒，無有往事可資取則，舜不告而娶的行為完全是良知的當機裁斷。武王不葬其父文王就興師伐商，其志在於救民，也是良知的當機裁斷。良知本身就具有這種當機裁斷的範導能力和實踐要求，也就是真知必然導向真行，真行必然依據真知。

在對知行合一信受奉行的過程中，陽明弟子也面臨知行脫節的困惑。不可否認，確實存在知而不行者，也存在行而不知者，王陽明知行合一的思想怎麼解釋知行脫節的問題呢？《傳習錄》記載了一段王陽明與弟子之間的思想論難，「愛因未會先生知行合一之訓，與宗賢惟賢往復辯論，未能決，以問於先生。先生曰：試舉看。愛曰：如今人盡有知得父當孝兄當弟者，卻不能孝不能弟，便是知與行分明是兩件。先生曰：此已被私欲隔斷，不是知行的本體了，未有知而不行者，知而不行只是未知」。〔註33〕

被私欲腐蝕了的知行是變異了的知行，不是知行本體，不是本然的知行。要恢復本然的知行，就要運用去私欲的修身克己工夫。這種工夫王陽明用兩個比喻來形容，一是刮磨鏡體，《答黃宗賢應原忠》：「聖人之心，纖翳自無所容，自不消磨刮。若常人之心，如斑垢駁雜之鏡，須痛加刮磨一番，盡去其駁蝕，然後纖塵即見，才拂便去，亦自不消費力。到此已是識得仁體矣。」〔註34〕二是鍛鍊精金，《傳習錄》曰：「聖人之所以為聖，只是其心純乎天理，而無人慾之雜；猶精金之所以為精，但以其成色足而無銅鉛之雜也。人到純乎天理方是聖，金到足色方是精。……聖人不過是去人慾而存天理耳。猶煉金而求其足色金之成色，所爭不多，則鍛鍊之工省而功易成。成色愈下，則鍛鍊愈難」〔註35〕。因此，知行合一必然關聯著存天理、去人慾的修身工夫，沒有這個工夫，單獨懸空講一個知行合一，容易導致高蹈的道德虛無主義。

在王陽明的哲學體系中，天理、人慾是此消彼長的關係，即「吾輩用功，只求日減，不求日增。減得一分人慾，便是復得一分天理，何等輕快脫灑，何等簡易」？〔註36〕

〔註33〕（明）王守仁撰、吳光、錢明等編校《王陽明全集》，第4頁。

〔註34〕（明）王守仁撰、吳光、錢明等編校《王陽明全集》，第164頁。

〔註35〕（明）王守仁撰、吳光、錢明等編校《王陽明全集》，第31頁。

〔註36〕（明）王守仁撰、吳光、錢明等編校《王陽明全集》，第32頁。

結語

　　前文主要從學理層面論述了龍場悟道與王陽明生命價值體系的重建問題，此處則略作伸延，談談王陽明生命哲學的當代價值。

　　首先，經過四十年的改革開放，富裕起來的中國人早已解決了生存問題，但是生命的困惑依然存在。王陽明的生存智慧，如聖人之志可以醫治生命虛無主義的病痛，孔顏樂處的樂觀情懷可以緩解精神生命的重壓，忠信禮義的道德持守可以挺立被財富異化了的靈魂。

　　其次，長壽是五福之首，是中國人最為重要的幸福指標。愛生護生，追求長壽，原本就是值得稱讚之事。但是過猶不及，當下國人對養生長壽之道有一種近乎迷狂的追捧，養生節目滿天飛。王陽明《答人問神仙》一文有助於祛除養生泛濫的虛火，該文提醒我們，在追求自然生命延長的同時，不要忘記了文化生命的建構，因為生命不僅有長度，還有厚度。

　　最後，正如柳宗元筆下的蝜蝂，我們的生命一直都在做加法，背負著沉重的知識、技術、財富等。王陽明心即理、知行合一與天理人慾的思想卻提醒我們要做減法，警示我們不要被知識遮蔽了良知，不要被技術異化了良知，不要被財富腐蝕了良知。在滿足正常生命欲求的同時，要用理性生命控制情慾生命的漫延，還生命一個輕鬆脫灑的本然狀態。

第四節　王陽明《紀夢》詩本事新考

一、引言

　　二十世紀五十年代，史學家陳寅恪先生在中山大學講授「元白詩證史」課程，第一講就開宗明義論述了中外詩歌的不同之處以及與歷史關係的疏密問題：

> 中國詩與外國詩不同之點——與歷史之關係：中國詩雖短，卻包括時間、人事、地點。……外國詩則不然，空洞不著人、地、時，為宗教或自然而作。中國詩既有此三特點，故與歷史發生關係。〔註37〕

〔註37〕陳寅恪《陳寅恪集·講義及雜稿》，生活·讀書·新知三聯書店 2001 年版，第 483 頁。

據此可知，中國詩歌一般都有比較明確的時間、人事以及地點，而且中國詩歌與歷史的關係非常密切。因此，以詩證史、以史證詩，或者說詩史互證，就成了中國史學、中國詩學研究的重要方法，也是被學術實踐證明了的行之有效的研究方法。

本文即採用詩史互證的研究方法，對王陽明一首非常奇特且含混的詩歌——《紀夢》詩，進行釋讀。為方便下文論述，先將《紀夢》詩並序迻錄如下：

> 正德庚辰八月廿八夕，臥小閣，忽夢晉忠臣郭景純氏以詩示予，且極言王導之奸，謂世之人徒知王敦之逆，而不知王導實陰主之。其言甚長，不能盡錄。覺而書其所示詩於壁，復為詩以紀其略。嗟乎！今距景純若干年矣，非有實惡深冤鬱結而未暴，寧有數千載之下尚懷憤不平是者耶！

> 秋夜臥小閣，夢遊滄海濱。海上神仙不可到，金銀宮闕高嶙峋。中有仙人芙蓉巾，顧我宛若平生親。欣然就語下煙霧，自言姓名郭景純。攜手歷歷訴哀曲，義憤感激難具陳。切齒尤深怨王導，深奸老猾長欺人。當年王敦覬神器，導實陰主相緣夤。不然三問三不答，胡忍使敦殺伯仁？寄書欲拔太真舌，不相為謀敢爾云。敦病已篤事已去，臨哭嫁禍復賣敦。事成同享帝王貴，事敗仍為顧命臣。幾微隱約亦可見，世史掩覆多失真。袖出長篇再三讀，覺來字字能書紳。開窗試抽晉史閱，中間事蹟頗有因。因思景純有道者，世移事往千餘春。若非精誠果有激，豈得到今猶憤嗔！不成之語以筮戒，敦實氣沮竟殞身。人生生死亦不易，誰能視死如輕塵？燭微先幾炳《易》道，多能餘事非所論。取義成仁忠晉室，龍逄箕勝心可倫。是非顛倒古多有，吁嗟景純終見伸。御風騎氣遊八垠，彼敦之徒草木糞土臭腐同沉淪！

> 我昔明《易》道，故知未來事。時人不我識，遂傳耽一技。一思王導徒，神器良久覬。諸謝豈不力，伯仁見其底。所以敦者傭，罔顧天經與地義。不然百口未負託，何忍置之死！我於斯時知有分，日中斬柴市。我死何足悲，我生良有以。九天一人撫膺哭，晉室諸公亦可恥。舉目山河徒歔欷，攜手登亭空灑淚。王導真奸雄，千載人未議。偶感君子談中及，重與寫真記。固知倉卒不成文，自今當與頻譴戲。倘其為我一表揚，萬世萬世萬萬世。

右晉忠臣郭景純《自述詩》，蓋予夢中所得者，因表而出之。〔註38〕

二、王陽明《紀夢》詩本事舊說述舉

《紀夢》詩是王陽明詩集中最為奇特含混的一首詩，儘管這首詩有明確的時間、地點以及人事。根據詩序和錢德洪《陽明先生年譜》可以確定，該詩創作於正德十五年（1520）八月二十八日晚，地點是江西贛州，人事是王陽明在當晚夢到了郭璞，王陽明用詩歌的形式記錄下了兩人在夢中的會面交流經過，也照錄下了夢中郭璞向他展示的《自述詩》。

該詩的奇特之處在於，在夢中郭璞向王陽明訟冤，並告訴王陽明東晉權臣王導是王敦叛亂的幕後主使，王導也並非如史家所描述的那樣是忠臣，反而是「深奸老猾長欺人」的奸詐偽善之徒。王導是王陽明本人和王氏家族公認的先祖，錢德洪《陽明先生年譜》、黃綰《陽明先生行狀》等文獻都有明確記載，儘管學者對此還有疑義，但是在情感上，王陽明始終相信王導在家族譜系中佔據重要的地位。令人詫異的是，面對郭璞對王導罪行的揭露，王陽明不但沒有反駁，反而高度認同郭璞的意見，以至於「袖出長篇再三讀，覺來字字能書紳」。暫且不說郭璞的觀點是否符合歷史事實，單從家族情感上來講，王陽明也不應該違背為長者諱的傳統道德。

面對這種不合情理的創作矛盾，我們可以確認，王陽明創作此詩時的奇特心理有一種較為合理的解釋，那就是該詩是借古諷今，表面看是批判王導，其實是別有所指。所以，該詩就不單是一個歷史考據學的問題，王導是不是姦臣不是該詩所要討論的真正內容，因此，簡單地從歷史事實角度贊同或者反對王陽明觀點的解讀方式，都偏離了該詩真正的主題。從這個層面上說，楊慎和袁枚對該詩的解讀價值並不太大。楊慎《升菴集》卷四十九《陽明紀夢詩》曰：

慎嘗反覆《晉書》目王導為叛臣，頗為世所駭異。後見崔後渠《松窗雜錄》亦同余見。近讀陽明《紀夢》詩，尤為卓識真見，自信鄙說之有稽而非謬也。〔註39〕

袁枚的思路與楊慎基本相同，只是多增加了兩個類似的疑古過勇的考證事例而已，其《隨園詩話》卷六：

〔註38〕（明）王守仁撰，吳光等編校《王陽明全集》，第856頁。
〔註39〕（明）楊慎《升菴集》卷四十九，文淵閣四庫全書本。

　　《王陽明集》中云：「正德庚辰八月夢見郭璞，極言王導姦邪
在王敦之上。」故公詩責導云：「事成同享帝王貴，事敗仍為顧命臣。」
璞亦有詩云：「倘其為我一表揚，萬世萬世萬萬世。」余按此說與蘇
子瞻夢中人告以唐楊綰之好殺，陶貞白《真誥》言晉太尉郗鑒之貪
酷，皆與史冊相反。〔註40〕

古典詩歌中的典故有「古典」與「今典」兩種類型，正如陳寅恪《柳如是別傳》
所言：「自來注釋詩章，可別為二。一為考證本事，一為解釋辭句。賈言之，
前者乃考今典，即當時之事實。後者乃釋古典，即舊籍之出處。」〔註41〕具
體到王陽明《紀夢》而言，在解釋辭句、考證古典出處等方面，李慶《讀王陽
明〈紀夢〉詩》一文對該詩「全文加以校勘，進行箋注」〔註42〕，有助於對
該詩的理解。至於該詩所涉及到的「當時之事實」，或者說詩中本事，代表性
的觀點有以下三種：

　　第一，最先注意到王陽明《紀夢》詩本事的是清末民初學者余重耀，他
在《陽明先生傳纂》一書中說：「按此篇與下《火秀宮》詩，均託夢遊，以寄
其嫉邪刺讒之意。與黃樓聽濤，夢見子瞻，同一微旨，無可疑者，但借王茂弘
以斥奸為可異耳。」〔註43〕余重耀說得比較籠統，雖然指出該詩是「嫉邪刺
讒」之作，但並沒有考證出邪讒之人具體為誰。

　　第二，日本學者岡田武彥《王陽明大傳》認為王陽明同情郭璞遭遇、揭
露王導奸詐可能是受其良知影響，是一種自覺地道德批判行為，並沒有其他創
作意圖。當然，他也並不反對余重耀的觀點，他說：

　　　　王陽明身為王家子孫，卻假借託夢之舉對祖先提出批判，這種
　　行為是不可思議的。當時的王陽明已經歷經千難萬險，「良知」說的
　　思想也已顯現出雛形。王陽明批判祖先王導，可能是他僅憑「良知」
　　所做出的一種舉動，並沒有其他意圖。對此，一些學者有不同意見。
　　曾著有《陽明先生傳纂》的余重耀先生認為，王陽明這是在借古諷
　　今，假借託夢來諷刺姦邪讒佞之人。這種說法也不無道理。王陽明

〔註40〕（清）袁枚《隨園詩話》，人民文學出版社 1960 年版，第 204 頁。

〔註41〕陳寅恪《陳寅恪集・柳如是別傳》，生活・讀書・新知三聯書店 2001 年版，
　　　　第 7 頁。

〔註42〕李慶《讀王陽明〈紀夢〉詩》，張伯偉、蔣寅主編《中國詩學》第二十四輯，
　　　　第 84 頁。

〔註43〕余重耀《陽明先生傳纂》，中華書局 1924 年版，第 2 頁。

作為一名忠臣，對向武宗進獻讒言的小人肯定充滿憤懣，《紀夢》一
詩也許是為了表達這一層意思。〔註44〕

岡田武彥的觀點比余重耀更為具體一些，他指出《紀夢》詩中的姦邪讒佞之人
可能就是「嚮明武宗進獻讒言的小人」。

第三，束景南、李慶比較明確地指出了詩中人物的真實身份，即王敦為
朱宸濠，王導為張忠、許泰、江彬、陸完，郭璞為王陽明、冀元亨。

束景南《王陽明年譜長編》曰：

> 此所謂夢中郭景純所示詩，實非郭景純作，而為陽明自作詩，
> 其詭託為夢中郭景純作，乃是其一貫之手法，一如當年偽造《遊海
> 詩》、《絕命辭》也。宸濠反，張忠、許泰為奸，陽明被謗，冀元亨
> 忠而被冤死，與當年王敦起兵反，王導陰主為奸，周顗（伯仁）義
> 而被殺，郭景純忠而被戮，何其相似乃爾。陽明此詩中隱以王敦比
> 宸濠，以王導比張忠、江彬、許泰之流，以郭景純比冀元亨，其詩
> 所寓意真意昭然若揭矣。按「景純」與「惟乾」義近，陽明作此詩，
> 正與其上《咨六部伸理冀元亨》同時，此詩所云與《咨六部伸理冀
> 元亨》所述如出一轍，對讀可明也。〔註45〕

李慶《讀王陽明〈紀夢〉詩》曰：

> 《紀夢》詩，寫的是王敦這樣的謀反者和朝廷當權者的關係，
> 可使人聯想到張忠、許泰、陸完等一大批朝中權貴與謀反的寧王
> 「宸濠」暗中勾結的情況。或許還有把冀元亨等當時仍在蒙冤者，
> 乃至自己本身，比作古代受冤屈的郭景純的可能。所謂「夢中所
> 得」的「郭景純《自述》詩」，恐怕也係王守仁假託郭璞之作。是
> 借晉朝的歷史，借用所謂郭璞之口，對於朝廷中的現實，表達自
> 己的看法。〔註46〕

筆者對以上三種觀點的取捨情況是，認同《紀夢》是批判正德朝姦佞小人之作，
也認同王敦所指的是叛王朱宸濠，但是不認同束景南和李慶對姦佞小人的具體
考證，也不認為郭璞所指為冀元亨，王導為張忠、許泰、江彬、陸完。筆者認

〔註44〕（日）岡田武彥《王陽明大傳：知行合一的心學智慧》，重慶出版社2015年
版，第28頁。

〔註45〕束景南《王陽明年譜長編》，上海古籍出版社2017年版，第1320頁。

〔註46〕李慶《讀王陽明〈紀夢〉詩》，張伯偉、蔣寅主編《中國詩學》第二十四輯，
第88頁。

為，詩中所言王導所指為楊廷和，郭璞為孫燧。

三、王陽明《紀夢》詩中之郭璞實為孫燧

　　束景南、李慶將《紀夢》詩中之郭璞對應為冀元亨，其根據主要有兩點：

　　第一，《紀夢》詩「中有仙人芙蓉巾，顧我宛若平生親」，「攜手歷歷訴衷曲，義憤感激難具陳」，這四句詩顯示出王陽明與郭璞所隱喻的人物關係非常密切。而冀元亨是符合這一詩歌情感指向的，因為冀元亨是王陽明弟子，師生情誼甚篤。王陽明非常欣賞冀元亨的德行和才華，曾聘請冀元亨教育家中子弟。冀元亨的傳記也被史官附在《明史·王守仁傳》後，並且對冀元亨有極高之評價，史官曰：「守仁弟子盈天下，惟冀元亨嘗與守仁共患難。」〔註47〕

　　第二，王陽明創作《紀夢》詩時，冀元亨正遭受不白之冤，身陷囹圄之中。冀元亨蒙冤的過程，《明史》言之甚詳：

>　　宸濠懷不軌，而外務名高，貽書守仁問學，守仁使元亨往。宸濠語挑之，佯不喻，獨與之論學，宸濠目為癡。他日講《西銘》，反覆君臣義甚悉，宸濠亦服，厚贈遣之，元亨反其贈於官。已，宸濠敗，張忠、許泰誣守仁與通，詰宸濠，言無有。忠等詰不已，曰：「獨嘗遣冀元亨論學。」忠等大喜，搒元亨，加以炮烙，終不承。械繫京師詔獄。〔註48〕

事情的起因是，寧王朱宸濠密謀起兵謀反，欲拉攏時任督察院右副都御使的王陽明。王陽明也發現朱宸濠有謀逆徵兆，就委派冀元亨前往寧王府一探究竟。沒曾料想，冀元亨的寧王府之行，竟然成了日後張忠、許泰誣陷王陽明與寧王府交通的偽證。正德十四年（1519）六月，朱宸濠起兵謀反，七月，朱宸濠被王陽明俘獲，謀反被迅速平定。八月，昏庸的明武宗竟然做出御駕親征的荒唐決定，張忠、許泰為了邀功，慫恿明武宗命王陽明釋放朱宸濠，他們要再俘獲一次。王陽明拒不奉旨，並通過太監張永將朱宸濠等一干謀逆罪犯呈交給明武宗，以至於激怒了張忠、許泰等奸佞之人，他們遂詆毀王陽明「先與通謀，慮事不成，乃起兵」〔註49〕，並抓住冀元亨這條線索不放，嚴刑拷打逼供。冀元亨有威武不能屈的君子氣概，即使蒙冤入獄，也不負師恩，絕不妥協。對於

〔註47〕　（清）張廷玉等《明史》，中華書局 1974 年版，第 5170 頁。
〔註48〕　（清）張廷玉等《明史》，第 5170 頁。
〔註49〕　（清）張廷玉等《明史》，第 5170 頁。

冀元亨的冤案，科道官員屢屢上疏申辯，王陽明也在正德十五年（1520）八月上《咨六部伸理冀元亨》，為冀元亨訟冤。

筆者否認《紀夢》詩中郭璞為冀元亨的依據主要有以下兩點：

第一，《紀夢》詩描寫的是郭璞被殺害之後的事情，而王陽明創作《紀夢》詩時冀元亨尚在人世。

《紀夢》詩明確提到了郭璞之死，即「取義成仁忠晉室，龍逢龔勝心可倫」。另外，郭璞的《自述詩》，當然這首《自述詩》也出自王陽明之手，也記載了郭璞之死，即「我於斯時知有分，日中斬柴市。我死何足悲，我生良有以」。如果作為古典的郭璞所指確為今典冀元亨的話，那麼冀元亨應該也是與郭璞類似的命運，但是此時冀元亨雖然蒙冤幽囚，卻尚在人世。王陽明也正在全力營救冀元亨，其《咨六部伸理冀元亨》的目的就是「具咨貴部，煩請諮詢鑒察，特賜扶持，分辨施行」〔註50〕。可見，此時王陽明對冀元亨洗脫冤案的信心依然很大，不至於絕望到認為冀元亨必然被冤死。冀元亨是王陽明「素所愛厚」的弟子，從師生情誼上來講，王陽明也不忍心預判冀元亨的死，更何況還要把這種預判筆之於詩呢。

第二，冀元亨最終病死獄中的命運與郭璞被殺的遭遇明顯不同。郭璞之死，《晉書·郭璞傳》曰：

> 敦將舉兵，又使璞筮，璞曰：「無成。」敦固疑璞之勸嶠、亮，又聞卦凶，乃問璞曰：「卿更筮吾壽幾何？」答曰：「思向卦，明公起事，必禍不久。若往武昌，壽不可測。」敦大怒曰：「卿壽幾何？」曰：「命盡今日日中。」敦怒收璞，詣南崗斬之。〔註51〕

冀元亨之死與郭璞不同，郭璞是在王敦起兵之前被殺，冀元亨則是在朱宸濠叛亂平定之後被姦臣折磨致死。蔣信《鄉進士冀暗齋先生元亨墓表》：「久之，洗滌開釋之命下，而先生疾弗起矣，是為辛巳五月四日。」又「世宗登極，詔將釋，前已得疾，後五日卒於獄。」〔註52〕據此可知，冀元亨死於正德十六年（1521）五月四日，此時明世宗已經即位，冀元亨的冤案也在正德十六年（1521）四月三十日大白於天下，距離王陽明《紀夢》詩寫作時間已經過去七個月（正德十五年（1520）閏八月，故至此時為七個月時間）。

〔註50〕 （明）王守仁撰，吳光等編校《王陽明全集》，第 674 頁。

〔註51〕 （唐）房玄齡等撰《晉書》，中華書局年 1974 版，第 1907 頁。

〔註52〕 （明）焦竑《國朝獻徵錄》卷一百十三，明萬曆四十四年徐象橒曼山館刻本。

　　既然冀元亨不是詩中郭璞，那麼這個郭璞形象到底喻指何人呢？筆者認為，這個人應該是孫燧。理由如下：

　　第一，孫燧與王陽明是同鄉，《明史・孫燧傳》曰：「孫燧，字德成，餘姚人。」〔註53〕又與王陽明是同年舉人，錢德洪《陽明先生年譜》曰：「弘治五年壬子，先生二十一歲，在越，舉浙江鄉試。是年，場中夜半見二巨人，各衣緋綠東西立，自言曰：『三人好作事。』忽不見。已而，先生與孫忠烈燧、胡尚書世寧同舉。其後，宸濠之變，胡發其奸，孫死其難，先生平之，咸以為奇驗。」〔註54〕又同在江西為官，孫燧被殺時官右副都御史，巡撫江西。兩人交情深厚，孫燧被殺之後，王陽明買棺裝殮。正德十四年（1519）八月二十九日，王陽明又在《行南昌府禮送孫公歸櫬牌》中命令南昌府委派專員護送孫燧靈柩還鄉。王陽明與孫燧的篤厚交誼，符合詩中「攜手歷歷」、「宛若平生親」的描寫。

　　第二，孫燧死難的情景與郭璞一致，都是拒絕從逆，在叛臣謀反之時被殺。《明史・孫燧傳》曰：

> （正德十四年）六月乙亥，宸濠生日，宴鎮巡三司。明日，燧及諸大吏入謝。宸濠伏兵左右，大言曰：「孝宗為李廣所誤，抱民間子，我祖宗不血食者十四年。今太后有詔，令我起兵討賊，亦知之乎？」眾相顧愕眙。燧直前曰：「安得此言？請出詔示我。」宸濠曰：「毋多言，我往南京，汝當扈駕。」燧大怒曰：「汝速死耳！天無二日，吾豈從汝為逆哉？」宸濠怒叱燧，燧益怒，急起，不得出。宸濠入內殿，易戎服，出麾兵縛燧。（許）逵奮曰：「汝曹安得辱天子大臣？」因以身翼蔽燧，賊並縛逵，二人且縛且罵，不絕口。賊擊燧，折左臂，與逵同曳出。逵謂燧曰：「我勸公先發者，知有今日故也。」燧、逵同遇害惠民門外。〔註55〕

此處尚有一疑問需要解決，王陽明何以在孫燧死後一年多又重提舊事，借助郭璞之遭遇為孫燧訟冤呢？主要是因為孫燧功高不賞，死難之後遲遲得不到朝廷的褒獎。《明史・孫燧傳》曰：「明年（正德十五年），守臣上其事於朝，未報。世宗即位，贈禮部尚書，諡忠烈，與逵並祀南昌，賜祠名旌忠，各蔭

〔註53〕　（清）張廷玉等《明史》，第 7427 頁。
〔註54〕　（明）王守仁撰，吳光等編校《王陽明全集》，第 1348 頁。
〔註55〕　（清）張廷玉等《明史》，第 7428 頁。

一子。」〔註56〕《明世宗實錄》卷三對此有更為精確的記載，即「正德十六年六月二十四日，贈前巡撫江西都察院右副都御史孫燧禮部尚書諡忠烈，前江西按察司副使許逵都察院左副都御史諡忠節，建旌忠祠於南昌，命有司春秋致祭，仍各依贈官品級賜祭葬。蔭一子錦衣衛，世襲百戶。宸濠之變，二臣同時死義，久未襃錄。至是禮部遵詔以請，上嘉二臣精忠大節，諸恤典俱視部擬加厚焉。」〔註57〕

　　在平定朱宸濠叛亂之後，以死難激發忠義的孫燧最應該首先得到襃獎，朝廷卻屢屢延滯；相反，那些身居高位，在平叛過程中無尺寸之功的內閣首輔楊廷和，卻早早就得到封賞。對於朝廷的賞罰不公，王陽明深致不滿，故借助郭璞以發孫燧之委屈，借助王導批判楊廷和之姦偽。

四、王陽明《紀夢》詩中之王導實為楊廷和

　　束景南認為《紀夢》詩中之王導是張忠、江彬、許泰，李慶認為是張忠、許泰、陸完，綜合兩人的觀點可以發現，他們認為王導影射的乃是明武宗身邊的姦臣群像，尤其是以上四人。

　　筆者認為王導不可能是以上四人，因為此四人與《紀夢》詩明顯有三個齟齬扞格之處：

　　第一，《紀夢》詩云「切齒尤深怨王導，身奸老滑長欺人」，王陽明偽託郭璞《自述詩》亦云「王導真奸雄，千載未人議」，這都顯示出王陽明借助王導影射的那個人物應該是看似忠貞而實則奸詐，劣跡被其深斂厚藏，很難被人識破的姦猾偽善之人，張忠、許泰、陸完三人均與此詩意不合。

　　尤其是，張忠、許泰在朱宸濠叛亂之後對王陽明的詆毀，已經是明火執仗的小人行徑，並無遮掩避忌之處，而且劣跡全幅鋪張開來。公然指使士兵對王陽明肆口謾罵，《明史・王守仁傳》曰：「（王守仁）聞巡撫江西命，乃還南昌。忠、泰已先至，恨失宸濠，故縱京軍犯守仁，或呼名嫚罵，守仁不為動。」〔註58〕他們甚至詆毀王陽明與朱宸濠原本是擬聯合起兵謀反，王陽明發現事機不順，才臨時決定倒戈，起兵平叛。《明史・王守仁傳》曰：「諸嬖幸故與宸濠通，守仁初上宸濠反書，因言覬覦者非特一寧王，請黜奸諛，以回天下豪傑

〔註56〕（清）張廷玉等《明史》，第7429頁。
〔註57〕中央研究院歷史語言研究所校印、黃彰健校勘《明世宗實錄》，中華書局2016年版，第146頁。
〔註58〕（清）張廷玉等《明史》，第5165頁。

心，諸嬖幸皆恨。宸濠既平，則相與媢功，且懼守仁見天子，發其罪，競為蜚語，謂守仁先與通謀，慮事不成，乃起兵。」〔註59〕張忠、許泰還是貪財之徒，親往南昌調查朱宸濠收斂的財富，並誣告王陽明吞沒了這筆鉅資。《明史·王守仁傳》曰：「忠、泰言：『寧府富厚甲天下，今所蓄安在？』守仁曰：『宸濠異時盡以輸京師要人，約內應，藉可按也。』忠、泰故嘗納宸濠賄者，氣懾，不敢復言。」〔註60〕在南昌被王陽明挫敗之後，張忠、許泰回到明武宗身邊，又詆毀王陽明必然會起兵謀反，《明史·王守仁傳》：「忠、泰不得已班師。比見帝，與紀功給事中祝續、御史章綸讒毀百端，獨（張）永時時左右之。忠揚言帝前曰：『守仁必反！試召之，必不至。』忠、泰屢矯旨召守仁，守仁得永密信，不赴。及是知出帝意，立馳至，忠、泰計沮，不令見帝。守仁乃入九華山，日宴坐僧寺。帝覘知之，曰：『王守仁學道人，聞召即至，何謂反？』乃遣還鎮，更令上捷音。」〔註61〕張忠、許泰的行徑已是盡人皆知的小人所為，不是「千載未人議」的掩覆深藏。

　　兵部尚書陸完確實與朱宸濠勾結甚多，符合《紀夢》詩所言「當年王敦覬神器，導實陰主相緣夤」。《明史·陸完傳》曰：

> 正德初，歷江西按察使，寧王宸濠雅重之。時召預曲宴，以金罍為贈。……時宸濠已萌異志，聞完為兵部，致書盛陳舊好，欲復護衛及屯田。完答書令以祖制為詞，宸濠遂遣人輦金帛鉅萬，寓所善教坊臧賢家，遍遺用事貴人，屬錢寧為內主，比奏下，完遂為覆請，而以屯田屬戶部，請付廷議。內閣擬旨上，並予之。舉朝譁然。六科給事中高淓、十三道御史汪賜等力爭，章並下部，久不覆。〔註62〕

朱宸濠叛亂之後，從繳獲的寧王府往還書信中，太監發現了陸完的罪證，《明史·陸完傳》曰：

> 十年，改吏部尚書。宸濠反，就執。中官張永至南昌搜其籍，得完平日交通事上之。帝大怒，還至通州，執完。〔註63〕

陸完罪證敗露的具體時間不可能晚於正德十四年八月二十四日，因《明武宗實

〔註59〕（清）張廷玉等《明史》，第5164頁。
〔註60〕（清）張廷玉等《明史》，第5165頁。
〔註61〕（清）張廷玉等《明史》，第5165頁。
〔註62〕（清）張廷玉等《明史》，第4956頁。
〔註63〕（清）張廷玉等《明史》，第4956頁。

錄》卷一百七十七曰：

> 正德十四年八月二十四日，杖教坊司樂官臧賢、施鈇、司鑒於
> 午門，賢八十，鈇七十，鑒六十，仍發戍廣西馴象衛，籍沒其家。
> 初，賢以伶人得幸於上，宸濠遣使厚遺之，使行賄於太監蕭敬、尚
> 書陸完、都督朱寧結為內，禁中動靜，莫不密報於濠，故反謀益固。
> 至是事覺，詞連寧，及發遣，行至張家灣，寧乃使盜往殺之以滅口
> 云。〔註64〕

據此可知，在王陽明創作《紀夢》詩前一年陸完之罪狀已經為天下人所稔知，亦非「千載未人議」之秘事。

第二，江彬生平事蹟與王陽明《紀夢》詩「當年王敦覬神器，導實陰主相緣夤」無關。江彬雖然姦佞，卻與朱宸濠並無瓜葛，反而是比較早地揭發朱宸濠謀反罪狀之人。儘管江彬揭發朱宸濠也不是忠於國事，而是因為與錢甯爭寵，把寧王叛亂作為扳倒錢甯的由頭而已。《明史·錢甯傳》曰：

> 然卒中江彬計，使董皇店役，彬在道盡白其通逆狀，帝曰：「黠
> 奴我固疑之。」乃羈之臨清，馳收其妻子家屬。帝還京，裸縛寧，
> 籍其家，得玉帶二千五百束，黃金十餘萬兩、白金三千箱、胡椒數
> 千石。世宗即位，磔寧於市。〔註65〕

第三，《紀夢》詩言王導「事成同享帝王貴，事敗仍為顧命臣」，即是說謀反若能僥倖得手，則能與謀反者同享帝王之尊貴；即使謀反失敗，也能憑藉巧妙的偽裝，繼續扮演忠臣的角色，當本朝天子駕崩之時，依然是顧命大臣的不二人選。以此衡量張忠、許泰、陸完、江彬等四人，均枘鑿難合。陸完勾結叛臣的罪狀已被確認，張忠身份是太監，許泰、江彬身為武將，都不是顧命大臣的應有人選，所以此四人均不可能是《紀夢》詩中之王導。

筆者認為，內閣首輔楊廷和才是王陽明《紀夢》詩影射的真正對象。理由如下：

第一，楊廷和應該收受過朱宸濠的重賄，是朱宸濠謀反的內應，與《紀夢》詩「當年王敦覬神器，導實陰主相緣夤」契合。

《明史·楊廷和傳》：「大學士東陽致政，廷和遂為首輔。」〔註66〕對照

〔註64〕中央研究院歷史語言研究所校印、黃彰健校勘《明武宗實錄》，第3467頁。
〔註65〕（清）張廷玉等《明史》，第7982頁。
〔註66〕（清）張廷玉等《明史》，第5032頁。

《明武宗實錄》卷九十五：「正德七年十二月二十七日丁卯，少師兼太子太師吏部尚書華蓋殿大學士李東陽致仕。」正德七年十二月，在李東陽致仕之後，楊廷和就擔任了內閣首輔，至正德十四年（1519）朱宸濠叛亂，七年之內，江西副使胡世寧等官員不斷上疏臚列朱宸濠不法罪證，提醒朝廷朱宸濠極有可能謀反，楊廷和竟然始終不為所動。如《明史・胡世寧傳》曰：

> 正德九年三月，上疏曰：顧江西患非盜賊，寧府威日張，不逞
> 之徒群聚而導以非法，上下諸司承奉太過。數假火災，奪民廛地，
> 採辦擾旁郡，蹂籍遍窮鄉。臣恐良民不安，皆起為盜。臣下畏禍，
> 多懷二心，禮樂刑政漸不自朝廷出矣。〔註67〕

如此嚴重的問題，楊廷和卻置若罔聞，極有可能是收受了朱宸濠的賄賂，有意為朱宸濠遮掩。對於胡世寧，楊廷和任由朱宸濠黨羽詆毀迫害，未嘗秉公援救，反而將胡世寧幽囚獄中。《明史・胡世寧傳》曰：

> 宸濠聞，大怒。列世寧罪，遍賂權倖，必殺世寧。章下都察院。
> 右都御史李士實，宸濠黨也，與左都御史石玠等上言，世寧狂率當
> 治。命未下，宸濠奏復至，指世寧為妖言。乃命錦衣官校逮捕世寧。
> 世寧已遷福建按察使，取道還里，宸濠遂誣世寧逃，馳使令浙江巡
> 按潘鵬執送江西。鵬盡繫世寧家人，索之急。李承勳為按察使，保
> 護之。世寧乃亡命抵京師，自投錦衣獄。獄中三上書言宸濠逆狀，
> 卒不省。居四年，宸濠果反。〔註68〕

楊廷和在朱宸濠申請恢復王府護衛之事上也是首鼠兩端。朱宸濠屢屢申請恢復王府護衛，這是他謀反布局中關鍵的一步，因為恢復護衛之後，朱宸濠就擁有了謀反的軍事力量，也可以借助恢復護衛的理由名正言順地擴充兵馬。《明武宗實錄》卷一百十一曰：

> 正德九年四月四日丁酉，復寧府原革護衛及屯田。……濠未上
> 奏時，密遣人齎金帛數萬遍賄當路。檢討郭維藩聞之，言於編修費
> 宷，以達之大學士費宏。奏既下，（陸）完在朝迎謂宏曰：「寧王求
> 護衛，可與之否？」宏逆知其意所在，婉詞諷之曰：「不知革之以何
> 故也？」完屬聲言：「恐不能不與耳！」宏應之曰：「若是則宏不敢
> 與聞。」……既而完為覆奏，遂以太祖典章從臾成之，而錢瓘又為

〔註67〕　（清）張廷玉等《明史》，第5260頁。
〔註68〕　（清）張廷玉等《明史》，第5260頁。

之奧主。聞宏言，深為濠憾，故決意去宏矣。〔註69〕

在姦佞之人陸完、錢甯的幫助下，寧王府的護衛得以恢復，而竭力反對者只有武英殿大學士、戶部尚書費宏，身為華蓋殿大學士、內閣首輔的楊廷和卻默許了兵部尚書陸完等人的決議。

第二，楊廷和似忠實奸的行為與《紀夢》詩所言「深奸老猾長欺人」契合。

正德十年（1515）閏四月，兵部尚書陸完改任吏部尚書，戶部尚書王瓊改任兵部尚書，朱宸濠失去了兵部的支持。王瓊也不是朱宸濠一黨，反而要徹查寧王府不軌之事。這時明武宗也發覺了朱宸濠的奸謀，形勢越來越不利於朱宸濠，為了全身避禍，楊廷和又反過來勸說朱宸濠上護衛自贖。錢德洪《陽明先生年譜》載其事曰：

> （陸）完改吏部。王瓊代為本兵，度濠必反，乃申軍律，督責撫臣修武備，以待不虞。而諸路戒嚴，捕盜甚急。凌十一系獄劫逃，瓊責期必獲。濠始恐，復風諸生頌己賢孝，挾當道奏之。武宗見奏，驚曰：「保官好升，保寧王賢孝欲何為耶？」是時江彬方寵幸，太監張忠欲附彬以傾錢甯，聞是言，乃密應曰：「錢甯、臧賢交通寧王，其意未可測也。」……廷和恐禍及，欲濠上護衛自贖。同官外廷不知也。〔註70〕

錢德洪說楊廷和所為「同官外廷不知」，那麼，錢德洪又是從何獲此秘聞呢？錢德洪是王陽明入室弟子，此事應該是得知於王陽明之口。想來是王陽明收復寧王府之後，在查閱朱宸濠往還信函之時，發現了楊廷和勾結朱宸濠的證據。王陽明深知此事事關重大，關乎身家性命，再三權衡之後，放棄了對楊廷和的彈劾，只是將此事告訴了錢德洪等極少數人。這也是《紀夢》詩所言「王導真奸雄，千載人未議」的原因所在。

明武宗發現朱宸濠有謀反的徵兆之後，並沒有立即發兵逮捕，而是派遣駙馬都尉崔元等前往申飭，革除朱宸濠寧王府護衛，以觀後效。錢德洪在敘寫楊廷和對此事的反應時，所用語詞，大可玩味。錢德洪《陽明先生年譜》曰：

> 一日，駙馬都尉崔元遣問瓊曰：「適聞宣召，明早赴闕，何事？」瓊問廷和。廷和佯驚曰：「何事？」瓊微笑曰：「公勿欺我。」廷和

〔註69〕中央研究院歷史語言研究所校印、黃彰健校勘《明武宗實錄》，第2264頁。
〔註70〕（明）王守仁撰，吳光等編校《王陽明全集》，第1390頁。

　　忸怩，徐曰：「宣德中，有疑於趙，嘗命駙馬袁泰往諭，竟得釋，
　　或此意也。」明旦，瓊至左順門，見元領勒，謂曰：「此大事，何
　　不廷宣？」乃留，當廷領之。敕有曰：「蕭淮所言，關係宗社大計。
　　朕念親親，不忍加兵，特遣太監賴義、駙馬都尉崔元、都御史顏頤
　　壽往諭，革其護衛。」元領勒既行，廷和復令兵部發兵觀變。瓊曰：
　　「此不可泄。近給事中孫懋、易贊建議選兵操江，為江西流賊設備。
　　疏入，留中日久，第請如擬行之。備兵之方，無出此矣。」廷和默
　　然。〔註71〕

正如錢德洪所敘，楊廷和確實是舉措失當，兵部尚書王瓊的意見才是正確的。
崔元等往寧王府宣詔，應該當廷領之，宣之於眾，這是為了讓朱宸濠瞭解朝廷
的真正用意是申飭而不是拘捕，避免朱宸濠因誤解而激成反叛，楊廷和卻有意
讓崔元秘密領敕，當宣而不宣。崔元等出發之後，楊廷和又公開命令兵部發兵
觀變，這是當隱而不隱。因為朱宸濠一旦獲悉兵部發兵，必定會孤注一擲，鋌
而走險。楊廷和此舉不像是老成謀國者應該有的姿態，反而更像是故意激怒朱
宸濠，逼迫其盡快謀反。

　　第三，楊廷和事蹟與《紀夢》詩所言「事成同享帝王貴，事敗仍為顧命
臣」契合。

　　儘管王陽明創作《紀夢》時明武宗尚且在世，但是依據常理判斷，當明
武宗駕崩之時，作為內閣首輔的楊廷和必然是顧命大臣的首選。八個月之後，
歷史的發展果然印證了王陽明的預見。正德十六年（1521）三月十四日，明武
宗駕崩，楊廷和不但是顧命大臣，而且因為明武宗沒有子嗣，新天子嘉靖皇帝
也是楊廷和選定的。《明史·楊廷和傳》曰：

　　　　三月十四日丙寅，谷大用、張永至閣，言帝崩於豹房，以皇太
　　后命，移殯大內，且議所當立。廷和舉《皇明祖訓》示之曰：「兄終
　　弟及，誰能瀆焉。興獻王長子，憲宗之孫，孝宗之從子，大行皇帝
　　之從弟，序當立。」梁儲、蔣冕、毛紀咸贊之，乃令中官入啟皇太
　　后，廷和等候左順門下。頃之，中官奉遺詔及太后懿旨，宣諭群臣，
　　一如廷和請，事乃定。〔註72〕

正德十六年（1521）四月二十二日，從湖北被迎接來的興獻王長子朱厚熜即

〔註71〕（明）王守仁撰，吳光等編校《王陽明全集》，第1390頁。
〔註72〕（清）張廷玉等《明史》，第5034頁。

皇帝位，是為明世宗。從明武宗去世至此，前後將近四十天，大明王朝實際的統治者就是楊廷和，也如王陽明所言，是短暫地「同享帝王貴」，即《明史‧楊廷和》傳所言：「廷和總朝政幾四十日，興世子始入京師即帝位。」〔註73〕

　　第四，《紀夢》詩創作時間與楊廷和在平定寧王叛亂之後受到明武宗褒獎的時間契合。

　　從現存的王陽明詩歌分析統計來看，王陽明的詩作很少有詩序，在詩序中標注明確時間的詩作則更為罕見。《紀夢》詩卻一反常態，特別標注寫作時間為正德十五年（1520）八月二十八日，這應該是特意為之。查閱《明武宗實錄》可以發現，楊廷和被明武宗褒獎是大明王朝這一天唯一被記錄在實錄的事件。《明武宗實錄》卷一百八十九載其事曰：

> 正德十五年八月二十八日癸未，敕諭少師兼太子太師吏部尚書
> 華蓋殿大學士楊廷和：卿自幼齡取科第，動縉紳，事我皇祖，藝學
> 詞苑，積有年勞。逮事皇考以及朕躬，翰長宮僚，資望日深，編摩
> 考校，才華益著。選侍經幄，十數年間，啟沃良多。朕自春宮，實
> 切簡注。爰自纘服之初，擢居內閣，累進保傅，遂冠三孤。地處深
> 嚴，職司密勿，乃能忠以體國，公而忘家。誠意見於謀猷，藻思形
> 諸述作。比緣終制，臺位久虛，尋復召還，忠藎彌篤。上承德意，
> 下軫時艱，調護維持，心勞力瘁。矧當四方多事之秋，前後兩值逆
> 藩之變，運籌建議，動中機宜。遏絕奸萌，消弭禍亂，國是攸屬，
> 中外底寧。頃以一品秩滿九載，盛名清節，終始弗渝，偉績殊勳，
> 興論推服。朕心嘉悅，茲特降敕褒諭，仍令兼支大學士俸，賜宴禮
> 部，給誥命賞賚，以示優崇。〔註74〕38

在寧王朱宸濠叛亂的前後，楊廷和的作為卻與這篇敕諭完全相反，楊廷和不單沒有「遏絕奸萌，消弭禍亂」，反而可能收取朱宸濠重賄，為朱宸濠遮掩彌縫，以至於養癰成患。朱宸濠叛亂之後，楊廷和也沒能「運籌建議，動中機宜」，反而是舉措失當，慫恿明武宗親征，險些釀成大禍。楊廷和本該受到嚴懲，卻被明武宗褒獎甚隆；本該最先被朝廷褒獎的死難忠臣孫燧，卻是遲遲不見封賞。賞罰倒置、是非顛倒的怪現狀激起了王陽明的憤慨，故借助郭璞為孫燧鳴不平，

〔註73〕（清）張廷玉等《明史》，第5035頁。
〔註74〕中央研究院歷史語言研究所校印、黃彰健校勘《明武宗實錄》，第3593頁。

借助王導譏刺楊廷和姦偽。但是江西距離北京甚遠，以當時的信息傳遞速度而言，王陽明無論如何也不可能在當日就獲得楊廷和被褒獎的消息，筆者推測王陽明極有可能是在閱讀邸報獲此消息後創作的《紀夢》詩，特意標注八月二十八日這一敏感時間，無非是提醒讀者注意當日楊廷和受褒獎之事而已。

五、餘論

　　通過前文論述，《紀夢》詩之本事大致可以確定，該詩是借助王導譏刺內閣首輔楊廷和之姦偽，借助郭璞頌揚江西巡撫孫燧之忠貞。另外，《紀夢》詩還關涉到寧王朱宸濠之叛亂、正德後期之黨爭，以及王陽明本人身陷政治漩渦的艱難處境。本文既是對《紀夢》詩本事之考證，也希望通過這篇考證展示王陽明詩歌內容和思想的豐富多樣性、王陽明詩歌與明代歷史複雜而密切的關係，畢竟王陽明的詩歌世界不僅關聯著他的思想世界，也關聯著他的歷史世界。

第五節　王陽明詩歌中的生命意識

　　陽明詩歌之中有大量關於生命意識的詠歎，其形式表現為對時間流逝之歎、生命困頓之憂、別離念親之哀、生死討論等。早期的王陽明關注生命，但追求的是生命之長度的延伸，對時光的流逝的慨歎及生命的意義的追尋上；在漸悟佛道之非後或者說悟道以後的王陽明，更注重的是生命的厚度與濃度，這點主要體現在他的事功與講學上。本文擬以陽明詩歌中詠歎生命，追惜光陰的咨嗟慨歎為主線，探討陽明詩歌中蘊含的生命意識。

　　「忽然相見尚非時，豈亦殷勤效一絲？總使皓然吾不恨，此心還有爾能知。」（《白髮謾書一絕》，《王陽明全集》卷二十九）〔註75〕這是陽明早年一首慨歎年少卻有白髮的詩歌，詩前有序：「諸君以予白髮之句，試觀予鬢，果見一絲。予作詩實未嘗知也。謾書一絕識之。」這首詩有戲謔的成分在，但以此亦可看出，青年陽明的生命意識的體現。王陽明身上散發著一種強烈的生命力，這種活力促使著他早年渡過「五溺三變」；支撐著他於瘴癘叢棘之中而不鬱其容，撐持著他於戎馬瘡痍之中亦不動其心。人生之有盡與歲月之倏忽，也

〔註75〕本文所引詩歌均來自吳光、錢明、董平等人編校《王陽明全集》，上海古籍出版社 2011 年版。

會讓詩人感慨萬千，作為儒者的王陽明對生命本身的關注，體認並踐行著對生命的熱愛，在其詩歌之中呈現出非常豐富的內容。

一、生命意識的外在關注

雖然十二歲時的王陽明就口出：「天下第一等事，莫過於讀書做聖賢」之志向，但是在這條道路上卻曲折許久。陽明年輕時出入佛老之學，追求養生之道，欲借助外物來延長生命，亦是對生命的珍惜與追索的一種方式。然這種思想盤踞良久，卻始終未曾佔據陽明的主流思想，在主持山東鄉試時，陽明思想開始出現了轉變，「金砂費日月，頹顏竟難留。」慨然而歎「枯槁向巖谷，黃綺不足儔。」（《登泰山五首》其二）從此漸漸脫離佛老之學，倡聖學。雖有「終當遁名山，煉藥洗凡骨。緘辭謝親交，流光易超忽。」（《又次李僉事素韻》）這種遁山歸隱的思想，不過是牢騷幾句。在《長生》一詩中，陽明表明自己的立場：

> 長生徒有慕，苦乏大藥資。名山遍探歷，悠悠鬢生絲。微軀一繫念，去道日遠而。中歲忽有覺，九還乃在茲。非爐亦非鼎，何坎復何離；本無終始究，寧有死生期？彼哉遊方士，詭辭反增疑；紛然諸老翁，自傳困多歧。乾坤由我往，安用他求為？千聖皆過影，良知乃吾師。

這首詩作於陽明桑榆之年，可謂是陽明是儒非道一個總結。《年譜》記載此詩作於嘉靖六年，陽明起征思田，途徑常山之時。此時陽明軍務在身，身體常病，仍講學不輟，勞力費神，對生命的迅速消耗感受深切。對早年間追慕仙道長生之術之悔誤，從而不拘謹自己於肉體生命之中，把自己置於乾坤之內，與天地同生同往，篤信良知之說。

在陽明早期詩歌之中，經常出現感慨時間易逝，常常年少歎白頭之詩句很多，如「閒心自與澄江老，逸興誰還白髮來？」（《雨霽遊龍山次五松韻》）「閒心最覺身多係，遊興還堪鬢未蒼。」（《次張體仁聯句韻》）「棘闈秋鎖動經旬，事了驚看白髮新。」（《文衡堂試事畢書壁》）這些詩大都作於陽明早年「五溺三變」的找尋過程中，對未來的不確定和迷茫使他感到時光匆匆卻無所得的失落感。對時間的流逝的敏感和重視，可以說是陽明生命意識最為突出的表現。陽明具有強烈的個體意識，這種意識使得他對生命充滿了熱愛之情。這種熱愛往往也會帶來濃鬱的傷感，主要表現在人生不可避免的離別和漂泊時懷友思親

的詩歌之中。正德元年，因抗疏而遭下獄時，陽明流露出的更多是「兀坐經旬成木石，忽驚歲暮還思鄉。」(《歲暮》)「來歸在何時，年華忽將晚。」(《屋霤月》)是對宦海無常的失望。赴謫途中，離家千里的陽明對時間的感歎由自身轉眼於廣袤無垠的大自然。「愁來步前庭，仰視行雲馳。行雲隨長風，飄飄去何之？行雲有時定，遊子無還期。高粱始歸燕，題鴃已先悲。有生豈不苦，逝者長若斯！」(《山石》)「此日天涯傷逐客，何年江上卻還家？」(《曉霽用前韻書懷二首》其一)即使在這種艱苦的環境之下「未因謫宦傷憔悴，客鬢還羞鏡裏看。」(《夜寒》)陽明依舊不會因外物而動其心。

　　外部世界隨時光流轉而出現各種鮮明可感的物象變遷，會喚起詩人心中深沉而悠長的生命觸動。陽明詩中時時出現「忽」、「驚」字，「鶯花夾道驚春老。」(《興隆衛書壁》)「孟夏俄驚草木長。」(《龍岡謾興》其二)「花暗漸驚春事晚。」(《三山晚眺》)「池邊一坐即三日，忽見巖頭碧樹紅。」(《又四絕句》其三)「坐看遠山凝暮色，忽驚廢葉起秋聲。」(《贈熊彰歸》)「風霜草木驚時態，砧杵關河動遠愁。」(《寄浮峰詩社》)「江船一話千年闊，塵夢今驚四十非！」(《寄張東所次前韻》)這種對季節變換的突然感受，凸出生命的緊迫感。尤其是節令變換之時，這種情感更為深沉。尤其是身在蠻居，遠離親側，思鄉念親的情感泛濫開來，一發不可收拾。「歲宴鄉思切，客久親舊疏。」(《贈黃太守澍》)「故園今夕是元宵，獨向蠻村坐寂寥。」(《元夕二首》其一)「取辦不徒酬令節，賞心兼是惜年華。」(《家僮作紙燈》)「白髮頻年傷遠別，彩衣何日是庭趨？」(《舟中除夕二首》其一)借助自然景物的變換來表達時間的變遷，也意味著生命的逝去。但是這種傷感不會成為常態，故陽明在第二首中「遠客天涯又歲除，孤航隨處亦吾廬。」(《舟中除夕二首》其二)這種處處飄蓬處處吾家的心態，也是陽明對天地萬物的一種親近感。「霜冷幾枝存晚菊，溪春兩度見新蒲。」(《即席次王文濟少參韻二首》其二)「物色變遷隨轉眼，人生豈得長朱顏！」(《春行》)雖然有年華易逝人生易老的喟歎，但陽明對生命的發生有一種格外的欣喜，「陰極陽回知不遠，蘭芽行見發春尖。」(《元夕雪用蘇韻二首》其二)對生命的周始輪迴的詫喜。

　　別離是人生之常態，陽明對這種物是人非的變遷尤為敏感，而這種敏感又增加了他的離憂。「憶別江干風雪陰，艱難歲月兩侵尋。」(《憶別》)「世艱變倏忽，人命非可常。」(《別湛甘泉二首》其二)「歸哉念流光，一逝不復返。」(《別易仲》)「童心如故容顏改，慚愧年年草木新。」(《別希顏二首》)「猶記

垂髫共學年，於今鬢髮兩蒼然。窮通只好浮雲看，歲月真同逝水懸。」（《送德聲叔父歸姚》）「世事暗隨江草換，道情曾許碧山聞。」（《與沅陵郭掌教》）歲暮日暮之時，更是詩人自我審視的總結之時。「玄景逝不處，朱炎化微涼。」「天際浮雲生白髮，林間孤月坐黃昏」（《夜宿宣風館》）「馳輝不可即，式爾增予傷！」（《寄友用韻》）「萬里滄江生白髮，幾人燈火坐黃昏。」（《因雨和杜韻》）但這種憂愁始終是淡淡的，並未成為痛徹心扉的憤懣。

二、生命意識的內在探求

孔子臨川而歎：「逝者如斯夫，不捨晝夜」（《論語·子罕》）體現了時間的緊迫感，也包含對已逝去的時間的一種唏噓無奈。「逝川之歎」顯露的意蘊，一方面，人的生命十分短暫，但這短暫的生命歷程之中人掌控著自己的命運，是自己的主宰者；另一方面，人的生命既然短暫，就更應珍視這短暫的歷程中所包含的自我實現的種種可能，切不可虛擲芳華、虛度光陰，定要有所建樹。生命的流逝的不可逆性，體現著人對生命有終的不甘和無奈，孔子曰：「君子疾沒世而名不稱焉」（《論語·衛靈公》）這是儒家積極的選擇，亦可說是對生命有盡的一種反抗方式。孟子曰：「夭壽不貳，修身以俟之，所以立命也」盡心知性而知天，命之長短不受人控，惟天知之。「莫非命也，順受其正。」（《孟子·盡心上》）天命難測，所以君子要修身以俟之。故事功和講學，成為王陽明延續文化生命的兩大支柱。

雖然陽明歷盡人世坎坷，心中亦不免悲憤交際，但他對生命價值的追尋卻畢生未曾動搖。尤其馳驅於軍旅之時，陽明常常慨歎，「百年未有涓埃報，白髮今朝又幾莖？」（《獅子山》）「一絲無補聖明朝，兩鬢徒看長二毛。」（《歸興》）「丹心倍覺年來苦，白髮從教鏡裏新。」（《舟中至日》）「催人歲月心空在，滿眼兵戈事漸非。」（《月下吟三首》其一）「謾擬翠華旋北極，正憐白髮倚南樓。」（《月下吟三首》其二）「濡手未辭援溺苦，白頭方切倚閭情。」（《月夜二首》）以「立德」來實現「不朽」，是中國古代生命意識的最高層次。生命的價值和意義，已不再侷限於其自然生命之長度，而是伴隨著完美人格的昇華獲得了永恆。如果說事功並非陽明所盼，是被動的選擇，那麼講學一事，可謂是陽明主動選擇並且一以貫之。因為「有德者必有言」，陽明以為「顏子三十二而卒，至今未亡也。」（《答人問神仙》）以其德著也。陽明亦曾豪言「君不見廣成子，高臥崆峒長不死，到今一萬八千年，陽明真人亦如此。」（《火秀宮次

一峰韻三首》其三）肉體生命會受到限制，會有時而盡不可逆轉，但是文化生命乃長盛不衰。陽明曾為安成後學作《惜陰說》，勉勵學生篤志且惜陰為學。在詩歌中亦諸多鼓舞他人或用以自勉的詩句「丈夫貴剛腸，光陰勿虛擲。」（《太息》）「傳語諸公合頻賞，休令歲月亦蹉跎。」（《借山亭》）「當筵莫惜殷勤望，我已衰年半白頭。」（《後中秋望月歌》）對為學後生的諄諄教導，也傳遞出陽明對已逝光陰的追惜。

在因功高而受到無端的非議與攻訐之時，陽明常懷遠離魏闕，終身丘壑之念。「毛髮暗從愁裏改，世情明向笑中危。」（《勸酒》）對於空穴而來的指責，陽明只不過一笑而過。名利是桎梏，富貴如浮雲，「莫向人間空白首，富貴何如一杯酒。」（《又次邵二泉韻》）「行年忽五十，頓覺毛髮改。四十九年非，童心獨猶在。」（《歸懷》）「百戰歸來白髮新，青山從此作閒人。」（《歸興二首》其一）「歸去休來歸去休，千貂不換一羊裘。青山待我長為主，白髮從他自滿頭。」（《歸興二首》其二）這種「歸與」之歎時時出現在陽明詩文之中，這種「用之則行捨則休」的價值取向，實則是對自我生命的珍惜，亦是對延續文化生命的渴望。

三、哲理層面的生死之論

「煙霞到手休輕擲，塵土驅人易白頭。」（《留陳惟濬》）兵荒馬亂的崢嶸歲月裏，充滿了對光陰逝去的感喟，也加深了陽明對生死問題進行了反覆的思考。「癡兒公事真難了，須信吾生自有涯。」（《岩頭閒坐漫成》）「嗒然坐我亦忘去，人生得休且復休。」（《遊通天岩示鄒陳二子》）雖然此時的陽明已經不再執著於身外之物，然老境將至之時，「悠哉天地內，不知老將至。」（《雜詩三首》其二）「欲倚黃精消白髮，由來空谷有餘音。」（《冬夜偶書》）「一笑仍舊顏，愧我鬢先變。」（《白鹿洞獨對亭》）「白頭未是形容老，赤子依然渾沌心。」（《天泉樓夜坐和蘿石韻》）面對歲月蹉跎之傷，陽明依舊採取樂觀積極的心態面對，不懼容顏老去的風霜之摧，保持赤子之心的熱忱。

年華將會衰敗，生命有時而終。老境驟至，繞不開的是直面生死問題。傳統儒家是持關注現世，注重生命的觀點，對死亡避而不談，故孔子答弟子問死時說：「未知生，焉知死？」（《論語·先進》）陽明並非如孔子那般對死亡及鬼神之事敬而遠之。陽明弟子也曾以「生死」之事相問，在《傳習錄》中有一節，錄入下：

> 蕭惠問生、死之道。
>
> 先生曰：「知晝、夜，即知生、死。」
>
> 問晝、夜之道。
>
> 曰：「知晝則知夜。」
>
> 曰：「晝亦有所不知乎？」
>
> 先生曰：「汝能知晝？懵懵而興，蠢蠢而食，行不著，習不察，終日昏昏，只是夢晝。惟息有養，瞬有存，此心惺惺明明，天理無一息間斷，才是能知晝。這便是天德，便是通乎晝夜之道而知。更有甚麼死、生！」[1]

此處傳達出陽明秉承的「生死觀」，他以為生、死如晝、夜，兩者互為依存，互為轉換，若能超越生死之困苦，即泯滅生死的界限，存此良知，在現實的生活之中砥礪心性，便是生命的永續。這與孔子擱置生死問題不談的觀點相似，但是陽明又有所生發，「須從根本求生死，莫向支流辨濁清。」（《次謙之韻》）指出了一個解決辦法，即致良知之學。

王陽明的詩歌有強烈的生命意識，而這種意識又在相當程度上摺射出他的生命體驗與人文情懷。談及生命流逝總是使人哀傷的事情，但陽明詩歌之中謹遵儒家詩教「哀而不傷」（《論語・八佾》）的傳統，「人生不努力，草木同衰殘。」（《南遊三首》其二）任何的慨歎不過是一瞬的哀傷，最終歸於蓬勃昂揚的積極進取的精神。

第六節　《紅樓夢》與良知學

明代中葉以降，陽明學蔚然興起，從者雲興，陽明學者盈天下，《紅樓夢》與陽明學尤其是良知學也存在著千絲萬縷的聯繫。首先，曹雪芹繼承良知作為一種道德情感的真誠惻怛，著力摹寫寶玉的赤子之心。其次，寶玉厭棄功利主義的讀書觀念，反對知識對道德的遮蔽，與王陽明良知學思想有內在的一致性。最後，王陽明強調聖人可學而至，在理想人格的極限處保證了人性的平等；曹雪芹則主張凡人可敬，在人類生存的最低處保障了人性的尊嚴，二者之間，思想遞嬗之跡關聯甚巨。

一、引言

　　自《紅樓夢》問世以來，關於這部書文學成就的研究、文學史地位的界定，已經有了非常豐富的成果，也就是說，作為小說的《紅樓夢》，或者說作為文學的《紅樓夢》已經被大家所熟知了。可是，作為思想的《紅樓夢》就顯得相對落寞，作為儒學的《紅樓夢》更是少人問津，甚至很多學者還認為《紅樓夢》與儒家思想是冰炭難以同爐。筆者曾經撰文論述過《紅樓夢》與儒家仁學思想的關係，也論述過《紅樓夢》對儒家人倫思想的繼承與發展。現在，針對一些學者認為《紅樓夢》是反理學的，如牟潤孫《從〈紅樓夢〉研究說到曹雪芹的反理學思想》〔註76〕，故此撰文論述《紅樓夢》與宋明理學之間的關係。因宋明理學所關涉的內容太多，學派之間的思想差異也很大，受限於篇幅，本文則專論《紅樓夢》與陽明學之間的關聯。

　　比較早地關注到《紅樓夢》與陽明學之間關係的是蔡元培，他在《石頭記索隱》中指出：

> 劉姥姥，湯潛庵也（合肥蒯君若木為我言之）。潛庵受業於孫
> 夏峰，凡十年。夏峰之學，本以象山、陽明為宗。《石頭記》：「劉姥
> 姥之女婿曰王狗兒，狗兒之父曰王成，其祖上曾與鳳姐之祖、王夫
> 人之父認識，因貪王家勢利，便連了宗。」似指此。〔註77〕

可惜的是，蔡元培的研究方法不是思想史研究的方法，而是歷史考證，或者說是索隱猜謎的方法，這種方法根本不能解決《紅樓夢》的思想問題，即使作為歷史考據來說，其荒謬之處也是顯而易見的，正如胡適所駁斥的那樣：

> 其實《紅樓夢》裏的王家既不是專指王陽明的學派，此處似不
> 應該忽然用王家代表王學。況且從湯斌想到孫奇逢，從孫奇逢想到
> 王陽明學派，再從陽明學派想到王夫人一家，又從王家想到王狗兒
> 的祖上，又從王狗兒轉到他的丈母劉姥姥，這個謎可不是比那「無
> 邊落木蕭蕭下」的謎還更難猜嗎？〔註78〕

蔡元培索隱的方法解決不了《紅樓夢》的思想淵源問題，胡適考證的方法也是收效甚微。近年來，劉再復提出了通過「悟證」解讀《紅樓夢》的新方法，這

〔註76〕胡文彬、周雷《香港紅學論文選》，百花文藝出版社1982年版。
〔註77〕王國維等《王國維、蔡元培、魯迅點評紅樓夢》，團結出版社2004年版，第103～104頁。
〔註78〕胡適《中國章回小說考證》，上海書店1980年版，第184頁。

一方法倒是真正觸碰到了《紅樓夢》與陽明學之間的關係。劉再復在《讓「紅學」回歸文學與哲學》說：

> 以往雖然也有學者觸及《紅樓夢》的某些哲學內容，但還未能從哲學高度上把握《紅樓夢》的精神整體與精神之核。因為具有哲學視角，我便發現《紅樓夢》是一部偉大的意象性心學，與王陽明的心學相通相似，但王的心學是論述性心學，而《紅樓夢》則是形象性心學，形態完全不同。王陽明是哲學家的哲學，曹雪芹是藝術家的哲學。後者是類似鹽化入水中而化入小說中的哲學。〔註79〕

劉再復以凝練的語言展示了一個精練的結論，這個結論無疑是成立。但是，劉再復卻沒有展示出論述的過程，《紅樓夢》與陽明學之間的「相通相似」之處究竟何在，也言之不詳，甚至付之闕如。因此，《紅樓夢》與陽明學之間的思想淵源，還只是空懸一個肯定性的結論，兩者之間細密複雜的關係，還有待於進一步論證，這也是本文撰寫的一個重要原因。

王陽明最大的哲學突破是在孟子哲學的基礎上創造性地提出了良知學說，王陽明堅信良知學說是儒家千古聖學之秘，是孔門正法眼藏，王陽明在《與鄒謙之》說：「近時四方來遊之士頗眾，其間雖甚魯鈍，但以良知之說略加點掇，鮮不即有開悟，以是益信得此二字真吾聖門正法眼藏。」〔註80〕在《寄薛尚謙》亦有類似的表達，他說：「致知二字，是千古聖學之秘。向在虔時，終日論此，同志中尚多有未徹。近於古本序中改數語，頗發此意，然見者往往亦不能察。今寄一紙，幸熟味。此是孔門正法眼藏，從前儒者多不曾悟到。」〔註81〕

曹雪芹在寫作《紅樓夢》時有意借鑒了王陽明的良知學說，《紅樓夢》所體現出來的良知思想，有以下三點值得注意。

二、賈寶玉的赤子之心與良知的真誠惻怛

王陽明強調良知作為一種道德情感具有真誠惻怛的特質，《答聶文蔚》曰：

> 蓋良知只是一個天理自然明覺發見處，只是一個真誠惻怛，便

〔註79〕劉再復《劉再復講演集》，人民日報出版社 2013 年版，第 8 頁。
〔註80〕（明）王守仁撰，吳光等編校《王陽明全集》，第 200 頁。
〔註81〕（明）王守仁撰，吳光等編校《王陽明全集》，第 222 頁。

是他本體。故致此良知之真誠惻怛以事親便是孝，致此良知之真誠惻怛以從兄便是弟，致此良知之真誠惻怛以事君便是忠。只是一個良知，一個真誠惻怛。〔註82〕

牟宗三對此有精當的分析，他在《王學之分化與發展》中說：

「天理之自然明覺」一語頗不好講，意即「天理之自然地而非造作地，昭昭明明而即在本心靈覺中之具體地而非抽象地呈現」。……良知是天理之自然而明覺處，則天理雖客觀而亦主觀；天理是良知之必然不可移處，則良知雖主觀而亦客觀。〔註83〕

良知既是一種道德意識也是一種道德情感，從情感方面來說，良知具有非常鮮明的兩個規定性，即真誠和惻怛。惻怛源自孟子所言「惻隱之心」，是一種悲憫同情之心。

惻怛比較簡易，真誠則較為複雜。誠這個概念在儒家思想體系中佔有重要地位，誠既是本體又是工夫，含有形而上與形而下兩個層面的內容，如《孟子・離婁上》所言：「是故誠者，天之道也；思誠者，人之道也。」〔註84〕《大學》也有對誠意的重要論述：

所謂誠其意者，毋自欺也。如惡惡臭，如好好色，此之謂自謙。故君子必慎其獨也！小人閒居為不善，無所不至，見君子而後厭然，掩其不善，而著其善。人之視己，如見其肺肝然，則何益矣。此謂誠於中，形於外，故君子必慎其獨也。曾子曰：「十目所視，十手所指，其嚴乎！」富潤屋，德潤身，心廣體胖，故君子必誠其意。〔註85〕

王陽明非常重視《大學》對誠意的論述，曾將誠意喻之為為學的「心髓入微處」，《答黃宗賢》曰：「僕近時與朋友論學，惟說『立誠』二字。殺人須就咽喉上著刀，吾人為學，當從心髓入微處用力，自然篤實光輝。」〔註86〕王陽明還將誠意與否視之為人格境界的重要區分標準，《大學古本傍釋》曰：「君子小人之分，只是能誠意與不能誠意。」〔註87〕在王陽明看來，能夠做到誠意者方

〔註82〕（明）王守仁撰，吳光等編校《王陽明全集》，第 96 頁。

〔註83〕牟宗三《從陸象山到劉蕺山》，吉林出版集團有限責任公司 2010 年版，第 139～140 頁。

〔註84〕（宋）朱熹《四書章句集注》，第 287 頁。

〔註85〕（宋）朱熹：《四書章句集注》，第 7～8 頁。

〔註86〕（明）王守仁撰，吳光等編校《王陽明全集》，第 165 頁。

〔註87〕束景南《王陽明佚文輯考編年》，上海古籍出版社 2012 年版，第 672 頁。

為君子，反之則為小人。

曹雪芹塑造的寶玉形象與儒家誠意的道德要求基本吻合，寶玉在立身處世方面，能夠做到心之所發之意的真實无妄。寶玉對於任何人、任何事都能本著先天的良知之心，以自然而真誠的態度對待，不遮掩，不虛誇，真誠如赤子。喜歡的人和事，就真誠地喜歡，「如好好色」；厭惡的人和事，就真誠地厭惡，「如惡惡臭」。

寶玉對待秦可卿的態度就是本著一顆良知之心，以真誠惻怛的良知悲憫同情秦可卿的不幸遭遇。賈府中的其他人等則無此等真誠的態度，他們對於秦可卿的評價，無非是功利主義和縱慾主義兩種俗世視角。以焦大為代表的賈府忠僕，出於對賈府前途命運的功利主義關懷，酒後大罵賈府男女關係紊亂，視「擅風情，秉月貌」的秦可卿為「敗家的根本」。導致秦可卿悲慘命運的罪魁禍首賈珍，在秦可卿死後，雖然有如喪考妣的悲痛，但是這種悲痛無非是出於縱慾主義的齷齪之心，無非是因為喪失了縱慾的對象而感到空虛落寞而已，一旦找到新的縱慾對象如尤三姐等，他對秦可卿的記憶就會消失的無影無蹤。

唯獨寶玉則不然，借用王陽明的話說，寶玉對待秦可卿就是一個「真誠惻怛」。第十一回，寶玉跟隨王熙鳳來探望秦可卿，此時的秦可卿心知賈府難以容下她這種媳婦，所以對王熙鳳說出了實話：「我自想著，未必熬的過年去呢。」[註88]王熙鳳和賈蓉找一些無關痛癢的話來安慰敷衍秦可卿，聽了秦可卿說出的錐心之語，寶玉的反應如何呢？《紅樓夢》描寫其情景曰：「（寶玉）正自出神，聽得秦氏說了這些話，如萬箭攢心，那眼淚不知不覺就流下來了。」[註89]「不知不覺」四字用得高妙，寫出了寶玉感情的真實自然，不假雕飾。

秦可卿死亡的兇信將睡夢中的寶玉驚醒，寶玉的反應是——「如今從夢中聽見說秦氏死了，連忙翻身爬起來，只覺心中似戳了一刀的不忍，哇的一聲，直奔出一口血來。」[註90]針對寶玉吐血的悲痛行為，有兩種代表性的解釋：

一是脂硯齋曰：「寶玉早已看定可繼家務事者可卿也，今聞死了，大失所望。急火攻心，焉得不有此血？為玉一歎！」[註91]這種功利主義的解釋是

〔註88〕（清）曹雪芹著、無名氏續《紅樓夢》，人民文學出版社 2015 年版，第 153 頁。

〔註89〕（清）曹雪芹著、無名氏續《紅樓夢》，第 153 頁。

〔註90〕（清）曹雪芹著、無名氏續《紅樓夢》，第 171 頁。

〔註91〕（清）曹雪芹著、黃霖校點《脂硯齋評批紅樓夢》，齊魯書社 199 年版，第 221 頁。

錯誤的，寶玉從來不過問家事，至於賈府的家務繼承者等瑣屑之事更不會上心，脂硯齋的解釋是把寶玉降低到焦大的層次，是把一個原本屬於天地境界的寶玉降低到了功利境界〔註92〕。

二是護花主人王希廉的解釋，他說：「寶玉一聞秦氏凶信，便心如刀戳，吐出血來。夢中雲雨，如此迷人，其然豈其然乎？」〔註93〕王希廉認為寶玉在夢中曾與秦可卿發生過雲雨之事，寶玉因男女之欲而產生男女之情，故對情慾對象秦可卿的死感到悲痛。王希廉的解釋把寶玉降低到了賈珍的層次，也是對寶玉的蔑辱。

關於寶玉對秦可卿去世時的吐血之舉，脂硯齋與王希廉的解讀幾乎都是誤讀。其實，寶玉的強烈悲痛，可以從兩個角度來解讀。從家庭倫理的角度來說，寶玉是叔叔，秦可卿是侄兒媳婦，親人亡故，寶玉本著儒家的親親之仁、親親之良知的道德要求，表達出應有的悲痛是自然而且合理的。從宇宙倫理的角度來說，寶玉有王陽明所言「以天地萬物為一體」的仁愛情懷，天地之中，與之相關的任何生命的非正常隕落都足以牽動寶玉那顆良知之心，更何況天生麗質、年華正好的秦可卿的莫名去世呢？

寶玉本著良知之心的真誠惻怛，對於所喜愛的人是「如好好色」地愛，如對黛玉就是不避嫌疑地稱揚，令黛玉十分感動，故黛玉心想：「所喜者，果然自己眼力不錯，素日認他是個知己，果然是個知己。所驚者，他在人前一片私心稱揚於我，其親熱厚密，竟不避嫌疑。」〔註94〕寶玉本著良知之心的真

〔註92〕 此處借鑒馮友蘭對人生境界的四種分類，馮友蘭《新原人·境界》：「人所可能有底境界，可以分為四種：自然境界，功利境界，道德境界，天地境界。」馮友蘭論功利境界曰：「功利境界的特徵是：在此境界中底人，其行為是『為利』底。所謂『為利』，是為他自己的利。……他的行為，或是求增加他自己的財產，或是求發展他自己的事業，或是求增進他自己的榮譽。他於有此種行為時，他瞭解這種行為是怎樣一回事，並且自覺他是有此種行為。在此境界中底人，其行為雖有萬不同，但其最後底目的，總是為他自己的利。」馮友蘭論天地境界曰：「天地境界的特徵是：在此種境界中底人，其行為是『事天』底。……他已知天，所以他知人不但是是社會的全的一部分，而並且是宇宙的全的一部分。不但對於社會，人應有貢獻；即對於宇宙，人亦應有貢獻。人不但應在社會中，堂堂地做一個人；亦應於宇宙間，堂堂地做一個人。」馮友蘭：《三松堂全集》，河南人民出版社2001年版，第4冊，第496～509頁。

〔註93〕 （清）護花主人、大某山民、太平閒人評：《三家評本紅樓夢》，上海古籍出版社2012年版，第202頁。

〔註94〕 （清）曹雪芹著、無名氏續《紅樓夢》，第433頁。

誠惻怛，對於所厭惡的人則是「如惡惡臭」地恨，是不避嫌疑、不計厲害地恨。
如第八回，寶玉在梨香院與寶釵、黛玉吃酒，正吃在興頭上，奶母李嬤嬤三番
五次上來攔阻，又拿賈政問書壓制寶玉，以至於寶玉興致全消，垂頭不語。這
李嬤嬤不僅是無趣之惡俗人，又以寶玉奶母的身份自傲，「逞的他比祖宗還大」，
全然不把晴雯、茜雪等丫鬟放在眼中，而且還貪圖小利，即使是一碟子豆腐皮
的包子、一碗楓露茶也貪圖，無怪乎寶玉氣急敗壞地把茶杯摔了個粉碎，要攆
了李嬤嬤出去。對於賈雨村，寶玉亦是「如惡惡臭」地厭惡，唯恐避之不及，
如三十二回，「正說著，有人來回說：『興隆街的大爺來了，老爺叫二爺出去會。』
寶玉聽了，便知是賈雨村來了，心中好不自在。襲人忙去拿衣服。寶玉一面蹬
著靴子，一面抱怨道：『有老爺和他坐著就罷了，回回定要見我。』」〔註95〕

三、寶玉的讀書觀與良知的遮蔽說

宋代理學家張載首先提出德性所知，《正蒙‧大心》曰：「見聞之知乃物
交而知，非德性所知。德性所知不萌於見聞。」〔註96〕見聞所知是後天的一
種感性認知，德性所知是先天的道德認知。德性所知根源於人類好善惡惡的本
心，與後天的見聞之知沒有必然的關聯，也就是說後天的知識無助於道德意識
的培養，畢竟知識和道德屬於兩個範疇，知識水平不能決定道德水平。

王陽明的良知思想進一步發展了張載提出的德性所知不萌於聞見之知的
思想，王陽明的良知思想淵源於孟子，良知涵蓋孟子所言仁義禮智四端之心，
孟子所言「是非之心，智之端也」〔註97〕也在良知的統攝範圍之內。因此，
良知本身就具備科學上的必然與道德上的應然兩種是非判斷，良知天然地就有
當機裁奪的決斷功能，無須聞見之知的外在助益。王陽明在《答顧東橋書》說：

> 夫舜之不告而娶，豈舜之前已有不告而娶者為之準則，故舜得
> 以考之何典，問諸何人而為此邪？抑亦求諸其心一念之良，知權輕
> 重之宜，不得已而為此邪？武之不葬而興師，豈武之前已有不葬而
> 興師者為之準則，故武得以考之何典，問諸何人而為此邪？抑亦求
> 諸其心一念之良知，權輕重之宜，不得已而為此邪？使舜之心而非
> 誠於為無後，武之心而非誠於為救民，則其不告而娶與不葬而興師，

〔註95〕（清）曹雪芹著、無名氏續《紅樓夢》，第431頁。
〔註96〕（宋）張載《張載集》，中華書局2014年版，第24頁。
〔註97〕（宋）朱熹《四書章句集注》，第239頁。

乃不孝不忠之大者。〔註98〕

舜生活在一個非常不幸的家庭中，舜的父母日日以殺舜為事，若舜之婚事稟告父母，父母定然會拒絕舜娶妻的請求，不得娶妻則無後，無後為大不孝。舜本著孝子之良知，權衡利弊，故不告而娶。周武王不葬其父周文王就就急於起兵乏紂，是本著救民於水火的良知，不能因三年之喪耽誤了救民的大好時機，故權衡利弊，不葬而興師。此等特殊事例，並無成法可以借鑒，也無書冊可資參研，既無聞見之知，也無需聞見之知，本諸良知之心，權衡利弊輕重，當機裁奪，自然無往而不利。

　　另外，王陽明認為良知不僅不萌於見聞之知，而且見聞之知反而還會遮蔽良知的自然朗現。如王陽明《詠良知四首》詩其一所言：「個個人心有仲尼，自將聞見苦遮迷。」〔註99〕良知之心是人人皆有，聖凡無別，聖人孔子與芸芸眾生都具有良知之心。正如陸九淵《鵝湖和教授兄韻》詩所言：「墟墓興哀宗廟欽，斯人千古不磨心。」〔註100〕聖人之所以為聖，是良知統帥聞見之知，良知時時處處自然朗現；凡人之所以為凡，是良知被聞見之知遮蔽，良知之光芒黯然不彰。王陽明《詠良知四首》詩其三：「人人自有定盤針，萬化根緣總在心。卻笑從前顛倒見，枝枝葉葉外頭尋。」〔註101〕「枝枝葉葉」是支離破碎，不成體系，毫無統緒；「外頭尋」是心外工夫，失卻本體。此等為學方式的結果恰如富貴之人捨棄家中財物，反而沿門托缽作行乞之人，此即是王陽明《詠良知四首》詩其四所言：「拋卻自家無盡藏，沿門持缽效貧兒。」〔註102〕

　　正常的聞見之知無益於良知，異化了的聞見之知對良知的遮蔽更為嚴重。所謂異化的聞見之知，即是為求名求利而對知識的探求。異化的聞見之知，會極大地摧折良知本有的以天地萬物為一體之仁，助長人類的麻木不仁與自私自利之心。

　　　於是乎有訓詁之學，而傳之以為名；有記誦之學，而言之以為博；有詞章之學，而侈之以為麗。若是者紛紛籍籍，群起角立於天下，又不知其幾家，萬徑千蹊，莫知所適。〔註103〕

〔註98〕（明）王守仁撰，吳光等編校《王陽明全集》，第56～57頁。

〔註99〕（明）王守仁撰，吳光等編校《王陽明全集》，第870頁。

〔註100〕（宋）陸九淵《陸九淵集》，中華書局2014年版，第301頁。

〔註101〕（明）王守仁撰，吳光等編校《王陽明全集》，第870頁。

〔註102〕（明）王守仁撰，吳光等編校《王陽明全集》，第870頁。

〔註103〕（明）王守仁撰，吳光等編校《王陽明全集》，第63頁。

寶玉似乎總給人一種厭棄讀書的印象,「愚頑怕讀文章」是寶玉鮮明的性格標
籤。值得注意的是,寶玉之不讀書,乃是不讀功利主義的書,尤其是不讀八股
文章,筆者在《紅學與仁學》中曾有過辨析:「殊不知《西江月》對寶玉是似
貶而實褒,詞中所言之『文章』也不是泛指廣義的圖書,而是特指科舉時代的
八股講章。對於科舉制度對人性的扭曲,對於八股文章對知識分子的腐蝕,寶
玉都有清醒而深刻地認識。」〔註104〕科舉制度,八股文章,這種帶有強烈功
利誘惑的制度設計與知識體系,以巨大的陰影遮蔽了良知。在科舉的功利場中,
是以無用之虛文逞英雄,而不論良知之存喪、道德之隆污。故寶玉將汲汲於功
名者斥之為「祿蠹」,《紅樓夢》借襲人之目,寫出寶玉之心:

> 襲人道:「第二件,你真喜讀書也罷,假喜也罷,只是在老爺
> 跟前或在別人跟前,你別只管批駁誹謗,只作出個喜讀書的樣子來,
> 也教老爺少生些氣,在人前也好說嘴。他心裏想著,我家代代念書,
> 只從有了你,不承望你不喜讀書,已經他心裏又氣又惱了。而且背
> 前背後亂說那些混話,凡讀書上進的人,你就起個名字叫作『祿蠹』
> 又說只除『明明德』外無書,都是前人自己不能解聖人之書,便另
> 出己意,混編纂出來的。這些話,你怎麼怨得老爺不氣?不時時打
> 你。叫別人怎麼想你?」〔註105〕

可知,寶玉並不反對原始儒家《四書》等經典著作,而是反對被科舉異化了《四
書》論著和依託《四書》的八股文章,因為這些異化了的知識如鏡體之灰塵一
般,遮蔽了良知心體。即使是甄寶玉一流的人物,一旦被科舉腐蝕,一旦被知
識異化,也會立刻墮落成「祿蠹」。第一百一十五回,記載賈寶玉與甄寶玉晤
面之情景曰:

> 甄寶玉道:「弟少時不知分量,自謂尚可琢磨。豈知家遭消索,
> 數年來更比瓦礫猶殘,雖不敢說歷盡甘苦,然世道人情略略的領
> 悟了好些。世兄是錦衣玉食,無不遂心的,必是文章經濟高出人
> 上,所以老伯鍾愛,將為席上之珍。弟所以才說尊名方稱。」賈
> 寶玉聽這話頭又近了祿蠹的舊套,想話回答。賈環見未與他說話,
> 心中早不自在。倒是賈蘭聽了這話甚覺合意,便說道:「世叔所言
> 固是太謙,若論到文章經濟,實在從歷練中出來的,方為真才實

〔註104〕趙永剛《紅學與仁學》,《明晴小說研究》2017年第3期。
〔註105〕(清)曹雪芹著、無名氏續《紅樓夢》,第263頁。

學。在小侄年幼，雖不知文章為何物，然將讀過的細味起來，那膏粱文繡比著令聞廣譽，真是不啻百倍的了。」甄寶玉未及答言，賈寶玉聽了蘭兒的話心裏越發不合，想道：「這孩子從幾時也學了這一派酸論。」〔註106〕

這一段真假二玉的會面，正應了「假作真時真亦假，無為有處有還無」那句話。甄寶玉已經被「文章經濟」吞噬了本然良知，幾無真性情、真學問、真道德可言。年幼的賈蘭，也習染了「這一派酸論」，喪失了兒童的天然稚氣。並且閨閣中也被功利之論侵襲，除黛玉之外，寶釵、湘雲也時常以「仕途經濟」之類的「混賬話」規勸寶玉。唯獨寶玉時刻警惕功利主義讀書觀念的強勢介入，始終以無功利、非世俗的赤子之心呵護良知的自然朗現。

既然寶玉極力批判科舉制度對良知的遮蔽，何以又親赴考場，考中舉人呢？作者設置這一情節，不單是受限於「延世澤」等古典小說大團圓結局的習見套路，而是有以下兩點值得闡申之處：

第一，寶玉中舉是對儒家人倫關係的世俗化交代

寶玉赴試出發之前，與王夫之道別：

> 只見寶玉一聲不哼，待王夫人說完了，走過來給王夫人跪下，滿眼流淚，磕了三個頭，說道：「母親生我一世，我也無可答報，只有這一入場用心作了文章，好好的中個舉人出來。那時太太喜歡喜歡，便是兒子一輩的事也完了，一輩子的不好也都遮過去了。」〔註107〕

這是寶玉本著父（母）子有親的良知，盡了最後一點父（母）子人倫的責任。以此類推，寶玉與嫂嫂李紈的道別，是本著長幼有序的良知，盡了最後一點長幼人倫的責任；與寶釵道別，是本著夫婦有別的良知，盡了最後一點夫婦人倫的責任。寶玉本著良知之心，盡到了人倫責任，也算是對世俗之情有了一個最後的交代，塵緣已盡，從名利場中自我抽離出來，也未嘗不是很好地選擇。

第二，寶玉中舉是科舉不能奪聖賢之志的隱喻

科舉制度雖然有很強的功利誘惑，但是這種誘惑只能奪小人之志，不能

〔註106〕（清）曹雪芹著、無名氏續《紅樓夢》，第 1532 頁。
〔註107〕（清）曹雪芹著、無名氏續《紅樓夢》，第 1576 頁。

奪君子之志；只能奪凡庸之志，不能奪聖賢之志。王陽明《寄聞人邦英邦正》
曰：

> 家貧親老，豈可不求祿仕？求祿仕而不工舉業，卻是不盡人事
> 而徒責天命，無是理矣。但能立志堅定，隨事盡道，不以得失動念，
> 則雖勉習舉業，亦自無妨聖賢之學。若是原無求為聖賢之志，雖不
> 業舉，日談道德，亦只成就得務外好高之病而已。此昔人所以有不
> 患妨功，惟患奪志之說也。〔註108〕

儘管寶玉並無成就聖賢之志，但是在保持內在良知不為外物所誘方面，與儒家
有內在的一致性。在王陽明看來，立定聖賢之志，則科舉雖能妨其功而不能奪
其志；曹雪芹認為，立定赤子心志，則科舉雖能耗其神而不能變其心。本著良
知之心，立定赤子之志，不僅科舉不能奪其志，外在的一切穢惡之人之事皆無
法動搖其心志，因此，呆霸王的蠻橫與粗俗不足以改變寶玉的良知，賈珍、賈
璉的好淫與殘忍不足以改變寶玉的良知，王熙鳳的權力欲與貪貨財不足以改變
寶玉的良知等。

四、凡人可敬與聖人可學

王陽明在孟子「人人皆可為堯舜」的基礎上，進一步發展出「聖人可學」
的理論。王陽明認為凡人與聖人具有同樣的良知，即「這良知人人皆有，聖人
只是保全，無些障蔽。」〔註109〕又說「與愚夫愚婦同的，是謂同德。與愚夫
愚婦異的，是謂異端。」〔註110〕此處不是把聖人降低到愚夫愚婦的層次，而
是把愚夫愚婦提升到聖人的境界，因為愚夫愚婦與聖人一樣，具備同樣的良知，
具備同樣的成聖之質，在本體上愚夫愚婦與聖人無少缺欠。正如王陽明在傳習
錄《傳習錄》卷三所言：

> 在虔，與於中、謙之同侍。先生曰：「人胸中各有個聖人，只
> 自信不及，都自埋倒了。」因顧於中曰：「爾胸中原是聖人。」於中
> 起，不敢當。先生曰：「此是爾自家有的，如何要推？」於中又曰：
> 「不敢。」先生曰：「眾人皆有之，況在於中？卻何故謙起來？謙亦
> 不得。」於中乃笑受。〔註111〕

〔註108〕（明）王守仁撰，吳光等編校《王陽明全集》，第189頁。
〔註109〕（明）王守仁撰，吳光等編校《王陽明全集》，第189頁。
〔註110〕（明）王守仁撰，吳光等編校《王陽明全集》，第121頁。
〔註111〕（明）王守仁撰，吳光等編校《王陽明全集》，第105頁。

良知說起來比較抽象，很難被一般人所理解，王陽明有一個比較通俗的解釋，
他說：「良知只是個是非之心，是非只是個好惡，只好惡就盡了是非，只是非
就盡了萬事萬變。」〔註112〕此處所言的是非不是簡單的科學上的是非正誤，
而主要是道德上的是非正誤，所以是非關聯著好惡的道德情感。因此，良知主
要解決的是道德認知的問題，而不是科學認知的問題。道德上的是非辨別能力、
情感上的好惡之情，帶有先天性、先驗性，是不慮而知，不學而能，人人都具
備的道德能力。即使是殘障人士，也同樣具備這種能力，王陽明《諭泰和楊茂》
一文記載了這樣一個故事，楊茂是聾啞人，屬於社會底層的殘障人士，比較自
卑，對於王陽明提出的聖人可學而至理論不能確信篤行，故前來請求王陽明開
示。以下是兩人之間的一段筆談：

> （王陽明問）「你口不能言是非，你耳不能聽是非，你心還能
> 知是非否？」答曰：「知是非。」

> 「如此，你口雖不如人，你耳雖不如人，你心還與人一般。」
> 茂時首肯拱謝。

> 「大凡人只是此心，此心若能存天理，是個聖賢的心，口雖不
> 能言，耳雖不能聽，也是個不能言不能聽的聖賢。心若不存天理，
> 是個禽獸的心，口雖能言，耳雖能聽，也只是個能言能聽的禽獸。」
> 茂時扣胸指天。

> 「你如今於父母但盡你心的孝，於兄長但盡你心的敬，於鄉黨
> 鄰里宗族親戚但盡你心的謙和恭順。見人急慢，不要嗔怪；見人財
> 利，不要貪圖。但在裏面行你那是的心，莫行你那非的心。縱使外
> 面人說你是，也不須聽；說你不是，也不須聽。」
> 茂時首肯拜謝。

王陽明激勵楊茂雖然口不能言，耳不能聽，但是其內心還能明辨是非，還具備
與聖人同樣的良知本體，將此良知本體擴充推廣開來，加之以後天的篤行工夫，
就能達到聖賢的境界。

　　王陽明聖人可學的理論在人性的根本之處賦予一種絕對平等的觀念，又
在人格理想的境界上賦予一種均等的機會。良知人人皆有，聖人人人可學，這
是一種十分難得的人類平等觀念，王陽明消除了普通人、下等人、凡庸人的自

〔註112〕（明）王守仁撰，吳光等編校《王陽明全集》，第126頁。

卑心理，激活了他們內在的道德本心，並指示給他們一條修養理想人格的康莊大道——存天理、去人慾，人慾盡處，天理流行，滿街都是聖人的理想國就會出現。

王陽明聖人可學的理論比較簡易，也有過於理想的問題，畢竟良知本體雖然無有差別，但是後天成聖的工夫，人與人殊，宛如其面。正是因為洞察到王陽明的弊端，曹雪芹才批判性地繼承了王陽明的理論，曹雪芹捨棄了人人皆可為聖人的理想設計，在汲取王陽明良知人人皆有的思想基礎上，創造性地將王陽明聖人可學的理論轉化為凡人可敬的理論。曹雪芹認同王陽明良知人人皆有的思想，既然良知人人皆有，那麼人人都是值得尊重的存在，尤其是那些處於社會底層的平凡人，更應該本著惻怛之心去尊敬、去關愛。《紅樓夢》正是以血淚之筆關愛那些處於男權社會中女性，關愛那些處於權勢底層的凡人，而且以鮮明的對照寫出了男性的骯髒與女性的高貴，寫出了權貴的虛偽與凡人的質樸。

曹雪芹善用反諷之筆刻畫人物，貴人可厭、凡人可敬的理念通過以下兩點巧妙地呈露出來：

第一、凡人可敬，在心不在貌

正如王陽明筆下的楊茂一樣，因為楊茂有良知之心，所以是不能聽、不能說的聖賢，而耳聰口利之人，因為良知被遮蔽，反而是能聽能說的禽獸。曹雪芹筆下的人物也應如是觀察，人物之善惡邪正，關鍵在於是否具備良知之心，而非華美之外貌。如賈雨村之相貌，「生得腰圓背厚，面闊口方，更兼劍眉星眼，直鼻權腮」〔註113〕。相貌雖然出眾，卻是脂硯齋所言「莽操遺容」〔註114〕，是王莽、曹操一流的奸雄。再如王熙鳳眼中之賈蓉，「一個十七八歲的少年，面目清秀，身材夭嬌，輕裘寶帶，美服華冠」，脂硯齋評曰「紈絝寫照」〔註115〕。

僧道形象馬道婆，可謂是伶牙俐齒、巧舌如簧，見了寶玉臉被賈環燙傷，就裝神弄鬼地借機向賈母索要香油錢。賈母比較矛盾，既疼愛寶玉，又不忍過於奢靡，正在思忖之時，馬道婆擔心賈母拒絕，揣摩賈母心事，又說道：「還有一件，若是為父母尊親長上的，多捨些不妨；若是像老祖宗如今為寶玉，若捨多了倒不好，還怕哥兒禁不起，倒折了福。也不當家花花的，要捨，大則七斤，

〔註113〕（清）曹雪芹著、無名氏續《紅樓夢》，第 12 頁。
〔註114〕（清）曹雪芹著、黃霖校點《脂硯齋評批紅樓夢》，第 15 頁。
〔註115〕（清）曹雪芹著、黃霖校點《脂硯齋評批紅樓夢》，第 124 頁。

小則五斤，也就是了。」賈母說：「既是這樣說，你便一日五斤合準了，每月打躉來關了去。」聽到賈母允諾，「道婆念了一聲阿彌陀佛慈悲大菩薩」〔註116〕。馬道婆能言善辯，卻喪失了良知，唯利是圖，做出謀財害命的卑劣勾當。正如脂硯齋所言：「賊道婆！是自『太君思忖』上來，後用如此數語收之，使太君必心悅誠服願行。賊婆，賊婆，費我作者許多心機摹寫也。」〔註117〕

　　常懷慈悲之心，真正濟世救人的僧道，未必如馬道婆一般巧言令色，反而是邋邋遢遢，癩頭跛足。如第一回點化甄士隱的僧道形象是「只見從那邊來了一僧一道，那僧則癩頭跣腳，那道則跛足蓬頭，瘋瘋癲癲，揮霍談笑而至」〔註118〕。看破紅塵，唱《好了歌》的道士形象是「忽見那邊來了一個跛足道人，瘋癲落脫，麻屣鶉衣，口內念著幾句言詞」〔註119〕。又如，賈雨村遇到的智通寺老僧，「只有一個龍鍾老僧在那裡煮粥。雨村見了，便不在意。及至問他兩句話，那老僧既聾且昏，齒落舌鈍，所答非所問」〔註120〕。這位不被賈雨村在意的老僧，恰恰在脂硯齋眼中「是翻過來」的得道高僧。再如，寶玉、王熙鳳被馬道婆的巫術挾制，救出姐弟二人的和尚是「鼻如懸膽兩眉長，目似明星蓄寶光。破衲芒鞋無住跡，醃臢更有滿頭瘡」。道士是「一足高來一足低，渾身帶水又拖泥。相逢若問家何處，卻在蓬萊弱水西。」〔註121〕

第二、凡人可敬，在心不在位

　　曹雪芹筆下的凡人可敬，亦是看其人是否有良知之心，而非看其權勢地位高下。如劉姥姥，出身寒微，家境窘迫，寒冬之際，缺衣少食，無奈之下，帶著外孫板兒通過周瑞家的疏通關節，好不容易見到王熙鳳，王熙鳳雖然資助了劉姥姥，但是王夫人、王熙鳳那種傲慢態度，十足令人寒心，無怪乎脂硯齋說劉姥姥一進榮國府是「寫盡天下富貴人待窮親戚的態度」〔註122〕，「王夫人數語令余幾哭出」〔註123〕，「為財勢一哭」〔註124〕。受到賈府資助之後，劉

〔註116〕（清）曹雪芹著、無名氏續《紅樓夢》，第339頁。
〔註117〕（清）曹雪芹著、黃霖校點：《脂硯齋評批紅樓夢》，第429頁。
〔註118〕（清）曹雪芹著、無名氏續《紅樓夢》，第10頁。
〔註119〕（清）曹雪芹著、無名氏續《紅樓夢》，第17頁。
〔註120〕（清）曹雪芹著、無名氏續《紅樓夢》，第25頁。
〔註121〕（清）曹雪芹著、無名氏續《紅樓夢》，第3466頁。
〔註122〕（清）曹雪芹著、黃霖校點《脂硯齋評批紅樓夢》，第121頁。
〔註123〕（清）曹雪芹著、黃霖校點《脂硯齋評批紅樓夢》，第126頁。
〔註124〕（清）曹雪芹著、黃霖校點《脂硯齋評批紅樓夢》，第127頁。

姥姥家境有所起色，劉姥姥不忘賈府之恩德，二進榮國府答謝，為討賈母等人歡喜，劉姥姥不得不忍辱含垢，強顏歡笑，令人唏噓感歎。脂硯齋評曰：「寫貧賤輩低首豪門，凌辱不計，誠可悲乎！」〔註125〕當賈府敗落之後，王熙鳳的女兒巧姐被賈環等人逼婚，恰恰正是這位被黛玉譏諷為「母蝗蟲」的劉姥姥本著感恩的良知之心，幫助巧姐躲過一劫，正應了巧姐判詞，「勢敗休雲貴，家亡莫論親。偶因濟劉氏，巧得遇恩人。」〔註126〕

在興修大觀園時，賈芸欲某一個差事，要給王熙鳳送一些冰片麝香行賄，手頭緊張，只好央求開香料鋪的母舅卜世人。卜世人是個勢利眼，全然不念及血緣親情，不僅不借，反而說了很多奚落賈芸的話，這卜世人還真不是人。仗義疏財，解了賈芸燃眉之急的卻是潑皮倪二，這倪二在賭場吃閒錢，放高利貸，雖是社會底層人物，卻有俠義心腸，扶危濟困的良知之心。可見，人品之高貴是在心不在位，貴人未必可信，凡人卻是可敬。《紅樓夢》寫倪二，實有此等深意存焉，不可泛泛放過，正如脂硯齋所言：「夾寫『醉金剛』一回是書中之大淨場，聊醒看官倦眼耳。然亦書中必不可少之文，必不可少之人。今寫在市井俗人身上，又加一俠字，則大有深意存焉。」〔註127〕

五、餘論

陽明學的影響不僅體現在哲學史和思想史上，對於明代中後期的文學發展亦有很大的影響，本文則專論陽明學對《紅樓夢》的影響，尤其是陽明學的核心組成部分——良知學對《紅樓夢》的影響。其實，陽明學的其他內容，如心即理、知行合一以及萬物一體之仁等思想對於《紅樓夢》也有直接或間接的影響，筆者將陸續撰文申闡。

第七節　《紅樓夢》與王陽明讀書觀念之異同

《紅樓夢》與讀書相關之情節與人物甚多，曹雪芹亦有較為獨特之讀書觀念，此種讀書觀念與王陽明之主張有較為複雜之淵源，兩者之間有同有異。其契合之處有三點，即均反對科舉對人性之扭曲，均有由博返約的傾向，均有重視日用倫常的傾向。其相異之處有兩點，一是對讀書主體之認識不同，王陽

〔註125〕　（清）曹雪芹著、黃霖校點《脂硯齋評批紅樓夢》，第 665 頁。
〔註126〕　（清）曹雪芹著、無名氏續《紅樓夢》，第 78 頁。
〔註127〕　（清）曹雪芹著、黃霖校點《脂硯齋評批紅樓夢》，第 403 頁。

明認為讀書主體均有內在良知，後天凡聖之別，是良知之遮蔽與否所致；曹雪芹則認為讀書主體讀書態度、書籍選擇等差異，是先天稟賦所致。二是對讀書目的之設定不同，王陽明宣揚成聖成賢，《紅樓夢》則主張盡情盡性。本文以讀書觀念切入，試圖揭示《紅樓夢》與陽明學之間的思想關聯，為《紅樓夢》儒學世界的結構做一細節性探研。

一、引言

《紅樓夢》的讀書觀念與當時流行的科舉功利主義觀念有很大的差別，作者借「祿蠹」貶斥後者的極端功利主義，這是人所熟知的。至於《紅樓夢》與王陽明讀書觀念之異同，鮮有學者論及，故本文約略論之如下。本文擬從一個細節入手引入兩者關係的辨析，《紅樓夢》第八十二回，賈代儒命寶玉講「後生可畏」章，其文曰：

> 寶玉把這章先朗朗的念了一遍，說：「這章書是聖人勸勉後生，教他及時努力，不要弄到……」說到這裡，抬頭向代儒一瞧。代儒覺得了，笑了一笑道：「你只管說，講書是沒有什麼避忌的。《禮記》上說『臨文不諱』，只管說，『不要弄到』什麼？」寶玉道：「不要弄到老大無成。先將『可畏』二字激發後生的志氣，後把『不足畏』二字警惕後生的將來。」說罷，看著代儒。代儒道：「也還罷了。串講呢？」寶玉道：「聖人說，人生少時，心思才力，樣樣聰明能幹，實在是可怕的。那裡料得定他後來的日子不像我的今日。若是您您忽忽到了四十歲，又到五十歲，既不能夠發達，這種人雖是他後生時像個有用的，到了那個時候，這一輩子就沒有人怕他了。」代儒笑道：「你方才節旨講的倒清楚，只是句子裏有些孩子氣。『無聞』二字不是不能發達做官的話。『聞』是實在自己能夠明理見道，就不做官也是有『聞』了。不然，古聖賢有遁世不見知的，豈不是不做官的人，難道也是『無聞』麼？『不足畏』是使人料得定，方與『焉知』的『知』字對針，不是『怕』的字眼。要從這裡看出，方能入細。你懂得不懂得？」〔註128〕

「後生可畏」章出自《論語‧子罕》，即：

〔註128〕（清）曹雪芹著、高鶚續、程偉元、高鶚整理、中國藝術研究院紅樓夢研究所校注《紅樓夢》，人民文學出版社 2008 年版。文中微引《紅樓夢》原文均出自本書，為節約篇幅，不一一出注。

> 子曰：「後生可畏，焉知來者之不如今也。四十五十而無聞焉，
> 斯亦不足畏也已。」

朱熹《論語集注》對本章注釋如下：

> 孔子言後生年富力強，足以積學而有待，其勢可畏，安知其將
> 來不如我之今日乎？然或不能自勉，至於老而無聞，則不足畏矣。
> 言此以警人，使及時勉學也。曾子曰：「五十而不以善聞，則不聞矣。」
> 蓋述此意。〔註129〕

寶玉解釋「無聞」為「不能夠發達」，賈代儒將「發達」具體化為「做官」，這一步滑轉顯然是窄化了寶玉的意思。但是，賈代儒對於「無聞」的解釋卻是偏離朱熹而同於王陽明，朱熹對於「無聞」的解釋很模糊，這種模糊給後人留下闡釋的空間，也留下了很多誤讀的可能，如寶玉闡釋為「不能夠發達」，乃至於「不能做官」，或者「無聲聞」等。王陽明對於「無聞」卻有比較明確的解讀，《傳習錄》卷上曰：

> 先生曰：「為學大病在好名。」
>
> 侃曰：「從前歲自謂此病已輕，比來精察，乃知全未，豈必務
> 外為人？只聞譽而喜，聞毀而悶，即是此病發來。」
>
> 曰：「最是。名與實對，務實之心重一分，則務名之心輕一分；
> 全是務實之心，即全無務名之心；若務實之心如饑之求食，渴之求
> 飲，安得更有工夫好名？」又曰：「『疾沒世而名不稱』，『稱』字去
> 聲讀，亦『聲聞過情，君子恥之』之意。實不稱名，生猶可補，沒
> 則無及矣。『四十五十而無聞』，是不聞道，非無聲聞也。孔子云：『是
> 聞也，非達也。』安肯以此望人？」〔註130〕

王陽明將「無聞」明確解釋為「不聞道」，「非無聲聞」，也就是說「無聞」不是沒有顯赫的名聲，而是不能對儒家之道有洞徹之瞭解。王陽明的解釋有文本依據，《論語·里仁》曰：「子曰：『朝聞道，夕死可矣。』」在王陽明之前，很少有學者將「聞」解釋為「聞道」，王陽明的這個創造性觀點竟然被《紅樓夢》吸納進來，把「聞」解釋為「實在自己能夠明理見道」，這種解釋正是王陽明的觀點。在朱子學為官方正統學術的背景下，在科舉八股文以朱熹注解為權威解釋的教育背景下，《紅樓夢》對於「聞」的解讀卻與王陽明若合符節，這應

〔註129〕（宋）朱熹《四書章句集注》，第114頁。
〔註130〕（明）王守仁撰、吳光、錢明等編校《王陽明全集》，第35頁。

該不是一個偶然。

當然,《紅樓夢》後四十回的著作權問題至今依然還是存在很大的爭議,筆者所舉的這一段也曾被俞平伯質疑過,俞平伯說:「寶玉向來罵這些談經濟文章的人是『祿蠹』,怎麼會自己學著去做祿蠹」〔註131〕,認為與前八十回思想不符,斷定非曹雪芹筆墨。

筆者無意於對後四十回著作權歸屬問題作論斷,所舉之例無非是想說明,後四十回的這一情節與陽明學有思想方面的聯繫。《紅樓夢》與儒家文化,尤其是與良知學的關係較為複雜,筆者曾撰寫《〈紅樓夢〉與良知學》論述之〔註132〕,至於《紅樓夢》與王陽明讀書觀念之異同,下文擬以前八十回文本為主而論述之。

二、《紅樓夢》與王陽明讀書觀念之契合處

《紅樓夢》談及讀書之處甚多,在冷子興看來賈府也算是「鐘鳴鼎食之家,翰墨詩書之族」,秦可卿臨終託夢於王熙鳳也稱賈府是「詩書舊族」,賈府中人亦常常以讀書人自詡。《紅樓夢》與王陽明讀書觀念有契合之處,也有相異之處,其契合之處,約有以下三端:

第一,《紅樓夢》與王陽明讀書觀念均反對科舉對人性之扭曲

明清兩代,科舉極端功利主義觀念對讀書人陷溺很深,很多人讀書人把《四書》《五經》作為敲門磚,如駱問禮《雜感二十首》其十六所言:「世人薄舉業,謂為敲門磚。」〔註133〕在這種風氣的影響下,讀書人把讀書作為謀取功名的一種手段,為博取功名,無所不用其極,至於儒家所言修齊治平之類的崇高觀念,反倒是棄之腦後了。

《紅樓夢》借助寶玉之口,極力反對科舉對人性的扭曲,寶玉將不擇手段博取功名之輩譏諷為「祿蠹」,如第十九襲人規勸寶玉之言曰:「而且背前背後亂說那些混話,凡讀書上進的人,你就起個名字叫作『祿蠹』。」脂硯齋對「祿蠹」一詞的思想創造甚為推崇——「二字從古未見,新奇之至!難怨世人謂之可殺,余卻最喜」〔註134〕。

〔註131〕俞平伯《紅樓夢研究》,人民文學出版社1988年版,第34頁。
〔註132〕趙永剛《〈紅樓夢〉與良知學》,《曹雪芹研究》2018年第4期。
〔註133〕(明)駱問禮《萬一樓集》卷十九,清嘉慶活字本。
〔註134〕(清)曹雪芹著、黃霖校點《脂硯齋評批紅樓夢》,齊魯書社1994年版,第332頁。

　　寶玉對於科舉場上中過進士的賈雨村素來無有好感，第三十二回，一聽賈政命令其會見賈雨村，「心中好不自在」。史湘雲出於好意，借機規勸寶玉，不妨與賈雨村之流多談談「仕途經濟的學問」。寶玉對於清靜女兒史湘雲的這番話很不入耳，當面駁斥史湘雲之言，甚至把此類言論鄙夷為「混賬話」，並且把說不說這種「混賬話」作為彼此之間的交往原則，寶玉疏離寶釵而親近黛玉，其中一個重要的原因就是黛玉不曾說過這些混賬話。可見，寶玉比較警覺科舉對閨閣的衝擊，在寶玉看來，閨中女兒若是大談讀書科舉、仕途經濟，實在是紅塵中之大不幸。

　　第一百十五回，寶玉、賈蘭與甄寶玉初次會面，寶玉大失所望，寶玉原以為甄寶玉「必是和他同心，以為得了知己」，殊不知交談數語之後，寶玉「聽這話頭又近了祿蠹的舊套」，隨著的交談的進展，甄寶玉的功利熟套愈發令寶玉「不耐煩」，出於禮貌「不好冷淡」，「只得將言語支吾」。這一回賈寶玉與甄寶玉的會面，真正應了「假作真時真亦假」那句話，甄寶玉的人格是假的，賈寶玉的人格是真的。與寶玉不同，賈蘭與甄寶玉卻是臭味相投，寶玉對賈蘭的陷溺也深感驚異與悲涼——「這孩子從幾時也學了這一派酸論」。賈寶玉與甄寶玉不是一路人，賈寶玉與賈蘭也不是一路人，第七十八回早有明言，「說話間，賈環叔侄亦到。賈政命他們看了題目。他兩個雖能詩，較腹中之虛實雖也去寶玉不遠，但第一件他兩個終是別路，若論舉業一道，似高過寶玉，若論雜學，則遠不能及」。寶玉也比較警覺科舉對少年兒童的衝擊，賈蘭年紀輕輕就沉湎功名利祿之途，亦是紅塵中之大不幸。

　　關於科舉對人性的扭曲以及對社會風氣的敗壞，王陽明亦曾言之在前，深入剖析，如《重修浙江貢院記》：「迨世下衰，科舉之法興而忠信廉恥之風薄。」〔註135〕《萬松書院記》言之更詳：

> 夫三代之學，皆所以明人倫。今之學宮皆以明倫名堂，則其所以立學者固未嘗非三代意也。然自科舉之業盛，士皆馳騖於記誦辭章，而功利得喪，分惑其心。於是師之所教，弟子之所學者，遂不復知有明倫之意矣。〔註136〕

王陽明認為科舉考試需要的繁難寫作技巧使得讀書人馳騁於外在的記誦詞章

〔註135〕（明）王守仁撰、吳光、錢明等編校《王陽明全集》，第995頁。
〔註136〕（明）王守仁撰、吳光、錢明等編校《王陽明全集》，第282頁。

之學，強烈的功利主義計較又會誘惑煎熬讀書人的心靈，使讀書人忽視了道德方面的自我追求，甚至於不知倫常為何物、忠信廉恥之價值，長此以往，科舉不僅會敗壞人性，而且會涼薄社會風俗。

與《紅樓夢》對科舉考試的深惡痛絕以至於嚴格疏遠不同，王陽明對於科舉的態度則相對緩和。王陽明認為如果心有所主，牢牢把握住良知之心，則外在的科舉之事，就不足動搖道德主體的心志，充其量也只是消耗讀書人的時光而已。這就是王陽明在《與辰中諸生》所言：「舉業不患妨功惟患奪志。」〔註137〕《傳習錄》卷下亦有類似的表達：

> 問：「讀書所以調攝此心，不可缺的。但讀之之時，一種科目意思牽引而來，不知何以免此？」先生曰：「只要良知真切，雖做舉業，不為心累。總有累，亦易覺，克之而已。」〔註138〕

而且王陽明強調，如果讀書人家境困窘，需要俸祿供養老人，就應該積極參加科舉。如果立志堅定，即使勤勉於舉業，對於聖賢之學亦無妨礙。反之，若無聖賢之志，即使每日談論道德遠離舉業，也只是故作清高。王陽明《寄聞人邦英邦正》曰：

> 家貧親老，豈可不求祿仕？求祿仕而不工舉業，卻是不盡人事而徒責天命，無是理矣。但能立志堅定，隨事盡道，不以得失動念，則雖勉習舉業，亦自無妨聖賢之學。若是原無求為聖賢之志，雖不業舉，日談道德，亦只成就得務外好高之病而已。〔註139〕

《紅樓夢》與王陽明均反對科舉對人性的扭曲，但是對於科舉的態度卻有寬嚴之別，之所以呈現出此種差異，其原因有兩點。

一是曹雪芹與王陽明所處之時代不同。王陽明所處的明代中期，科舉尤其是八股取士的弊端呈現尚不明顯，而曹雪芹所處的清代中前期，科舉八股文的腐化已經是時代通病，與《紅樓夢》成書時間接近的《儒林外史》就專門以揭露科舉弊端為創作主旨，可見，批判科舉弊端，幾乎成了曹雪芹時代清醒讀書人的思想共識〔註140〕。《劍橋中國文學史》將兩書之成書時間放在一起論述，想來也有這一層深意在焉。其文曰：

〔註137〕（明）王守仁撰、吳光、錢明等編校《王陽明全集》，第163頁。
〔註138〕（明）王守仁撰、吳光、錢明等編校《王陽明全集》，第113～114頁。
〔註139〕（明）王守仁撰、吳光、錢明等編校《王陽明全集》，第189頁。
〔註140〕馮其庸《論紅樓夢的思想》，黑龍江教育出版社2002年版，第67～72頁。

　　十八世紀四十年代，當吳敬梓仍在伏案寫作《儒林外史》的
時候，曹雪芹也開始著手他雄心勃勃的小說《石頭記》（又名《紅
樓夢》）。在 1763 或 1764 年去世前，曹雪芹已經完成了前八十回，
並且可能留下了剩餘篇章的部分遺稿。這八十回的手稿於 1754 年
——吳敬梓辭世的那一年——開始在曹家的親友中傳閱。〔註141〕
二是曹雪芹與王陽明身份之不同。曹雪芹是包衣後人，又是刑餘戴罪之身，無
參加科舉之資格，是科舉的邊緣人，對於科舉之嗔恨更深一層。王陽明則出身
科舉世家，其父王華曾高中狀元，王陽明也是進士及第，王陽明父子均是科舉
的獲益者，表現出對科舉的溫情與寬容，也是情理中所應當。

第二，《紅樓夢》與王陽明讀書觀念均有由博返約的傾向

　　曹雪芹創作《紅樓夢》之時正是乾嘉漢學興起之時，漢學是專門的知識
之學，自然有其學術貢獻所在，不可否認，漢學也有瑣碎繁冗之弊，方東樹曾
經歸納漢學弊端六條，其中最後兩條就是針對此弊而發，其五「則奈何不下腹
中數卷書，及其新慧小辨，不知是為駁雜細碎，迂晦不安，乃大儒所棄餘，而
不屑有之者也」。其六「則見世科舉俗士，空疏者眾，貪於難能可貴之名，欲
以加少為多，臨深為高也」〔註142〕。針對這種繁瑣細碎之弊，《紅樓夢》之讀
書觀念主張由博返約，回歸經典，除《四書》之外，將後人附會杜撰之書掃除
淨盡，如第三回，「寶玉笑道：『除《四書》外杜撰的太多，偏只我是杜撰不成。』」
此處杜撰應該是專指為應付八股文考試而敷衍的種種《四書》講章之類的書籍，
並非泛指《四書》之外的其他著作。因第十九回，襲人規勸寶玉時，援引寶玉
之言曰：「又說只除『明明德』外無書，都是前人自己不能解聖人之書，便另
出己意，混編纂出來的。」

　　寶玉對於杜撰附會《四書》之八股講章深惡痛絕，以至於有焚書之舉，
第三十六回曰：

　　　　或如寶釵輩有時見機導勸，反生起氣來，只說「好好的一個清
　　淨潔白女兒，也學的鈞名沽譽，入了國賊祿鬼之流。這總是前人無

〔註141〕（美）孫康宜、宇文所安主編《劍橋中國文學史》，生活·讀書·新知三聯書
　　　　店 2013 年版，第 321 頁。

〔註142〕（清）方東樹《漢學商兌》卷下，清江藩《漢學師承記（外二種）》，生活·
　　　　讀書·新知三聯書店 1998 年版，第 386 頁。

故生事，立言豎辭，原為導後世的鬚眉濁物。不想我生不幸，亦且瓊閨繡閣中亦染此風，真真有負天地鍾靈毓秀之德！」因此禍延古人，除《四書》外，竟將別的書焚了。

王陽明所處時代的官方學術思想是程朱理學，尤其是朱熹思想，朱熹的格物學說以及對道問學的偏好，也容易滋生對細碎知識的追求，王陽明則重新解釋了格物學說，其良知學說更容易親近尊德性，故此王陽明也主張由博返約，回歸六經。在這一方面，《紅樓夢》與王陽明有契合之處，而且寶玉焚書一段描寫與王陽明對秦始皇焚書的評價亦有類似的思想內涵，王陽明《傳習錄》卷上曰：

> 春秋以後，繁文益盛，天下益亂。始皇焚書得罪，是出於私意，又不合焚六經。若當時志在明道，其諸反經叛理之說，悉取而焚之，亦正暗合刪述之意。〔註143〕

王陽明對於秦始皇焚書的評價有振聾發聵之效用，王陽明認為秦始皇若能志在洞明儒家之道，在保存六經的基礎上，將與六經相違背的離經叛道之書全部焚毀，卻正與孔子刪述六經同一歷史貢獻，因為孔子擔憂繁文日盛而道德淪喪，因此把當時異端邪說刪減殆盡，僅僅保留下六經。儘管我們無論如何也不能把寶玉在特殊心理憤激情境下的焚書，與秦始皇焚書和孔子刪述六經相比附，但是卻可以看出曹雪芹與王陽明有類似的好簡約而惡繁瑣的讀書觀念。

第三，《紅樓夢》與王陽明讀書觀念均有重視日用倫常的傾向

儒學從漢唐轉入宋明，內聖的比重越來越重，而外王的比重慢慢減少。余英時指出，宋代右文，儒者地位較高，士大夫尚能懷揣「得君行道」的理想，希望與國君共治天下。明代君主專制加強，「得君行道」成為幻影，士大夫轉入日用倫常，變為「覺民行道」，余英時《從政治生態看朱熹學與王陽明學之間的異同》曰：

> 宋代理學家俱有一項共識：權源是握在皇帝的手上，他如果不肯在源頭上發動任何更改，政治革新便根本無從開始，士大夫更何能承擔起「治天下」的大任？因此他們首先必須說服人君，積極支持「儒家的整體規劃」。這是「得君」兩字的確切含義。（儒

〔註143〕（明）王守仁撰、吳光、錢明等編校《王陽明全集》，第9頁。

學文獻中所謂「得君」絕不能和世俗觀念中所謂「邀君寵」混為一談。）王陽明的「明代新版」則完全不同，他的眼光已從人君移向一般人民，最終目的是在「使天下之人皆知自致其良知」。這當然是一個無限艱巨的任務，所以他不得不到處接引所謂「豪傑同志之士」，以期「共明良知之學於天下」。與宋代理學家的「得君行道」相對照，陽明「致良知」之教的最顯著特色是「覺民行道」。〔註144〕

余英時《儒家思想與日常人生》也有類似的表達：

> 儒家日常人生劃帶來一種重點的轉移，以前儒者把希望寄託在上面的「聖君賢相」，現在則轉而注重下面的普通百姓怎樣能在日常人生中各自成聖成賢。〔註145〕

明代儒學「覺民行道」特徵的開始，或者把儒學引入日常人生，王陽明即使不是開創者，也無疑掌控著思想轉變的最關鍵環節。具體到讀書觀念而言，與朱熹不同，相對於知識的學習，王陽明更重視道德境界的提高，並用高尚的道德境界指導道德實踐，使道德境界在日用倫常之中得以充分展現。如王陽明《示諸生》三首其一曰：「但致良知成德業，謾從故紙費精神。」其二曰：「只從孝悌為堯舜，莫把辭章學柳韓。」王陽明對學生的點撥也經常是在登山臨水、飲食偃臥的日常生活之中，如《傳習錄》卷下記載王陽明通過扇扇子論述儒家道德修養的灑落情懷：

> 王汝中、省曾侍坐。先生握扇命曰：「你們用扇。」省曾起對曰：「不敢。」先生曰：「聖人之學，不是這等捆縛苦楚的，不是妝做道學的模樣。」汝中曰：「觀仲尼與曾點言志一章略見。」先生曰：「然。以此章觀之，聖人何等寬洪包含氣象！且為師者問志於群弟子，三子皆整頓以對。至於曾點，飄飄然不看那三子在眼，自去鼓起瑟來，何等狂態。及至言志，又不對師之問目，都是狂言。設在伊川，或斥罵起來了。聖人乃復稱許他，何等氣象！聖人教人，不是個束縛他通做一般；只如狂者便從狂處成就他，狷者便從狷處成

〔註144〕余英時《余英時文集》第十卷《宋明理學與政治文化》，廣西師範大學 2006年版，第361頁。

〔註145〕余英時《現代儒學的回顧與展望》，生活・讀書・新知三聯書店 2004年版，第257頁。

就他。人之才氣如何同得？」〔註146〕

再如王陽明《傳習錄》卷中曰：「良知良能，愚夫愚婦與聖人同，但惟聖人能致其良知，而愚夫愚婦不能致，此聖愚之所由分也。」〔註147〕《傳習錄》卷下曰：「或問異端。先生曰：『與愚夫愚婦同的是謂同德，與愚夫愚婦異的是謂異端。』」〔註148〕王陽明認為愚夫愚婦與聖人均稟賦有先天之良知，在之後成德的歷程中出現人格境界的差別，是因為聖人能致良知而愚夫愚婦不能致良知所致。既然愚夫愚婦皆有先天良知，這就為聖賢之人化民成俗提供了最廣闊的人民基礎。而且，王陽明以個人的道德教化實踐證明了愚夫愚婦具備被喚醒良知的可能性，如《傳習錄》卷下所載：

> 人有父子訟獄，請訴於先生，侍者欲阻之。先生聽之，言不終辭，其父子相抱慟哭而去。柴鳴治入問曰：「先生何言，致伊感悔之速？」先生曰：「我言舜是世間大不孝的子，瞽瞍是世間大慈的父。」鳴治愕然請問。先生曰：「舜常自以為大不孝，所以能孝。瞽瞍常自以為大慈，所以不能慈。瞽瞍只記得舜是我提孩長的，今何不曾豫悅我，不知自心已為後妻所移了，尚謂自家能慈，所以愈不能慈。舜只思父提孩我時如何愛我，今日不愛，只是我不能盡孝，日思所以不能盡孝處，所以愈能孝。及至瞽瞍底豫時，又不過復得此心原慈的本體。所以後世稱舜是個古今大孝的子，瞽瞍亦做成個慈父。」〔註149〕

常言道清官難斷家務事，王陽明卻僅用了兩句話就圓滿處理了這一對父子之間的訴訟官司，這不是因為王陽明有多麼高深的法律知識，也不是因為王陽明多麼熟悉斷案技巧，更不是用冷冰冰的法律條文或者道德律令對訴訟父子進行說教。而是王陽明深信人人皆有父慈子孝的良知之心，即使是在父子關係僵化到對簿公堂的地步，也只不過是此良知之心被私欲遮蔽。王陽明以舜與瞽瞍之事當機指點，這一對父子反躬自省，良知之心被喚醒，天然的父子之情如撥雲見日，故能產生相擁而泣的情感真誠流露。

　　《紅樓夢》也主張應該把書本知識和道德規範切實運用到日常生活之中

〔註146〕（明）王守仁撰、吳光、錢明等編校《王陽明全集》，第118頁。
〔註147〕（明）王守仁撰、吳光、錢明等編校《王陽明全集》，第56頁。
〔註148〕（明）王守仁撰、吳光、錢明等編校《王陽明全集》，第121頁。
〔註149〕（明）王守仁撰、吳光、錢明等編校《王陽明全集》，第127頁。

〔註150〕，在日常生活中不斷提升道德境界，在灑掃應對、舉手投足之間彰顯知識水平與道德境界。因此，日常生活不僅是知識與道德的展現場域，也是人格境界的檢驗場所，讀書人在日常生活中細微的視聽言動都足以體現出人格境界之高下。

《紅樓夢》塑造了一批真正的讀書人形象，如甄士隱：

> 姓甄，名費，字士隱。嫡妻封氏，情性賢淑，深明禮義。家中雖不甚富貴，然本地便也推他為望族了。因這甄士隱稟性恬淡，不以功名為念，每日只以觀花修竹、酌酒吟詩為樂，倒是神仙一流人品。

在與落魄文人賈雨村的一段交往過程中，甄士隱待人坦誠、樂善好施之高尚人格躍然紙上，正如甄士隱自己所言：「愚雖不才，『義利』二字卻還識得。」「義利之辨」是儒家哲學的核心命題之一，《紅樓夢》不是從學理上展開繁瑣枯燥地論述，而是將此納入到日常生活之中，以切近情理的小說描寫肯定「義利之辨」的理論價值。

又如林如海，賈雨村被革職之後，入林家作西賓，教黛玉讀書識字。賈雨村從同僚張如圭處得知朝廷起復舊員之信，就央求林如海，希望賈政能夠施以援手，促成其事。林如海爽快應承：

> 天緣湊巧，因賤荊去世，都中家岳母念及小女無人依傍教育，前已遣了男女船隻來接，因小女未曾大痊，故未及行。此刻正思向蒙訓教之恩未經酬報，遇此機會，豈有不盡心圖報之理。但請放心。弟已預為籌畫至此，已修下薦書一封，轉託內兄務為周全協佐，方可稍盡弟之鄙誠，即有所費用之例，弟於內兄信中已注明白，亦不勞尊兄多慮矣。

〔註150〕劉再復《論〈紅樓夢〉的哲學內涵》：「以儒家的表層結構和深層結構這一視角觀看《紅樓夢》，就會發現，賈寶玉對儒家的表層結構，即儒的政教體系、典章制度、倫理綱常、意識形態等等，確實是格格不入的，尤其是這套體系、秩序、意識形態所派生出來的知識者仕途經濟之路和變形變態的謀取功名利祿之思，更是深惡痛絕。在這個層面上，說賈寶玉以至說《紅樓夢》反儒，是完全正確的。賈寶玉在這個層面上與儒學毫不含糊地決裂，是《紅樓夢》的精神主旨之一，這是沒有疑問的。然而，在儒家的深層上，即儒家對人際溫馨、日常情感、世事滄桑的注重以及賦予人和宇宙以巨大的情感色彩的文化心理特徵，卻也進入賈寶玉的生命與日常生活之中與倫理態度之中。」劉再復《紅樓夢悟》，生活・讀書・新知三聯書店 2009 年版，第 261～262 頁。

在林如海看來，賈雨村雖然對黛玉的教育僅有一年時間，但是本著「天地君親師」的傳統信仰，始終對賈雨村心懷尊敬感激之情，而且林如海謹守《論語》「君子成人之美」的道德訓誡以及「以德報德」的報恩信念，極力促成賈雨村起復之事。

在林如海與賈雨村的對話過程中，兩人的人格境界也由此區分開來：

> 雨村一面打恭，謝不釋口，一面又問：「不知令親大人現居何職？只怕晚生草率，不敢驟然入都干瀆。」如海笑道：「若論捨親，與尊兄猶係同譜，乃榮公之孫：大內兄現襲一等將軍，名赦，字恩侯，二內兄名政，字存周，現任工部員外郎，其為人謙恭厚道，大有祖父遺風，非膏粱輕薄仕宦之流，故弟方致書煩託。否則不但有污尊兄之清操，即弟亦不屑為矣。」雨村聽了，心下方信了昨日子興之言，於是又謝了林如海。

賈雨村已從冷子興口中得知賈府基本情況，對於賈政，冷子興有很明確翔實的介紹，賈雨村還要多此一問，無非是因為生性多疑，對於冷子興之言不敢輕信，另外，對於賈政政治地位心存懷疑，從林如海口中得知賈政官居工部員外郎之後，認為所託得人，方才放下狐疑詭詐之心。從這一番日常對話中，我們不難看出，林如海是「君子坦蕩蕩」，賈雨村則是「小人長戚戚」。

在甄士隱、林如海正面形象的照耀下，賈雨村奸詐陰狠、忘恩負義的負面形象更是暴露無遺。通過葫蘆僧判斷葫蘆案一回描寫，賈雨村是把知識作為文過飾非的手段，把道德作為偽裝人性的幌子。當恩人甄士隱之女英蓮出現在他面前時，若是秉公執法，自然應該將英蓮送還家中，此時甄士隱雖然出家，英蓮之母尚且日日惦念被拐賣的女兒。賈雨村卻違背良知，賣友求榮，為了討好薛家，以便進一步討好賈府，竟然把英蓮判給薛蟠，開啟了英蓮被虐的悲慘命運，也辜負了恩人甄士隱夫婦，甚至也辜負了當時迎娶嬌杏時對甄家娘子的一番承諾——「不妨，我自使番役，務必探訪回來」。與王陽明對父子訴訟案的處理相比，賈雨村哪裏還有良知可言，因此，賈雨村被革職時的判語——「生情狡猾，擅纂禮儀，且沽清正之名，而暗結虎狼之屬，致使地方多事，民命不堪」，就是賈雨村的真實寫照，也就無怪乎脂硯齋說「此亦奸雄必有之事」〔註151〕。

總結來說，王陽明的讀書觀念有重視道德境界而輕視知識學習的傾向，

〔註151〕（清）曹雪芹著、黃霖校點《脂硯齋評批紅樓夢》，第28頁。

如陳來所言：

> 就道德境界的提高而言，知識的學習並不是必要的條件，在這一點上心學的倫理學是有其道理的。但是心學的倫理中心主義立場畢竟太強烈了，以致常常把德性原則與知性原則對立起來，使知性追求喪失了應有的合理的地位，使儒家傳統的聖人人格的豐富性不能不因此受到損害。〔註 152〕

《紅樓夢》的讀書觀念也有類似的傾向，當然曹雪芹所厭惡的知識，是特指為應付科舉或者為文過飾非的世俗知識，如「世事洞明」「人情練達」之「學問」「文章」，對於發抒性情之詩詞曲賦倒不在排斥之列。正是因為《紅樓夢》有貶斥世俗知識的傾向，所以塑造了一批不識字卻有極高才能與道德之人。如有持家之才的王熙鳳，雖然識字不多，卻能把賈府家族事務處理的井井有條。更為弔詭的是，王熙鳳於聯詩作賦更是少有染指，在第五十回蘆雪庵聯詩詠雪時，王熙鳳一句「一夜北風緊」，卻贏得了眾人的讚賞，被譽之為深得詩法之理——「這句雖粗，不見底下的，這正是會作詩的起法。不但好，而且留了多少地步與後人」。再如劉姥姥，在讀書人眼中是一個目不識丁的農村老嫗，甚至被林黛玉嘲笑為「母蝗蟲」，誰曾料想到，當賈府敗落之後，挽救巧姐的正是知恩圖報的劉姥姥。

三、《紅樓夢》與王陽明讀書觀念之相異處

《紅樓夢》與王陽明讀書觀念亦有諸多相異之處，畢竟王陽明是儒學發展史上的聖賢人物，其主要成就是以儒學見長，而《紅樓夢》則是中國古典小說的高峰，主要成就是以文學見長。曹雪芹與王陽明所處時代、生長環境、思想認識均有較大差異，也會導致讀書觀念的扞格。概括來說，《紅樓夢》與王陽明讀書觀念之相異處主要表現在以下兩點：

第一，對讀書主體認知有差異：內在良知與先天稟賦

王陽明認為良知是人人皆有，即「人人皆有定盤針」〔註 153〕，「個個心中有仲尼」〔註 154〕，作為後天修行手段的讀書，也是為了「曉得」良知本體，

〔註 152〕陳來《有無之境——王陽明哲學的精神》，北京大學出版社 2013 年版，第 269 頁。
〔註 153〕（明）王守仁撰、吳光、錢明等編校《王陽明全集》，第 870 頁。
〔註 154〕（明）王守仁撰、吳光、錢明等編校《王陽明全集》，第 870 頁。

而不是徒為記誦詞章，即《傳習錄》卷下所言：

> 一友問：「讀書不記得如何？」先生曰：「只要曉得，如何要記
> 得？要曉得已是落第二義了，只要明得自家本體。若徒要記得，便
> 不曉得；若徒要曉得，便明不得自家的本體。」〔註155〕

如前所述，同為讀書，有些人超凡入聖，優入聖域，而有些人則不免為鄉人，甚至淪落為小人。這與後天修身工夫密不可分，但是不管是聖賢還是小人，均有相似的良知本心，保存良知則為聖賢，遮蔽良知即為小人。因此，王陽明認為讀書也是「存天理，去人慾」的一種修身工夫。

　　不同於王陽明內在良知的遮蔽說，《紅樓夢》認為人作為讀書主體，之所以呈現出如此巨大的人格差異，無疑與後天讀書勤苦、修身寬嚴有關，但是更為重要的差別是先天稟賦之不同。《紅樓夢》受宋代理學家張載氣化宇宙論的影響，認為天地之氣從自然宇宙論角度可分為清濁兩類，從人文宇宙論角度可分為正邪兩類。人生天地之間，稟賦清氣者為女，稟賦濁氣者為男，男女稟賦之氣不同，不僅是性別之差異，亦是道德境界之高下。《紅樓夢》還借助賈雨村之口說大仁者稟賦「清明靈秀，天地之正氣」，大惡者稟賦「殘忍乖僻，天地之邪氣，惡者之所秉也」。《紅樓夢》中所描寫之人物既不是大仁之人，也不是大惡之人，而是正邪二氣兼而有之，稟賦此種氣者，其性格如下：

> 使男女偶秉此氣而生者，在上則不能成仁人君子，下亦不能為
> 大凶大惡。置之於萬萬人中，其聰俊靈秀之氣，則在萬萬人之上；
> 其乖僻邪謬不近人情之態，又在萬萬人之下。

從這種先天稟賦來分析，寶玉才有「無故尋愁覓恨，有時似傻如狂」之性格，才有「潦倒不通世務，愚頑怕讀文章」之厭棄八股文章。寶玉厭惡科舉書籍是先天稟賦所致，其親近詩文詞曲等非功利主義文學形態，亦是先天稟賦所致，如第十七回所言：「賈政近因聞得塾掌稱讚寶玉專能對對聯，雖不喜讀書，偏倒有些歪才情似的。」先天稟賦之不同也導致了人物性格、思想與人生見地之衝突，這種衝突也是導致《紅樓夢》悲劇之重要成因，如牟宗三《〈紅樓夢〉悲劇之演成》所言：

> 悲劇為什麼演成？辛酸淚的解說在哪裏？曰：一在人生見地之

〔註155〕（明）王守仁撰、吳光、錢明等編校《王陽明全集》，第117頁。

衝突，一在興亡盛衰之無常。〔註156〕

　　悲劇之演成，既然不是善惡之攻伐，然則是由於什麼？曰：這是性格之不同，思想之不同，人生見地之不同。在為人上說，都是好人，都是可愛，都有可原諒可同情之處；惟所愛各有不同，而個人性格與思想又各互不瞭解，各人站在各人的立場上說話，不能反躬，不能設身處地，遂至情有不通，而欲亦未遂。悲劇就在這未通未遂上個人飲泣以終。這是最悲慘的結局。〔註157〕

《紅樓夢》寫了很多女性讀書人，這些讀書主體對於書籍的選擇、閱讀的態度各有不同，未嘗不是先天稟賦所致，如《紅樓夢》對李紈讀書之描寫：

　　原來這李氏即賈珠之妻。珠雖夭亡，幸存一子，取名賈蘭，今方五歲，已入學攻書。這李氏亦係金陵名宦之女，父名李守中，曾為國子監祭酒，族中男女無有不誦詩讀書者。至李守中繼承以來，便說「女子無才便有德」，故生了李氏時，便不十分令其讀書，只不過將些《女四書》《列女傳》《賢媛集》等三四種書，使他認得幾個字，記得前朝這幾個賢女便罷了，卻只以紡績井臼為要，因取名為李紈，字宮裁。因此這李紈雖青春喪偶，居家處膏粱錦繡之中，竟如槁木死灰一般，一概無見無聞，唯知侍親養子，外則陪侍小姑等針黹誦讀而已。

《紅樓夢》女性讀書之翹楚自然首推林黛玉、薛寶釵，依照《紅樓夢》之先天稟賦而言，林黛玉清明靈秀之氣稟賦者多，而薛寶釵端莊穩重之氣稟賦者多，故此二人才情才性、讀書觀念迥然有別，在第四十二回曹雪芹著力描寫了兩人之差異：

　　寶釵笑道：「所以咱們女孩兒家不認得字的倒好。男人們讀書不明理，尚且不如不讀書的好，何況你我。就連作詩寫字等事，原不是你我分內之事，究竟也不是男人分內之事。男人們讀書明理，輔國治民，這便好了。只是如今並不聽見有這樣的人，讀了書倒更壞了。這是書誤了他，可惜他也把書糟踏了，所以竟不如耕種買賣，倒沒有什麼大害處。你我只該做些針黹紡織的事才是，偏又認得了

〔註156〕牟宗三《牟宗三先生早期文集（下）》，聯經出版事業股份有限公司2003年版，第1064頁。

〔註157〕牟宗三《牟宗三先生早期文集（下）》，第1066頁。

字，既認得了字，不過揀那正經的看也罷了，最怕見了些雜書，移
了性情，就不可救了。」一席話，說的黛玉垂頭吃茶，心下暗伏，
只有答應「是」的一字。

第二，對讀書目的之設定有差異：成聖成賢與盡情盡性

根據錢德洪《陽明先生年譜》記載，王陽明十一歲跟隨塾師讀書時，就
不以讀書登第為第一等事，而是把學為聖賢作為第一等事〔註158〕。從此時開
始，王陽明就開始把讀書的目的設定為成聖成賢，此種目的老而彌堅，不僅以
此自勉，而且還以此訓誡門生，《傳習錄》卷下所載：

> 先生曰：「諸公在此，務要立個必為聖人之心，時時刻刻，須
> 是一棒一條痕，一摑一掌血，方能聽吾說話句句得力。若茫茫蕩蕩
> 度日，譬如一塊死肉，打也不知痛癢，恐終不濟事。回家只尋得舊
> 時伎倆而已，豈不惜哉！」〔註159〕

《紅樓夢》對此等聖賢事業則素來無有好感，不要說成聖成賢，即使是立功立
言之文臣武將，寶玉也鄙夷之為「鬚眉濁物」，所謂的「文死諫，武死戰」，也
有「邀名」、「圖汗馬之名」的虛偽與做作。第三十六回載寶玉與襲人對話曰：

> 寶玉談至濃快時，見他不說了，便笑道：「人誰不死，只要死
> 的好。那些個鬚眉濁物，只知道文死諫，武死戰，這二死是大丈夫
> 死名死節。竟何如不死的好！必定有昏君他方諫，他只顧邀名，猛
> 拚一死，將來棄君於何地！必定有刀兵他方戰，猛拚一死，他只顧
> 圖汗馬之名，將來棄國於何地！所以這皆非正死。」襲人道：「忠臣
> 良將，出於不得已他才死。」寶玉道：「那武將不過仗血氣之勇，疏
> 謀少略，他自己無能，送了性命，這難道也是不得已！那文官更不
> 可比武官了，他念兩句書污在心裏，若朝廷少有疵瑕，他就胡談亂
> 勸，只顧他邀忠烈之名，濁氣一湧，即時拚死，這難道也是不得已！
> 還要知道，那朝廷是受命於天，他不聖不仁，那天地斷不把這萬幾
> 重任與他了。可知那些死的都是沽名，並不知大義。

既然寶玉之讀書不願做死諫之文臣，也不願做死戰之武將，那麼《紅樓夢》對
寶玉讀書目的之設定為何呢？筆者認為不是成聖成賢，而是盡情盡性，即盡人

〔註158〕龔曉康、趙永剛主編《王陽明年譜輯存（一）》，貴州大學出版社2011年版，
第10頁。
〔註159〕（明）王守仁撰、吳光、錢明等編校《王陽明全集》，第140頁。

類本有之情,盡先天稟賦之性。第三十六回,寶玉對於死亡的設定,就凸顯出盡情盡性的讀書目的,寶玉說:

> 比如我此時若果有造化,該死於此時的,趁你們在,我就死了,
> 再能夠你們哭我的眼淚流成大河,把我的屍首漂起來,送到那鴉雀
> 不到的幽僻之處,隨風化了,自此再不要託生為人,就是我死的得
> 時了。

這是寶玉盡了對閨中女子的男女之情。他如寶玉祭奠金釧、晴雯,黛玉還淚,都是盡了男女之情。寶玉出家之前與王夫人下跪分別,是盡了母子之情;與寶釵深深作揖分別,是盡了夫妻之情。寶玉喜好詩文聯語、戲曲稗官,是盡了先天才情。寶玉盡了母子、夫婦、男女之情及才情,也是盡了先天稟賦的乖張之性。當然,盡情盡性是主觀目的之設定,此種目的達成與否,亦賴客觀情勢之配合。若情勢威逼,就少不得一番抗爭,悲劇也就在此種抗爭中凸顯出來。如金釧跳井之後,賈政痛打寶玉,黛玉規勸寶玉:

> 此時林黛玉雖不是嚎啕大哭,然越是這等無聲之泣,氣噎喉堵,
> 更覺得利害。聽了寶玉這番話,心中雖然有萬句言語,只是不能說
> 得,半日,方抽抽噎噎的說道:「你從此可都改了罷!」寶玉聽說,
> 便長歎一聲,道:「你放心,別說這樣話。就便為這些人死了,也是
> 情願的!」

寶玉之回答可謂是盡了對金釧等人的悲憫傷悼之情,即使面對父親的毒打也毫不退縮。因此,《紅樓夢》對讀書目的的設定是盡情盡性,即順應人情人性之自然,承認情慾生命的合理性,將人情人性在生活實踐中充分而徹底地展開,在展開的過程中,即使遭遇外在情勢的威逼,也要奮起抗爭。這就與王陽明成聖成賢的目的設定完全不同,成聖成賢需要以理性生命引導、控制甚至壓制情慾生命,畢竟「存天理,去人慾」的主張或多或少都會對人情人性造成不同程度的束縛。

四、餘論

筆者從讀書觀念的角度論述《紅樓夢》與陽明學之間的思想關聯,是基於如下考慮。《紅樓夢》是中華文化孕育出來的偉大著作,對於中華文化的核心思想儒學的態度應該是認同的而不是反對的。儒學包含的內容也非常廣泛,有外在制度層面的建構,也有內在情感心性的闡發,李澤厚就曾把儒學的結構

分為表層結構與深層架構兩種，並論述了兩者之不同，他說：

> 　　所謂儒家的「表層」的結構，指的便是孔門學說和自秦漢以來
> 的儒家政教體系、典章制度、倫理綱常、生活秩序、意識形態等等。
> 它表現為社會文化現象，基本是一種理性形態的價值結構或知識／
> 權力系統，所謂「深層」結構，則是「百姓日用而不知」的生活態
> 度、思想定勢、情感取向，它並不能純是理性的，而毋寧是一種包
> 含著情緒、欲望，卻與理性相交繞糾纏的複合物，基本上是以情——
> ——理為主幹的感性形態的個體心理結構。這個所謂「情理結構」的
> 複合物，是欲望、情感、理性（理智）處在某種結構的複雜關係中。
> 它不只是由理性、理智去控制、主宰、引導、支配情慾，如希臘哲
> 學所主張，而重要的是所謂「理」中有「情」，「情」中有「理」，即
> 理性、理智與情感的交融、貫通、統一。〔註160〕

筆者認為《紅樓夢》對儒學的表層結構有批判與修正，而對於儒學的深層結構
卻有高度的思想認同。陽明學對於儒學的最大貢獻不是在儒學的表層結構方面，
而是在儒學的深層結構方面。陽明學的日常化特徵，對於《紅樓夢》是有影響
的，儘管這種影響的深度與廣度還有待於進一步研究。

〔註160〕李澤厚《波齋新說》，香港天地圖書公司 1999 年版，第 177～178 頁。

參考文獻

古籍類

經部

1. （宋）程頤《周易程氏傳》，中華書局 2011 年版。
2. （宋）朱熹《周易本義》，中華書局 2009 年版。
3. （宋）朱熹《詩集傳》，上海古籍出版社 1980 年版。
4. （宋）朱熹《四書章句集注》，中華書局 2012 年版。
5. （清）阮元《十三經注疏》，中華書局 1982 年版。

史部

6. （清）張廷玉等撰《明史》，中華書局 1974 年版。
7. （清）萬斯同撰《明史》，上海古籍出版社 2008 年版。
8. （清）谷應泰編《明史紀事本末》，中華書局 1985 年版。
9. （清）夏燮撰《明通鑒》，中華書局 1959 年版。
10. （清）鄂爾泰修《貴州通志》，清乾隆六年刻本。
11. （清）嵇曾筠撰《浙江通志》，清文淵閣四庫全書本。
12. （清）永瑢等撰《四庫全書總目》，上海古籍出版社 1985 年版。

子部

13. （宋）程頤、程顥《二程遺書》，上海古籍出版社 1992 年版。
14. （宋）朱熹、呂祖謙《近思錄》，中華書局 2011 年版。
15. （宋）黎靖德編《朱子語類》，中華書局 1999 年版。
16. （清）黃宗羲《明儒學案》，中華書局 1985 年版。

17.（清）黃宗羲著，全祖望補修《宋元學案》，中華書局 1986 年版。

集部

18.（宋）邵雍《邵雍集》，中華書局 2010 年版。

19.（宋）周敦頤《周敦頤集》，中華書局 1990 年版。

20.（宋）程顥、程頤《二程集》，中華書局 1981 年版。

21.（宋）張載《張載集》，中華書局 1978 年版。

22.（宋）朱熹《朱文公文集》，四部叢刊本。

23.（明）陳獻章《陳獻章集》，中華書局 1987 年版。

24.（明）湛若水《湛甘泉先生文集》，廣西師範大學出版社 2014 年版。

25.（明）王守仁撰，吳光、錢明等編校《王陽明全集》，上海古籍出版社 1992 年版。

26.（明）王守仁著，王曉昕、趙平略點校《王文成公全書》，中華書局 2015 年版。

27.（明）王守仁《居夷集》，嘉靖三年刻本。

28.（明）鍾惺評《王文成公文選》，明崇禎六年刻本。

29.（明）歸有光《震川先生集》，上海古籍出版社 1981 年版。

30.（清）李祖陶輯評《王陽明先生文選》，清道光二十五年刻本。

31.（明）李贄《焚書 續焚書》，中華書局 1975 年版。

32.（明）徐渭《徐渭集》，中華書局 1983 年版。

33.（明）王世貞《明詩評》，中華書局 1985 年版。

34.（明）王世貞《藝苑卮言》，鳳凰出版社 2009 年版。

35.（明）徐師曾《文章辨體序說‧文體明辨序說》，人民文學出版社 1962 年版。

36.（明）袁宏道《袁宏道集箋校》，上海古籍出版社 2008 年版。

37.（清）錢謙益《牧齋初學集》，上海古籍出版社 1985 年版。

38.（清）王夫之《清詩話》，上海古籍出版社 1978 年版。

39.（清）朱彝尊《明詩綜》，上海古籍出版社 1993 年版。

近現代研究著作（按作者姓氏音序排列）

1. 曹虹《陽湖文派研究》，中華書局 1996 年版。

2. 陳榮捷《王陽明〈傳習錄〉詳注集評》，重慶出版社 2017 年版。

3. 陳來《有無之境——王陽明哲學的精神》，北京大學出版社 2013 年版。

4. 陳柱《中國散文史》，東方出版社 1996 年版。

5. 陳文新《明代詩學》，湖南人民出版社 2000 年版。

6. 陳書錄《明代詩文的演變》，江蘇教育出版社 1996 年版。

7. 鄧艾民《傳習錄注疏》，上海古籍出版社 2015 年版。

8. 董平《王陽明的生活世界》，中國人民大學出版社 2009 年版。

9. 杜維明《青年王陽明——行動中的儒家思想》，生活・讀書・新知三聯書店 2013 年版。

10. 方孝岳《中國文學批評》，生活・讀書・新知三聯書店 2007 年版。

11. 傅璇琮、蔣寅主編《中國古代文學通論・明代卷》，遼寧人民出版社 2001 年版。

12. 郭預衡《中國散文史》，上海古籍出版社 2002 年版。

13. 黃卓越《明永樂至嘉靖初詩文觀研究》，北京師範大學出版社 2001 年版。

14. 華建新《姚江秘圖山王氏家族研究》，寧波出版社 2010 年版。

15. 簡錦松《明代文學批評研究》，臺灣學生書局 1989 年版。

16. 梁啟超《王陽明知行合一之教》，《飲冰室文集》三六，中華書局 1936 年版。

17. 羅宗強《明代後期士人心態研究》，南開大學出版社 2006 年版。

18. 廖可斌《明代文學復古運動研究》，上海古籍出版社 1994 年版。

19. 李群英《王陽明與中國之儒家》，臺灣中華書局 1974 年版。

20. 莫礪鋒《朱熹文學研究》，南京大學出版社 2000 年版。

21. 牟宗三《王陽明致良知教》，中央文物供應社 1954 年版。

22. 錢基博《現代中國文學史》，商務印書館 2011 年版。

23. 錢鍾書《七綴集》，上海古籍出版社 1985 年版。

24. 錢穆《陽明學述要》，九州出版社 2010 年版。

25. 錢穆《宋明理學概述》，九州出版社 2010 年版。

26. 錢穆《中國近三百年學術史》，商務印書館 2011 年版。

27. 錢明《陽明學的形成與發展》，江蘇古籍出版社 2002 年版。

28. 錢明《儒學正脈——王守仁傳》，浙江人民出版社 2006 年版。

29. 秦家懿《王陽明》，生活・讀書・新知三聯書店 2011 年版。

30. 容肇祖《明代思想史》，齊魯書社 1992 年版。

31. 宋克夫《心學與文學論稿》，中國社會科學出版社 2002 年版。

32. 束景南《王陽明佚文輯考編年》，上海古籍出版社 2015 年版。

33. 束景南《王陽明年譜長編》，上海古籍出版社 2017 年版。

34. 吳承學《中國古代文體學研究》，人民出版社 2011 年版。

35. 吳震《王陽明著述選評》，上海古籍出版社 2004 年版。

36. 謝國楨《明清之際黨社運動考》，上海書店出版社 2004 年版。

37. 熊禮匯《明清散文流派論》，武漢大學出版社 2003 年版。

38. 許總《理學文藝史綱》，江蘇教育出版社 2001 年版。

39. 袁震宇、劉明今《明代文學批評史》，上海古籍出版社 1991 年版。

40. 余英時《中國知識人之考察》，廣西師範大學出版社 2004 年版。

41. 余英時《宋明理學與政治文化》，吉林出版社 2008 年版。

42. 余英時《朱熹的歷史世界》，生活·讀書·新知三聯書店 2011 年版。

43. 楊國榮《心學之思：王陽明哲學的闡釋》，生活·讀書·新知三聯出版社 1990 年版。

44. 張祥浩《王守仁評傳》，南京大學出版社 1997 年版。

45. 左東嶺《明代心學與詩學》，學苑出版社 2002 年版。

46. 左東嶺《王學與中晚明士人心態》，商務印書館 2014 年版。

47. （美）宇文所安著，程章燦譯《迷樓：詩與欲望的迷宮》，生活·讀書·新知三聯書店 2003 年版。

48. （美）宇文所安著，田曉菲譯《他山的石頭記》，江蘇人民出版社 2006 年版。

49. （美）田浩《朱熹的思維世界》，江蘇人民出版社 2011 年版。

50. （美）艾爾曼著，趙剛譯《從理學到樸學》，江蘇人民出版社 1995 年版。

51. （日）鈴木虎雄著，許總譯《中國詩論史》，廣西人民出版社 1989 年版。

52. （日）吉川幸次郎著，李慶等譯《宋元明詩概論》，復旦大學出版社 2012 年版。

53. （日）岡田武彥著，吳光等譯《王陽明與明末儒學》，上海古籍出版社 2000 年版。

54. （日）島田虔次著，蔣國保譯《朱子學與陽明學》，陝西師範大學出版社 1986 年版。

期刊論文類

單篇論文

1. 莫礪鋒《陸游詩中的生命意識》，《江海學刊》2003 年，第 5 期。

2. 莫礪鋒《蘇軾的藝術氣質與文藝思想》，《中國韻文學刊》2008 年，第 2 期。

3. 譚德興《什麼是詩經的文學研究》，《貴州文史叢刊》2003 年，第 3 期。

4. 張伯偉《中國文學批評的抒情性傳統》，《文學評論》2009 年，第 1 期。

5. 趙平略《貴州少數民族品格與王陽明龍場悟道》,《貴州民族研究》2007年,第 3 期。

6. 趙平略《王陽明的文學思想與創作》,《貴陽學院學報(社會科學版)》2013年,第 3 期。

7. 徐雁平《清代用〈詩〉與集序的「驅動」》,《中山大學學報(社會科學學版)》2015 年,第 6 期。

8. (日)荒木見悟《心學與理學》,《復旦學報》1998 年,第 5 期。

9. 龔振黔、趙平略《論王陽明「知行合一」說對貴州地方文化的影響》,《貴州社會科學》2013 年,第 12 期。

10. 肖鷹《意統情志的王陽明美學》,《文史哲》2000 年,第 6 期。

11. 熊禮匯《略論王陽明對明代散文流派演變之影響——從王陽明的狂狷意識、散文理論和創作特色談起》,《武漢大學學報》2001 年,第 3 期。

12. 張奉箴《文學家王陽明》,《中國哲學》1992 年,第 20 期。

13. 左東嶺《二十世紀以來心學與明代文學思想關係研究述評》,《文學評論》2003 年,第 3 期。

14. 趙永剛《王陽明〈答毛拙庵見招書院〉箋釋》,《古典文學知識》2016 年,第 5 期。

15. 趙永剛《龍場悟道與王陽明生命價值體系的重建》,《特區實踐與理論》2018 年,第 4 期。

碩博學位論文

1. 廖鳳琳《王陽明詩與其思想》,臺灣文化大學 1978 年碩士論文。

2. 崔完植《王陽明詩研究》,臺灣師範大學 1984 年博士論文。

3. 楊正顯《一心運時務:正德時期(1506~21)的王陽明》,國立清華大學 2008 年博士論文。

4. 馬曉虹《陽明心學與明中後期文學批評》,東北師範大學 2013 年博士學位。

後　記

　　陽明先生說，「今學者曠廢隳墮，玩歲愒時，而百無所成，皆由於志之未立耳。」立志是為學的首要之義，若無志向便覺懶惰，荒廢時日，最終平庸的度過一生。立志為學的志向的篤定，當始於大學期間諸位老師們的引導和個人的探尋。

　　大學期間對我影響深遠的三位老師是左鵬軍老師、滕威老師和任家賢老師。任家賢老師可親可敬，治學細緻嚴謹。滕威老師身上有一種特殊的魅力，是講臺上永遠主角。左鵬軍老師則是我科研上的指路人，一位溫文爾雅的謙謙君子。時光倒回到 2016 年的初夏，還在猶豫是否來黔讀研的我，左鵬軍師以「學問從哪裏入不重要，從哪裏出才重要，做學問靠的是自己的修為，陽明在龍場悟道，自此千古留名」一席話，打動了我，使我堅定了讀研的信心。好似命運就此留下了暗號，與陽明先生結緣。

　　碩士三年時光，在導師趙永剛老師以及古代文學專業諸位老師的悉心指導與敦敦教誨下，我系統閱讀古典經典文獻，學術研究能力得到更大提升。讀書期間，曾協助趙老師完成《王陽明年譜輯存》（貴州大學出版社 2018 年版）、《王陽明詩集編年校注》研究計劃，並對王陽明產生了濃厚的學術興趣。拜讀陽明先生的詩文，總有一種莫名的情感觸動，頗有陽明所謂「世事驗來還自領，古人先已得吾心」的無言感動。儘管還沒有達到「不知歌涕何從」的程度，但已經足以激發起我研究的興趣。碩士論文以王陽明《居夷集》為研究對象，很大程度上就來源於這種強烈的閱讀震撼。接下來的研究過程，也確實是一次難得的精神洗禮，彷彿是我隔著時空，虔誠地傾聽來自明代的心聲。

　　論文答辯時，獲得了老師們較高的評價，以全優成績通過答辯。畢業後入職深圳石岩公學，初任教職，忙碌而充實。工作之餘，我還沉浸在陽明先生的文學世界之中，吟誦展讀，徘徊瞻顧，不忍離去。

　　陽明先生說「道同著行跡，期無負初心」，母親希望我成為一名教師，這是我小時就抱定的初心，當我第一次站上講臺的時候，我想到了我的母親，也想到了陽明先生的這兩句詩。我感謝我的母親，感謝我的家人，也感謝一路教育我的師長，一路陪伴我的朋友。

　　我把陽明先生的這兩句詩也分享給了我的學生，成為教師之後的第一個教師節，學生用稚嫩而工整的書法寫下了這兩詩回贈於我。初秋的南國，沒有蕭瑟，我收穫了滿滿的感動。感謝石岩公學，感謝對我照顧有加的邱俊榮老師，感謝我的領導和同事們，更感謝給我充實感和滿足感的可愛的學生們。

　　感謝趙老師把書稿推薦至花木蘭文化出版社，並以其論文六篇充實其中（見本書第六章），蒙花木蘭文化出版社高小娟社長、杜潔祥總編輯、楊嘉樂副總編輯鼎力支持將書稿納入出版計劃，在此謹表謝忱。